JN411622

세계의 백과사전

세계의 백과사전

강민구 · 한미경 · 이혜민 · 장경식
김미성 · 최경은 · 정승화

한국문화사

문자·사회·문화총서 22

세계의 백과사전

1판1쇄 발행 2016년 5월 28일

지 은 이 강민구·한미경·이혜민·장경식·김미성·최경은·정승화

펴 낸 이 김 진 수
펴 낸 곳 **한국문화사**
등 록 1991년 11월 9일 제2-1276호
주 소 서울특별시 성동구 광나루로 130 서울숲 IT캐슬 1310호
전 화 02-464-7708
전 송 02-499-0846
이 메 일 hkm7708@hanmail.net
홈페이지 www.hankookmunhwasa.co.kr

책값은 뒤표지에 있습니다.

ISBN 978-89-6817-368-4 93010

이 도서의 국립중앙도서관 출판예정도서목록(CIP)은 서지정보유통지원시스템 홈페이지(http://seoji.nl.go.kr)와 국가자료공동목록시스템(http://www.nl.go.kr/kolisnet)에서 이용하실 수 있습니다.(CIP제어번호: CIP2016012703)

이 저서는 2010년도 정부재원(교육과학기술부 학술연구조성사업비)으로 한국연구재단의 지원을 받아 연구되었음(NRF-2010-361-A00018).

'모든 것'을 아는 책의 명암

윤 혜 준
연세대학교 인문학연구원장, 영문과 교수

이 책에는 연세대학교 인문학연구원 HK문자연구사업단이 기획하고 주도한 공동연구의 성과가 담겨 있다. 동서고금의 문자문화를 역사학, 서지학, 문헌학, 문학비평, 언어학, 사회학, 문화연구 등 다양한 학문적인 방법론 및 시각에 비춰 연구해온 이 사업단은 문명과 문화의 기초이자 핵심적인 도구임에도 이제껏 본격적인 연구의 대상이 된 적이 드문 문자 그 자체를 탐구해왔다. 총 3단계의 연구과제 중 2단계에서는 문자매체의 생산과 유통에 초점을 맞춘 문자의 사회문화사에 집중했다. 이러한 연구의 일환으로 수행된 것이 동과서의 백과사전의 출간 및 내용과 의의에 대한 역사적, 서지학적, 문화사회학적 탐구이다. 백과사전에 대한 연구는 문자 위에 세워놓은 인간 문명의 고리를 밝히는 매우 요긴한 작업이 될 수밖에 없다. 인간과 세계, 자연, 우주, 심지어 초월적인 신의 세계까지 망라한 '모든 것'에 대한 지식을 인간의 문자로 기술하고 페이지 위에 정리해 놓아 책의 형태로 묶어놓은 것이 백과사전보다, 문자생활을 그 본질로 삼는 인간 '호모 리테라투스'(homo litteratus')의 진면목을 더 잘 드러내주는 문화유산도 없을 것이기 때문이다.

이 책을 통해 만나보게 되는 이름들은 비교적 친숙한 것들도 적지 않다. 오늘날 우리 모두가 즐겨 사용하는 『위키피디아』라든지, 『브리태니커 백과사전』, 디드로와 달랑베르의 『백과전서』, 이수광의 『지봉유설』이 거기에 해당될 것이다. 반면에 중국의 '유서'(類書)나 중세 및 근세 초기 유럽의 중요한 백과사전들인 세비야의 이시도루스의 『어원』, 브루네토 라티니의 『보고의 책』, 코메니우스의 『열려진 황금의 언어 문』 등의 제목들은 생소하고 이색적으로 들릴 것이다. 디드로와 달랑베르의 『백과전서』의 모델이 되었고 이 백과사전의 역사에서는 매우 중요한 업적인 이프라임 체임버스의 『사이클로피디아』도 관련 전공자 사이에서가 아니면 잘 알려져 있지 않은 편이다. 이 책에서는 친숙한 백과사전들과 비교적 생소한 백과사전들을 유럽대륙 서남단 스페인에서 아시아 동쪽 끄트머리 한반도까지, 1500년전 위(魏)나라시대부터 오늘날의 21세기 『위키피디아』에 이르기까지, 인류의 문자유산의 핵심이자 꽃이라고 할 수 있는 백과사전들을 골고루 다루고 있다. 또한 해당 지역과 시대를 깊이 있게 연구해온 전문가들이 일반인들이 이해할 수 있는 수준에서 소개하고 논평해준다. 다시 말해, 이 책 자체가 백과사전에 대한 '백과사전'이라고 해도 과언이 아니다.

'인공지능, 축복인가 저주인가?' 오늘날 언론에서 자주 등장하는 논제이다. 영어의 "encyclopedia"란 말을 '백과사전'으로 옮긴 것을 보면,

그 당시만 해도 '백'이라고 하면 '모든 것'을 나타내는 상징적인 의미가 전달되었던 것 같다. 하지만 근대 백과사전들에 실린 정보와 지식의 항목들은 백이 아니라 수백, 수천, 수만에 이르고, 『위키피디아』의 경우 백만을 넘는다. 이러한 방대한 지식을 품고 있는 백과사전들은 각 시대의 '인공지능' 데이터베이스였다고 할 수 있다. 인공지능을 만들어내는데 숱한 인간 지능들이 협력하여 프로그램을 개발하듯, 백과사전들 또한 많은 사람들의 '지능'이 누적되고 축약된 결과물이었다. 고대나 중세시절부터 백과사전류의 책을 한 사람이 편집하고 편찬하는 경우는 있으나, 모든 항목을 온전히 한 개인이 전부 새롭게 창작한 경우는 없다. 이런 의미에서 이미 많은 사람들이 설명하고 정리한 바들을 다시 이어받고 재활용하고 발전시키는 '집단지성'은 백과사전 집필 및 편집의 중요한 요소였다. 또한 숱한 문자와 도표, 삽화 등이 등장하는 육중한 백과사전 책들의 몸체를 만드는 데는 상당한 비용이 들어갈 수밖에 없기에, 이러한 책들은 각 시대의 사회적인 네트워크와 경제적인 역량이 집약된 사회적 결과물들이었다. 백과사전의 독서 양태 또한 다른 책들과 달랐다. 역사책이나 소설, 경전을 읽듯이 첫 장부터 끝장까지 연속적인 독서를 하는 경우보다는 그때마다 필요한 항목으로 건너뛰어 읽는 선별적인 독서를 전제로 하여 만들어진 것이 백과사전이다. 이러한 목적에 맞춰 항목들의 배열에 있어서 서양의 경우 알파벳 순서를 따르는 방식이 자연스럽게 도입되었다. 인터넷 시대가 열리며 검색과 선별적 지식의 습득이 유달리 용이해진 것이 사실이지만,

그 연원은 기독교 문명 시대가 열리며 함께 등장한 코덱스(제본된 책의 형태)라는 책제조법의 획기적인 혁명에 닿아있다. 두루마리에 글을 기록하여 보전하던 시대에는 불가능했던 색인과 참조를 코덱스는 가능하게 해주었다. 두루마리를 펼치고 마는 수고를 생략한 채, 독자는 코덱스의 중간이건 뒷부분을 곧장 펼쳐서 필요한 부분을 읽을 수 있었다. 그러한 코덱스의 몸체에는 한 개의 두루마리에 들어갈 수 없는 엄청난 문자들과 문자로 기록한 정보를 집어넣을 수 있었다. 백과사전은 코덱스가 개시한 제본된 책에 담겨있는 '모든 지식을 담고자 하는' 충동의 구현이었다.

백과사전을 만들고 이를 구입하고 이용하는 인간들을 지배하는 힘은 '모든 것을 알고 싶은' 욕구이다. 그 어떤 시대이건 한 개인이 세상과 우주의 모든 것을 알 수는 없음에도 불구하고, 인간은 자신의 이성에 부합하도록 '모든 것'을 설명해놓지 않으면 만족하지 못하는 고질병에 시달린다. 이는 비단 근대 계몽주의 시대에 구질서를 타파하려 기획한 프랑스 『백과전서』의 집필 및 구매자들만의 이야기가 아니다. '모든 것'을 알고자 하는 욕망의 발현이 백과사전을 관통하는 것은 서양의 중세나 근세 초기, 중국의 유서들에서도 마찬가지였음을 이 책을 읽으면서 새삼 확인하게 될 것이다. 그러나 무한한 지식에 대한 욕망을 완전히 만족시키기는 불가능하다. 물론 백과사전을 구입하는 것으로 그러한 욕구를 일부 채울 수는 있다. 백과사전의 구매자들은 책으로 만든 백과사전들을 서가에

꽂아두므로 지식을 자기 공간에 갖다 놓았다는 느낌을 즐겼다. 최근 들어서는 백과사전이 시디롬을 거쳐 웹사이트의 형태로 존재한다. 이제는 서재가 있건 없건, 본인의 전자 단말기 안에 '모든 지식'을 담고 다닌다는 착각에 빠질 수 있다. 물론 '착각'에 머물지 않고 백과사전에 담긴 지식들을 적극 활용하므로 각자 지식의 폭을 넓히는 것은 매우 바람직한 자기 계몽의 습성이 될 것이다.

그런데 '계몽'에는 소위 '변증법'이 있다. 이성과 합리성은 문명과 창조를 낳기도 하지만 야만과 파괴를 야기할 수 있다. 아우슈비츠나 히로시마, 마루타 생체실험과 킬링필드 등이 대변하는 20세기 과학기술과 '과학적' 이데올로기의 끔찍한 비인간성을 목도한 우리들은 계몽의 변증법을 쉽게 잊기 어렵다. 근대적 지식욕이 본격적으로 고개를 들기 시작하던 시대에 이미 단테 알리기에리는 계몽의 변증법을 감지했다. 『신곡』 1편 『지옥』에서 극중 인물 단테가 만나는 많은 인물 중에는 초기 백과사전 중 하나인 『보고의 책』의 저자 브루네토 라티니가 있다. 단테는 브루네토를 동성애의 죄를 지은 영혼들 사이에서 만난다. 작가 단테의 스승이었던 브루네토를 이렇듯 뜻밖의 장소에서 만난 극중 단테는 "브루네토 선생님, 여기에 계세요?"라고 묻는다. 지옥불로 망가진 얼굴 속에는 여전히 옛 스승의 모습이 담겨있다. 지옥에서도 스승은 스승이기에 단테에게, 정치적인 상황이 쉽지 않을 것이니 처신을 신중히 할 것을 권고한다.

그리고 다시 지옥 벌을 받는 행렬로 돌아가기 전, 브루네토가 건네는 마지막 인사말은, "나의 '보고'를 네게 추천한다, 그 안에서 나는 여전히 살아있으니까"(단테, 『지옥』 15곡)이다. 저자 브루네토는 『보고의 책』 속에 "여전히 살아있"으나 브루네토의 영혼은 지옥에서 영원히 고통받는다. 『보고의 책』은 물론 이제는 틀린 지식임이 판명된 것들로 가득하다. 그 안에 '모든 것을 아는' 브루네토가 여전히 살아있지 않다. 『보고의 책』 및 그밖에 여러 백과사전들에 여전히 살아있는 것은 '모든 것을 알고 싶은' 지식욕이라고 하는 편이 더 정확할 것이다. 그러나 백과사전을 관통하는 합리적 지식에 대한 욕구는 인간을 구원하지 못한다. 단테의 의하면, 백과사전 편찬자 『보고의 책』의 저자는 특이한 육체적 욕구에 과도하게 탐닉한 죄로 지금 이 순간도 지옥에서 영원히 벌을 받고 있다.

동서고금의 유명 백과사전의 집필, 편찬, 출간을 기념하는 이 책 앞머리에서 단테의 브루네토를 떠올리는 것은 다소 암울한 기억으로 비칠 수 있다. 하지만 인문학의 기억은 계몽의 빛은 물론이요 계몽의 어둠도 기억한다. 방대한 백과사전들의 찬란한 역사를 이 책을 통해 읽으며, 인간의 근본적인 한계도 잊지 않는 것이 우리가 요사이 그토록 두려워하는 '인공지능'에 대처하는 자세가 될 수 있다. '모든 것을 아는' 지식의 총합은 가능치도 않고 가능하다고 해도 결코 인간을 구원하지 못한다.

|차|례|

조선의 백과사전

강민구

I. 조선시대에도 백과사전이 있었는가?

유서類書는 같거나 비슷한 사물을 모으고 일정한 기준과 방법에 의하여 부문部門을 나누어 분류 배열하여 검색·이해·기억 등에 편의를 제공하기 위하여 만든 책이다. 그 내용은 천문·지리·역사의 사적事跡·인물의 행적·사물의 기원·행정 제도·문학·학문·성어전고成語典故·의술·점복占卜·기술·동 식물 등, 수집 분류가 가능한 지식을 망라한다. 이러한 점에서 유서는 당대 지식의 총화라고 할 수 있다. 따라서 유서는 당대의 지식 수준을 측정할 수 있는 객관적 자료라고 하겠다. 이 때문에 연구자들뿐만 아니라 일반 독자들도 유서에 대한 관심은 여타 전적과 비교할 수 없을 정도로 높다.

일반적으로 유서를 '옛날의 백과사전' 정도로 설명하고 있는데, 이것은 편의상 어쩔 수 없는 일이지만, 유서의 본질을 왜곡할 우려가 있다. 유서는 다양하고 방대한 지식이 검색에 편리한 체제로 구성되어 있다.

이점은 백과사전과 동일하다. 그러나 항목의 배열순서부터 편찬자의 주관이 개입되는 방식까지 유서는 백과사전과 상이하다.

백과사전은 알파벳 순으로 어휘가 배열된다. 이는 지식 간에는 어떠한 차등도 없다는 의식이 저변에 깔려 있으며 백과사전은 검색이 중요하다는 기능적 측면이 우선하기 때문이다. 그러나 조선의 유서는 나름대로 검색의 편의를 도모하였지만 지식 간에 엄격한 차등을 두었다. 또 유서는 단독 저자에 의해 편찬되는 것이 많기에, 책 전체가 유기적 성격을 갖는다. 그리고 편찬자는 내용에 깊숙이 개입한다. 자신의 평론을 중간 중간에 개입시키는 것은 물론이거니, 처음부터 자신의 독자적 논증을 표방하는 유서도 있다. 또 항목이나 표제어와 관련된 자신의 시詩를 중간 중간에 집어넣기도 한다.

백과사전은 한 사람의 손으로 집필되는 경우가 없기에 아무리 형식적으로 통일성을 기한다고 하더라도 항목들이 고립분산적일 수밖에 없다. 그러나 조선의 사찬私撰 유서들은 대체로 한 사람의 손으로 만들어졌다. 이것이 취약점이기도 하지만 집체적 작업의 결과물에서 발생하는 문제점이 생기지 않는 장점이 되기도 한다.

유서의 편찬자는 다양한 경로를 통하여 수집된 정보를 특유의 체계에 의하여 구성한다. 이때 찬자의 사회적 처지·의식·성향이 역사적·문화적·사회적 상황과 결합하여 독자적 유서를 만들어 낸다. 이러한 점에서 조선의 유서는 하나의 유기체로서, 다른 문헌에서 지식을 인용하여 재구성·나열한 총집과 변별된다. 그렇기 때문에 조선의 유서는 백과사전과 달리 전체를 읽어볼만한 가치를 지닌다.

우리나라 최초의 백과전서적 유서는 광해군 때 이수광李睟光(1563-1628)이 편찬한 『지봉유설芝峰類說』이다. 이후에 다양한 유서가 출현하였는데,

그 중 주목할 만한 것으로 영조 때 이익李瀷이 편찬한『성호사설星湖僿說』, 철종 때 조재삼趙在三(1808-1866)이 편찬한『송남잡지松南雜識』가 있다.

II. 유서는 왜 만들어졌는가?

조선의 3대 유서에는 모두 편찬자의 서문이 있는데, 여기에서 그들의 편찬 의식을 볼 수 있다. 이수광이『지봉유설』을 편찬한 이유를 일언이 폐지한다면 '사실과 정보의 기록에 대한 지식인의 사명감'이라고 할 수 있다. 이수광은「지봉유설자서」에서 '『지봉유설』이 견문을 넓히는 데 도움이 되고 옛 일을 입증할 수 있는 효용적 가치가 있다.'고 밝히고 있다. 그리고 이수광은『지봉유설』로 고려조의『보한집補閑集』·『역옹패설櫟翁稗說』, 조선조의『필원잡기筆苑雜記』·『용재총화慵齋叢話』를 잇겠다는 생각을 하고 있었다. 주지하다시피『보한집』·『역옹패설』·『필원잡기』·『용재총화』는 시화류로 분류하고 있다. 이는『지봉유설』의 서지적 범주를 신중하게 설정해야 한다는 것을 시사한다. 이수광이『지봉유설』을 편찬하면서 다수의 중국 유서를 참조·인용하였지만, 그가 조선 판 유서를 편찬하려는 의도를 갖고 있었던 것은 아니다. 따라서 이수광이『지봉유설』에서 기록하고 확산시키려고 하였던 '지식'이 과연 무엇인지 따지고 들 때, 좀 더 정밀한 논의가 필요하다. 특히,『지봉유설』이 시화의 기록에 상당한 비중을 두었다는 점에 주목해야만 한다. 이것이 뒤에 출현한『성호사설』이나『송남잡지』와 다른 점이다. 그렇지만『지봉유설』이 '지식의 기록'을 목적으로 하는 서적이라는 점은 부인할 수 없다.

이익은「성호사설자서」에서『성호사설』은 "희필戲筆에 불과할 뿐 특별한 편찬 의도는 없다"고 밝혔다. 다만 이익이 『성호사설』의 편찬 과정에 대하여 "처음에는 비망備忘을 위해 기록했던 것을 뒤에 분류 정리하여 책으로 만들고 이름을 붙였다"라고 한 말로 미루어 볼 때, 『성호사설』은 처음부터 특정한 목적 하에 기획 편찬된 책이 아니라 일종의 '독서비망기'에서부터 출발했다는 사실을 알 수 있다. 이익이 자신의 저작을 '사설僿說'이라고 겸칭謙稱하였지만 "이 글을 잘 보고 채택한다면 어찌 백에 하나라도 쓸 것이 없겠는가?"라고 반문한 것을 본다면, 『성호사설』은 『지봉유설』보다 지식의 제공에 더욱 중점을 두고 있다는 사실을 알 수 있다.

그러면 조재삼이 『송남잡지』의 서문에서 밝힌 편찬 의식은 어떠한가?

조재삼은 『송남잡지』의 「자서自序」에서 자신의 책은 '만물의 기록'이라고 규정하고 있다. 그는 세상에 존재하는 만물이 문자의 기록을 통하여 비로소 형체를 갖출 수 있다고 생각하였다. 굳이 consilience의 논리를 빌자면 자연의 모든 현상과 존재는 인문학적 방법과 수단으로 형상·인지될 수 있다는 것이 『송남잡지』의 편찬 의식이다. 조재삼이 『송남잡지』로 두 아들을 가르쳤다고 한 말로 본다면 그 역시 이 책의 편찬 목적을 지식의 전파에 두고 있었음을 알 수 있다.

조선 3대 유서의 편찬자들이 공통적으로 지닌 편찬의식은 지식의 제공과 확산에 있다. 그들이 그러한 편찬 의식을 갖게 된 동인은 조선의 열악한 지적 수준에 대한 각성이다.

이수광은 조선의 지식인들이 자체字體가 유사한 글자를 구분하지 못할 정도로 지적 수준이 한심하다고 개탄하였다. 그는 또 전문 분야의 지식 수준도 그다지 높지 못하다고 생각하였다. 예를 들면, 의술醫術은 사람의 생명과 직결된 것이기에 의학적 지식은 여타 분야보다 정확하여야 한다.

그럼에도 불구하고 이 역시 무지함으로 인한 폐해가 많다고 여겼다. 우리나라 의원들이 예전부터 콩과에 속하는 보골지補骨脂의 씨앗을 오래 묵은 휴지[破故紙]로 잘못 알고 약재로 사용할 정도로 무지하다는 실상을 말한 것이 그 일례라고 하겠다. 지금까지도 어지간한 사전에 파고지破故紙가 보골지補骨脂의 이칭異稱으로 등재되어 있는 실정이다. 명망 있는 사대부의 지적 수준이 한심하고 전문적 지식이 요구되는 의약醫藥 분야에서도 무지가 일반화되어 있는 실정에서 일반 대중들의 지적 오류는 말할 것도 없다. 우리나라 사람들이 '황미黃米'가 찹쌀을 가리키는 것인 줄 모르고 '황주黃州에서 생산된 쌀'로 잘못 알고 있다고 지적한 것이 그 일례라고 하겠다.

이익은 우리나라의 지적 수준이 열악한 상황에 대해서 이수광보다도 한결 더 심각하게 인식하였다. 이익이 파악하고 있는 우리나라의 지적 오류는 역사적 지식부터 사물에 대한 지식에 이르기까지 광범위하였다. 특히, 이익은 조선 사람들이 사물의 이름을 정확하게 모르는 것을 안타깝게 생각하였다. 그는 비록 자질구레한 물건이라고 할지라도 지식인이라면 그것의 명칭을 정확하게 알아야 한다고 생각하였다.

조재삼은 『송남잡지』에서 어휘의 부정확한 사용에 대하여 많이 말하였다. 이는 조재삼이 다른 유서의 작가보다 어휘적 지식에 지대한 관심을 갖고 있었던 데 그 원인이 있다. 실재로 『송남잡지』가 수록하고 있는 어휘 수는 다른 유서의 어휘 수를 압도한다. 『송남잡지』에는 의미의 와전, 독음의 와전, 글자의 와전 등 어휘의 와전과 오용에 대해 언급한 것이 많다.

III. 유서가 제공하는 내용은 무엇인가?

조선의 3대 유서를 편찬한 작가들은 누구에게 어떤 내용을 제공하고 확산시키려고 하였는가? 유서는 당대의 박물학적 지식 욕구에 대응하여 만들어진 것이다. 여기에 조선의 3대 유서는 문학 창작에 도움을 주는 공구서의 성격이 강하다. 따라서 주 독자도 지식인, 문인文人이 될 것이다. 이와 같은 양대 특질은 차치하고 조선의 3대 유서에서 두드러지는 몇 가지 면모, 그중에서도 그때나 지금이나 유용하다고 판단되는 지식을 중심으로 살펴보도록 한다.

첫째, 조선의 3대 유서를 편찬한 저자들이 일반인들에게 의약醫藥 지식을 제공하려고 한 점이 두드러진다. 『지봉유설』은 〈식물부食物部〉 아래 「약藥」이라는 항목을 두어 의약에 대한 정보를 제공하고 있으며, 〈식물부〉의 기타 항목에서도 의약 지식을 분산적으로 제공하고 있다. 또 명의名醫의 이름을 〈기예부技藝部〉, 「방술方術」에 기록하였다. 『성호사설』은 〈만물문萬物門〉에서 의약과 관련된 내용을 다루었다. 한편 『송남잡지』는 다른 유서보다 의약·의료 지식을 더욱 풍부하게 제공하고 있다. 『송남잡지』는 약에 대한 지식을 〈화약류花藥類〉에서 다루었고, 의술은 〈기술류技術類〉에서 별도로 서술하였다. 이처럼 의학적 지식은 유서에서 매우 중요하게 취급되었다.

의약 지식과 함께 식이食餌 지식은 섭생을 위하여 중시되었기에 이 역시 유용한 지식의 하나로 간주되었다. 『지봉유설』에서는 〈식물부食物部〉를 두어 식이에 대한 지식을 제공하고 있고 『성호사설』에서는 〈만물문萬物門〉에서, 『송남잡지』에서는 〈의식류衣食類〉에서 주로 식이에 대한 지식을 제공하고 있다.

둘째, 조선의 3대 유서들은 생산자에게 유용한 생산기술을 제공하려는 의식을 보인다.

의식적 측면에서 볼 때 『성호사설』은 다른 유서보다 경세제민經世濟民의 특성이 강하다고 할 수 있다. 「회灰」에서 시비법施肥法을 기술하면서, 목화 생산자는 목회木灰의 성질과 사용법을 잘 알아야 한다고 강조한 것이 그 일례이다. 또 「원잠原蠶」에서 『주례周禮』의 "원잠原蠶을 금한다"는 의미를 문헌과 자신의 영농경험에 토대하여 풀이하였다. 그리고 누에를 키우는 농민들을 특정特定하여, "욕심을 내서 누에를 1년에 2차례나 키우는 것은 뽕나무에 해가 되기 때문에 장기적 계책이 될 수 없다"고 주장하였다. 역으로 말한다면, 이치에 어두운 양잠농이 1년에 2번씩 누에를 치다가 도리어 뽕나무 농사를 망치게 되는 것을 경계하기 위하여 자신의 영농 경험과 경전의 구절을 근거로 제시하였다. 이익은 이외에도 자신의 양봉養蜂 경험을 토대로 양봉 농가에 유용한 지식을 제공하기도 했다.

『지봉유설』이나 『송남잡지』도 생산기술과 관련된 지식을 제공하고 있지만, 『성호사설』과 같이 그 대상을 특정하지는 않았다. 『성호사설』은 생산기술 외에도 백성을 다스리데 필요한 지식이나 군대 운영과 관련된 기술에 있어서도 대상을 특정하고 있다. 「토리횡수土理橫竪」에서 증언과 문헌 기록을 근거로 제시하면서 "땅의 결에는 가로로 된 것과 세로로 된 것이 있는데, 세로로 된 것은 물이 새어 버리기 때문에 벼를 심을 수 없다"는 지식을 수리水利 담당 관리에게 제공하면서 "수리를 맡아 다스리는 자로서 마땅히 알아야만 한다"라고 강조한 것이 그 일례이다. 그리고 「저포猪脬」에서는 어민들이 물에서 박을 사용하고, 명나라 때에도 저포를 사용하여 작전에 성공하였다는 기록을 제시하면서 "용병用兵할 때 마땅히 알아야 한다"라고 강조하였다.

이익은 특히 부국강병富國强兵에 대한 의식이 강하였다. 부국강병에 대한 의식은 여타 유서에서도 동일하게 보이지만, 이는 『성호사설』의 특징적 면모 중 하나라고 할 수 있다. 예를 들면 『성호사설』에는 좋은 말을 키우고 조련하는 방법·무기의 제조와 개량법 등에 관한 내용이 중복되어 있으니, 부국강병에 대한 성호의 의식이 얼마나 절실하고 강렬했는지 짐작할 수 있다.

『송남잡지』는 박물학적 욕구의 대응과 문학 공구서의 편찬이라는 목적에 중점을 두고 있다. 따라서 『지봉유설』이나 『성호사설』 만큼 지식의 제공 대상을 표면적으로 특정하고 있지 않다. 그러나 『송남잡지』에서도 〈농정류農政類〉, 〈어렵류漁獵類〉 등을 별도로 마련하여 농경과 어렵 기술에 대한 지식을 서술하는 등 생산과 산업에 유용한 지식의 제공을 염두에 두고 있다. 생산 기술과 관련된 내용의 양을 본다면 『송남잡지』가 가장 많다.

이처럼 조선의 3대 유서는 편찬자의 박물학적 지식을 기록하여 지적 욕구를 지닌 독자들에게 제공하려는 목적을 갖는다. 여기에 문학 창작을 위한 참고용 도서로 활용하도록 만들기 위하여 풍부한 어휘와 용사用事를 수록하였다. 그러나 의학이나 생산·정치·용병 등 생활에 필요한 지식을 제공하겠다는 의식도 강렬하였다.

IV. 유서는 어떻게 만들어졌는가?

유서의 구성에서 가장 기본적인 방법은 문헌 자료에서 문장을 인용하는 것이다. 따라서 유서의 질적 수준을 높이는 외적 조건은 다양하고 수

준 높은 문헌 자료의 확보에 달려 있다. 그리고 유서는 편찬자의 의식意識과 수사적修辭的 능력에 맞추어 인용한 문장을 가공한다는 점에서 문헌 자료들을 절취截取하여 나열하는 총집과는 구분된다.

『지봉유설』은 20권 10책, 25부문部門 182세목細目 3,405조목으로 구성되어 있다. 이수광은 1614년 『지봉유설』의 서문에 이어 작성한 범례凡例에서 "『지봉유설』을 저술하는데 348가家의 서적을 인용하였으며, 이것을 모두 별권別卷에 기재하였다"고 하였지만, 아쉽게도 별권이 현존하지 않는다.

『성호사설』은 이익이 40세[1720년] 전후에 편찬한 유서로, 총 30책 30권이며 5문門 3.057칙則으로 구성되어 있다. 이익이 살았던 광주廣州 첨성리瞻星里 성호장星湖莊에 수 천 권의 서적이 소장되어 있었고 그의 부친인 이하진李夏鎭이 1678년에 연경에 갔다가 많은 책을 구해왔다고 하니, 이익은 『성호사설』을 집필할 때 이들 문헌을 참조하였을 것이다.

『송남잡지』는 조재삼이 1855년에 6책 14권으로 편찬한 유서인데, 총 33류 4,432칙則으로 구성되어 있다. 『송남잡지』는 다른 유서보다 내용이 방대하므로 표면적으로 인용된 전적도 매우 많다. 특히, 『송남잡지』는 번다할 정도로 인용을 많이 하고 있는데, 짤막한 문장 하나를 만드는데도 몇 개의 책에서 인용한 경우가 있다. 그러나 문헌의 실증적 분석 결과 『송남잡지』의 인용 원전으로 가장 많이 활용한 것은 『강희자전康熙字典』이고 그 다음이 『운부군옥韻府群玉』이라는 사실을 알 수 있었다.

유서는 다양하고 정확한 지식과 정보를 수록하여야 한다. 그래서 유서는 다른 문헌에서 필요한 내용을 번다하게 인용할 수밖에 없는 특성을 지닌다. 이런 이유로 유서를 편찬할 때는 기술記述의 목적에 맞게 타 문헌을 인용하는 방법이 강구된다. 성격이 각이한 문헌에서 편찬자가 필요로 하는 문장을 절취截取하여 편철編綴할 경우, 계통성과 통일성을 기대하기 어려울 뿐만 아니라 단장취의斷章取義의 결함을 초래할 수도 있다. 따라서 유서의 편찬자는 필요 이상으로 긴 문장은 줄이고, 반대로 너무 짧은 것은 늘린다. 중요도에 따라 문장이나 자구의 순서를 재배열하며 어려운 것은 쉽게 만드는 가공을 한다. 어려운 것을 쉽게 만드는 방법에는 2가지가 있다. 어려운 자구에는 주석이 부기되어 있는 경우가 상당수 있다. 따라서 이것을 활용하면 어려운 문장을 쉽게 만들 수 있으니, 주석을 본문에 이어 붙이는 방법이다. 또 다른 방법은 문장 속의 난해한 글자를 쉬운 글자로 대체하는 것이다.

축약·부연·도치·본문과 주석의 혼융·자구의 수정 등과 같은 변개는 단순하고 기계적 수준으로 이루어지기도 하지만, 고도의 문법적·수사적 기법이 적용되기도 한다. 문법적·수사적 기법이 적용된 변개는 원전의 문장 자체가 가지고 있는 결점을 보정하여 완성도를 높이기도 한다. 『지봉유설』·『성호사설』·『송남잡지』의 편찬자들은 각종 자료를 인용하면서 수준 높은 수사적 변개를 통하여 단순한 인용문 이상의 가치를 창출하였다.

일반적으로 유서는 다양한 문헌 지식의 인용으로 이루어졌다고 생각한다. 기존의 연구에서는 이 점이 유난히 강조되고 상대적으로 지식 형성의 여타 경로는 간과되었다. 그러나 『지봉유설』·『성호사설』·『송남잡지』를 검토해본 결과 유서의 지식은 편찬자가 문헌과 전문傳聞 지식을 수집하고, 사물과 현상을 관찰하고 실험하는 과정을 통해 형성되었다는 사실을 발견할 수 있다.

유서가 담고 있는 지식의 형성 경로 중 하나는 전문傳聞이다. '근거 없이 천박한 학문'을 '구이지학口耳之學'이라고 하지만, '견문見聞'을 구성하는

'문聞'이 지식을 형성하는 중요한 수단이라는 것은 부인할 수 없다.

전문 지식이 가장 풍부하게 보이는 것은 『지봉유설』이다. 이는 편찬자인 이수광이 다른 유서의 편찬자보다 사회활동이 활발하였던 것이 하나의 원인으로 보인다. 이수광은 명문벌열의 일원으로 16세에 초시初試에 급제한 후, 비록 부침은 있었으나, 23세에 승문원承文院 부정자副正字를 시작으로 이조판서를 역임하기까지 평생 환로宦路에 있었다. 그의 출신과 오랜 관료 생활은 당대의 명사들과 활발한 교유를 가능하게 만들었다. 그는 민간의 이야기뿐만 아니라 당대의 명사들과 활발하게 교유하면서 사대부와 그들 주변에서 일어나는 많은 이야기를 들을 수 있었던 것이다. 이는 다른 유서들과 변별되는 『지봉유설』만의 특징이라고 할 수 있다.

이수광은 민간에 전파된 지식을 수집하여 기록하였다. 그러나 이수광은 민간 지식의 수집과 기록의 차원에서 머물지 않고 그것을 증명할 수 있는 여타 자료를 대응시키고 있다. 이는 문헌 자료보다 신뢰도가 약한 전문 지식의 신뢰도를 제고提高하기 위한 것이다. 『지봉유설』에는 중요한 의약醫藥 지식이 비중 있게 다뤄지고 있다. 이 중에는 그 형성 경로가 견문에 의한 것이 다수 있는데, 민담의 성격이 농후한 것에서부터 의서醫書의 내용을 검증하는 차원까지 다양하다. 또 외국外國에 대한 지식 중 전문을 통해 수집한 것이 다수 있다.

『성호사설』은 『지봉유설』보다 전문 지식의 기록이 적다. 이는 편자인 이익이 이수광보다 사회활동이 적었고, 전문 보다는 문헌 기록을 더 신뢰하였던 편자의 성향 및 시대적 성향에서 기인하는 것으로 보인다. 『성호사설』에서 산견되는 전문의 기록은 주로 농경農耕이나 의약醫藥과 관련된 것이다. 민간에서 장기간 축적된 농경이나 의료 경험은 결코 무시할 수 없는 것이기 때문이다.

『송남잡지』에 실린 전문 지식은 주로 의학·농경·서양 문화와 관련된 것이다. 『송남잡지』에는 서양의 문물, 특히 서양의 무기에 대한 전언을 기록한 것이 다수 있는데, 조재삼이 서양의 문물에 대한 문헌 자료를 볼 수 없었기에, 그들에 대한 정보와 지식은 대부분 전문에 의지할 수밖에 없었다.

지식의 형성에서 가장 중요한 수단 중 하나는 관찰과 실험이다. 조선의 학문과 예술이 주로 서재 안에서 형성되었기에 사변성思辨性이 뛰어난 반면, 현장성과 실증성이 취약하다는 점을 감안한다면, 유서의 편찬자들이 관찰과 실험을 통해 얻은 지식을 기록하였다는 것은 특기할 만하다.

『지봉유설』 중에서 관찰을 통하여 형성된 지식으로 다음과 같은 것이 있다.

이수광은 "정월 첫 인일寅日에 꼬리를 자르면 고양이가 유순해진다"는 말을 들었다. 그 후에 자신이 중국에 갔을 때 집에서 기르는 고양이를 보았는데, 모두 꼬리를 잘랐으며 성질이 매우 온순하여 병아리와 같이 거처하면서도 전혀 해칠 마음이 없더라는 관찰의 경험을 기록하였다. 다만 "그것이 꼭 그런지 알 수 없다"고 판단을 유예하고 있지만 전문과 관찰을 결합하여 하나의 지식이 형성된 유형이라고 하겠다.

그리고 『지봉유설』에서 실험으로 형성된 지식의 일례로는 다음과 같은 것이 있다.

> 고어古語에 말하기를, "이[虱]는 음陰의 종류로서 감坎에 속한다. 그렇기 때문에 발이 여섯 개가 달렸고, 또 기어갈 때는 반드시 북쪽을 향한다"라고 하였다. 이것을 시험해 보니 과연 그러했다.

위의 글에 의하면, 이수광은 이가 음陰에 속하는 벌레이기에 반드시 북쪽으로 기어간다는 고어의 기록이 맞는지 직접 실험해 보았고 한다. 비록 사소한 실험이고 중세 생물학의 범주에서 벗어나지 못하였지만 문헌 기록을 그대로 수용하지 않고 실험을 통해 검증해보려는 인식의 전환이 특기할 만하다.

이수광은 자신이 직접 실험을 통하여 검증하지 못하였지만 신뢰하기 어려운 문헌 기록은 실험할 필요가 있다고 제안하였다. 그는 "자라의 오줌으로 먹을 갈아 나무 판에 글씨를 쓰면 먹물이 한 치나 스며들어간다고 한다. 지렁이 즙汁을 청대靑黛에 섞어서 그릇에 그림을 그린 후에 구우면 그림이 없어지지 않는다고 한다"라는 믿기 어려운 말에 대해서 "이것을 시험해 보면 참과 거짓을 알 수 있으리라"라고 하였다.

『지봉유설』에는 관찰과 실험을 통하여 습득된 지식의 기록이 많지 않은 편이지만, 이수광은 지식의 형성에서 관찰과 실험이 중요한 수단이라고 의식하고 있었으며, 문헌에서 습득한 지식을 실제로 검증해보려고 하는 의식의 전환이 이루어졌다는 점을 주목할 필요가 있다.

『성호사설』은 유서들 중에서 관찰과 실험에 의해 습득한 지식의 결과물이 가장 많이 보인다. 이는 이익 특유의 관찰력과 관물觀物에 대한 의식이 토대로 작용한 것이지만, 전야田野에서 자연과 사물을 관조할 수 있는 시간을 확보한 것도 하나의 원인으로 작용하였을 것이다. 이익은 25살 되던 1705년[숙종 31] 증광문과에 응시하였으나 녹명錄名이 격식이 맞지 않는다 하여 회시會試에 나아가지 못하였으며, 다음 해 9월 둘째 형 잠潛이 화를 입자 서쪽 해안으로 피신하여 과거를 포기하고 은둔하며 학문에만 몰두하였다.

이익이 『이아爾雅』에서 "동방에 비목어比目魚가 있는데 이름은 가자미라고 한다. 서로 나란히 하지 않고서는 다니지 못한다"라고 한 말에 대해서 "옛사람이 일찍이 몸소 체험해보지도 않고 추측으로만 말한 것이다"라고 비판한 것에서 볼 수 있듯이, 그는 지식에서 관찰과 실험의 과정을 중시하였다. 그의 관찰과 실험의 대상은 주로 곤충·동물·식물이다. 다음은 그 일례다.

> 내가 일찍이 실험해 보니, 자못 그렇지가 않다. 처음에는 여러 벌레가 함께 더러운 똥 속에 있는데 벌레가 많고 똥이 적으면 다 빨아먹고, 그렇지 않으면 서로 나눠서 갖는다. 두 벌레가 한 덩이를 굴리는데 어지러이 뒤섞여 구별이 없으니, 이는 우연히 서로 만난 것이지, 암컷과 수컷은 아니었다. 똥덩이를 흙 속에 묻어 두는 것은 갈무리해 두었다가 훗날 먹으려고 하는 짓이다. 까마귀와 까치가 먹을 것을 얻으면 반드시 남이 모르게 우거진 숲 속에 간직해 두었다가 조금 지나면 파헤쳐 먹는 것과 무엇이 다르겠는가? 사람들은 그 벌레가 땅 속에서 나오는 것만 보고 똥덩이가 변해서 벌레가 되었다고 하는데, 이런 이치는 없을 듯하다. …… 이는 내가 직접 눈으로 보고 알게 된 사실이다.

위의 글에서 이익은 자서字書에서 "말똥구리는 암수가 함께 똥덩이를 굴린다"고 한 말과 "똥덩어리가 벌레로 변한다"고 한 말이 잘못되었음을 관찰을 통하여 정정하고 있다. 또 갯가와 연안의 게를 관찰하여 그것에는 10여 종이 있다는 사실을 알았다. 이러한 관찰의 결과 여항呂亢이 『해도기蟹圖記』에서 게는 12종이 있다고 분변한 것과 『해보蟹譜』·『본초강목本草綱目』·『본초도경本草圖經』·『자의字義』에 오류가 있다는 것을 알게 되었다고 한다. 이익은 이처럼 관찰을 통하여 문헌의 오류를 발견하였을 뿐만 아니라, 상식에도 오류가 있음을 알게 되었다. 예를 들면 "세상에서 까마귀를 반포조反哺鳥라고 이야기 한다. 하지만 나는 일찍이 징험해 보니, 까치와 참새도 또한 이와 같은 것이 있는데 다만 많이 보지는 못했다" 라고 하여 까마귀만을 반포조라고 하는 상식이 잘못된 것임을 밝혔다. 또 거미가 자신보다 훨씬 큰 뱀을 잡아 먹는다는 것도 상식을 벗어난다. 그러나 그 역시 있을 수 있는 일이라는 것을 자신의 관찰 경험을 통해 제시하였다.

> 나는 일찍이 정원을 지나다가 뱀이 거미줄에 매우 단단하게 붙어 있는데 거미가 와서 그 뱀을 빨아 먹는 광경을 보았다. 그 때 나는 그것이 우연이라고 여겼다. 그 후에 어떤 시골 사람이 와서 "거미가 입으로 실을 내어서 뱀을 얽어매는 모습을 직접 보았습니다"라고 말을 하였다. 물성物性은 모두 궁구해 알 수가 없다. 또 뱀에게 물려서 중독이 된 사람이 있었는데 왕거미를 잡아 뱀에게 물린 곳에 붙이니 왕거미가 뱀의 독을 능히 빨아냈다고 한다. 이렇게 여러 번 시험해 본 결과 모두 효험이 있었다고 한다. 이로 미루어 본다면 시골 사람의 말이 자못 미덥다.

이익은 뱀이 거미줄에 걸려 거미에게 먹히는 광경을 직접 보았다. 그는 처음에는 이것이 예외적인 현상이라고 보았다. 예외적이고 특별한 현상은 지식이 될 수 없다는 것을 이익도 잘 알고 있었다. 그런데 그 뒤에 어떤 시골 사람이 거미가 뱀을 잡는 모습을 보았다고 증언 하였다. 그리고 또 다른 사람에게 뱀에게 물렸을 때 왕거미로 하여금 그 독을 빨아내게 할 수 있다는 말도 들었다. 이익은 자신의 관찰과 사람들의 증언을 토대로 거미가 뱀을 잡아 먹는다는 사실을 확신하게 되었다.

지식의 기술記述에서 중요한 것은 묘사인데, 정확한 묘사는 대상을 정확하고 자세하게 관찰하여야만 가능하다. 다음은 이익이 관찰한 동물을 세밀하게 묘사한 일례이다.

> 내가 바닷가를 지나다가 큰 새 한 마리가 방죽에 떠 있는 것을 보았다. 빛깔은 희고 생김새는 오리와 비슷하며 크기는 갑절이 되니, 우리나라에서 풍덕조豊德鳥라는 부르는 것이다. 사냥꾼이 총을 쏘아서 잡았기에, 내가 가서 살펴보니 주둥이는 길면서 뾰족하지 않고 아래 입술에는 다만 주곽周郭이 있고 아래로 턱살까지 이어졌다. 그 속에는 아무 물건도 담긴 것이 없었는데 모래주머니에까지 물을 넣으면 큰 사발로 하나쯤은 들어갈 만하였다. 뱃속에는 사충沙蟲이 있는데 피육皮肉을 씹어 먹었다. 이놈은 호중胡中에서 생장하는데 새라도 어쩔 수가 없나보다. 생각건대 이 새는 사다새 따위인 듯하다.

위의 글은 사다새에 대한 묘사이다. 사다새는 우리나라에는 서식하지 않기에 매우 희귀한 것이다. 그런데 이익은 사다새를 우연히 보게 되었고 주둥이 안쪽과 뱃속까지 자세히 관찰하여 뱃속에 사충이 들어 있는 것까지 보았다.

한편, 이익이 실험을 한 것은 주로 자연 현상·식물·동물과 관련된 지식이다. 다음은 이익이 직접 실험을 통하여 얻은 지식의 일례이다.

> **자연현상에 대한 실험**
>
> ◦어떤 사람은 수개樹介라 하기도 하고 목개木介라고 부르기도 하는데, 개介는 갑옷이고 갑옷은 전쟁의 상징이라고 한다. …… 그러나 이 수가란 것이 종종 있었지만 환란이나 재난이 일어나는 것을 일찍이 경험한 적이 없다. 그리고 나무가 얼음으로 되는 것은 아주 드물지만 일찍이 눈으로 본 적이 있으며 그것은 재난이 되지는 않는다.

농경과 식물에 대한 실험

◦지난 경신년 이래로 보리가 다 누렇게 말라죽기에 흙을 파고 실험해 보았다. 수없이 많은 굼벵이가 보리 뿌리를 파먹었는데 이루 다 제거할 수 없는 지경이었다. 그 해는 보리 흉년이 크게 들었다.

◦시골 마을에 누가 과일 나무를 심는데 처음부터 아주 빽빽하게 심었다. 남들이 "과일 나무를 너무 빽빽하게 심으면 열매가 맺히지 않는다"라고 하였지만 그는 "처음에 조밀하게 심으면 가지를 많이 치지 않고, 가지를 많이 치지 않으면 반드시 무성하게 잘 자란다. 이렇게 점점 자라기를 기다렸다가 그 중 나쁜 것은 간격을 벌려서 솎아 버린다. 이와 같이 하면 나무가 오래 살고 열매도 많이 열릴 뿐만 아니라 또 재목으로 쓰는 이로움도 있다. 만약 이렇게 하지 않고 띄엄띄엄 심으면 가지가 많아지고 자라도 반드시 키가 크지 않는다. 이렇게 된 뒤에 곁가지를 쳐내면 이 때문에 병충해가 생겨 나무가 바로 말라 죽을 것이다"라고 하면서 과수를 처음부터 조밀하기 심기에, 내가 직접 실험해 보니 과연 그의 말이 맞았다.

◦내가 시험 삼아 위로 치켜들며 열매를 맺는 천초天椒를 먹어보니, 씨가 많고 매운 맛이 덜하였다.

◦내가 일찍이 이 산삼山蔘을 시험해 보았는데 꺾으면 흰 진액이 나오고 오래 되면 그 진액이 옅은 핏빛으로 변하였다.

◦신라 선덕여왕善德女王이 「모란도」를 보고 모란이 향기 없는 것을 알고서 "절등하게 고와도 벌과 나비는 찾아오지 않겠다"라고 말했지만 내가 시험해 보니 반드시 그렇지도 않다. 다만 꿀벌이 없는 것은, 꽃은 곱지만 냄새가 나쁘기 때문이었다.

동물에 대한 실험

◦"고양이는 서역西域 지방 추운 기후에서 태어난 짐승인 까닭에 코끝이 늘 차다가 오직 하지夏至에만 잠깐 따뜻할 뿐이다"라고 말한다. 그러나

내가 실험해 보니, 하지에도 역시 여전히 차기만 하였다.

◦(심괄의 글에서) "악어는 타鼉와 흡사하게 생겼는데 주둥이가 몸의 길이만하고, 어금니는 톱니처럼 생겼다. 노란색·파란색·흰색 세 가지 색으로 되어 있으며, 꼬리에 세 개의 갈고리가 있는데, 아주 날카로워서 사슴과 돼지 따위를 보면 이것으로 움켜잡아서 먹는다. 알을 아주 많이 낳는데, 어떤 것은 타鼉나 자라가 되며, 그 중에서 악어가 되는 것은 한두 마리에 지나지 않는다"라고 하였다. …… 내가 실험해보니, 자라는 씹는 힘이 아주 세고 또 알을 낳기도 하지만 꼬리에 갈고리는 없었다.

이외에도 이익은 사물에 대한 실험에도 관심을 가지고 있었다. 그는 "'구양통歐陽通은 구양순歐陽詢의 아들인데 이리털로 심을 만들고 가을에 잡은 토끼털로 겉을 싸서 붓을 만들었다'는 기록을 보고 "시험 삼아 만들어 봐야하겠다"라고 하였다. 또 "총알이 종이 수십 겹을 뚫지 못할 것이니, 실험해 볼 일이다"라고 하였을 정도로 지식의 형성에 실험을 중요하게 생각하였다.

V. 유서의 내용이 갖는 가치는 무엇인가?

유서의 연구자들은 유서와 실학의 관계를 입증하고, 진보적 성향이 실학의 가장 큰 특성이라는 사실을 부각시키기 위하여 노력하였다. 이 점에 대해서 이견을 제기하고 싶지는 않다. 다만 조선의 유서가 수용하고 있는 지식의 층위를 좀 더 사실적으로 파악할 필요가 있다는 것을 환기하고 싶다.

유서의 저자들은 유서를 편찬할 때 지식에 대하여 나름의 선별 의식을 지니고 있었지만, 기본적으로 모든 지식에 대하여 개방적인 태도를 견지하였다. 그들은 종래의 지식을 편견 없이 수용하였기에, 그 중에는 현재적 관점에서 비현실적으로 보이는 내용도 있다. 이것이 유서의 독자를 당황하게 만든다.

이수광은 『지봉유설』의 서문에서 "일이 신비하거나 괴이한 것에 미치면 일체 기록하지 않았다"라고 분명히 밝히고 있다. 그런데 『지봉유설』에는 참으로 신비하고 괴이한 이야기가 많이 실려 있다. 『성호사설』의 경우는 어떠한가? '실학자의 저술이기에 괴력난신怪力亂神과 관련된 이야기가 없으리라.'는 기대는 편견에 불과하다. 『성호사설』에는 『지봉유설』보다 신비하고 괴이한 이야기가 더 많다. 또 『송남잡지』는 어떠한가? 이 책에는 두 종의 유서보다도 신괴神怪한 이야기가 더욱 많다. 『송남잡지』에는 각 유마다 신이한 이야기가 산재하며, 특히 〈구기류拘忌類〉와 〈상이류祥異類〉는 신괴한 이야기만 모아 놓은 것이다.

실학의 선구자라고 평가되는 이수광, 조선 후기 실학의 전개에 큰 영향을 주었다는 이익, 그들의 정신을 계승한 조재삼은 왜 다량의 신괴한 이야기를 자신의 저작에 수록하였을까? 이는 연구자들을 혼란에 빠뜨린다. 특히, '실학-유서-지식-실용'이라는 도식에서 볼 때 그들의 신괴한 이야기 처리 문제는 난감할 수밖에 없다.

『성호사설』이나 『송남잡지』와 비교한다면, 『지봉유설』은 신괴한 이야기가 적은 편이다. 그러나 이수광은 『지봉유설』의 「방술方術」에 신괴한 이야기들을 소복이 모아놓고 있다. 예를 들면, 그는 고대에 새의 말을 알아듣는 사람들이 있었다고 하면서 그 이름을 구체적으로 나열하였다. 단순한 정보의 기록 차원이 아니라, 이수광은 그 존재를 믿고 있었다.

그는 『주례』의 "새의 말을 맡았던 이예夷隸가 있고 짐승의 말을 담당하였던 맥예貉隸가 있었다"는 기록을 믿음의 근거로 제시하였다. 이수광은 그뿐만 아니라 용이나 기린·봉황과 같은 상상의 동물에 대해서도 의심하지 않았다. 이수광은 그러한 동물들을 비롯하여 기이한 물건들을 지금은 볼 수 없지만 옛날에는 많았으니 기이하게 여길 필요가 없다고 단언하였다. 그러나 이수광은 초자연적 존재나 현상 외에 당시의 자연과학 수준으로는 설명할 수 없는 자연현상에 대해서도 곤혹스러워하였다.

이익은 괴이한 이야기를 배격하는 견해에 대해서 "이 넓은 천하와 오랜 역사에 무엇이든지 없는 사실이 없는데, 요즘 사람들은 자신이 직접 보고 기억하고 있는 것이 아니면 눈을 휘둥그레 뜨고 놀라서 모두 의심하니 웃을 만하다"라고 비판하였다. 넓은 공간과 장구한 시간에는 인간이 모두 경험할 수 없는 존재와 현상이 있다. 그런데 그것들을 직접 보고 듣지 못했다고 해서 의심해서는 안 된다는 주장이다. 일례로 이익은 정위精衛라는 새가 목석木石을 물어 날라서 바다를 메운 이야기를 기록하면서, 이것을 의심하면 안 된다고 하였다. 그리고 그것을 증명하기 위하여 두 가지 유사한 예를 근거로 제시하였다. 이익은 "이는 귀신과 도깨비가 하는 것이지 새가 무슨 영靈이 있어 그렇게 하는 것은 아니다. 옛날이건 지금이건 일상적이지 않은 모든 일을 이로써 궁구해 본다면, 다시 의심할 것이 없겠다"라고 신이한 현상에 대한 자신의 생각을 밝혔다. 이로 본다면 『성호사설』에 수록되어 있는 다량의 신이담은 이익이 단순한 수집의 차원에서 기록한 것이 아님을 알 수 있다. 실재로 이익은 귀신과 도깨비의 존재를 믿었다. 그는 「호복虎僕」에서 "호복虎僕이니 창귀倀鬼니 하는 말을 옛사람은 혹 허망한 말로 여기기도 했으나, 나는 이런 이치가 있다고 본다. 도사道士가 귀신을 부리는 술법이 있다면 귀신도 진실로 두렵게 여기고 복종하는 것이 있으리라"라고 하였다.

이익은 나름의 이론적 기반 위에서 도깨비와 귀신의 존재를 믿었다. 그는 귀신이란 천지의 기氣가 뭉쳐서 이루어진 것이라고 보았다. 천지의 기가 순간적으로 응집되었다 분산되듯이 귀신도 모습을 나타내기는 해도 일정한 존재가 없기에 변화가 자유롭다는 것이다. 그리고 이것은 옛날의 사실을 잘 알고, 못가는 곳이 없는 까닭에 세상의 물정을 잘 살필 수 있다고 주장하였다. 이익은 이 이론으로 절굿공이 귀신·빗자루 귀신·쓰레받기 귀신 등의 존재를 설명할 수 있었다.

그러나 이익이 실존한다고 믿었던 수많은 초자연적 존재와 현상들은 기론氣論만으로 설명하기 힘든 것들이었다. 예를 들면 '물귀신'과 같은 것은 그도 논리적으로 설명할 도리가 없었다. 그러나 이익은 보이지 않고 증명할 수 없다고 하여 존재를 믿지 않는 것을 어리석다고 생각하였다. 일례를 든다면 "오릉吳綾이란 천으로 만든 치마를 어두운 방에서 힘껏 잡고서 손으로 얼마쯤 문지르면 화성火星이 곧 나타나고 이것으로 옷을 만들어 입으면 몸이 찌는 듯 열이 난다는 말이 있는데 이것은 그럴 법하다"고 하였다. 그는 그 근거로 "고양이 털에서도 열이 난다"는 것을 들면서 "이와 같이 신기한 것도 있으니, 천하에는 없는 물건이 없다는 것도 비로소 알겠다"고 하였다. 더불어 불에 타지 않는 섬유인 화완포火浣布도 있다고 하였다. 따라서 이러한 존재를 믿지 않는 자는 미련하고 어리석다고 단언하였다.

『지봉유설』·『성호사설』·『송남잡지』에 실린 기이한 이야기는, 정도의 차이는 있지만, 편찬자의 믿음을 토대로 하고 있다. 그러면 그들이 그러한 이야기를 믿고 기록으로 전하려고 한 의식의 저변은 무엇이며 우리는 그것을 어떻게 이해해야 할까?

이수광·이익·조재삼은 유학적 현실주의를 의식의 토대로 삼으면서 실학을 지향한 지식인들이다. 그런데 우리가 주의하여야 할 점이 하나 있다. 그들이 살았던 조선의 대중들은 신괴한 존재와 현상에 대하여 강한 믿음을 갖고 있었다는 사실이다. 신괴한 존재와 현상은 무지한 민중의 입으로 전해지던 전설과 민담 속에나 있다고 치부하고 말 일이 아니라는 것을 유서가 대변해주고 있다. 이수광과 이익, 조재삼은 당대의 가치 있는 지식을 기록으로 남기려고 하였다. 그들이 살고 있는 공간과 시간까지 전해 내려온 지식들에 대하여 그들은 어떠한 편견도 배제하였다. 이익은 신괴한 현상과 존재를 논리적으로 설명하려고 노력한 반면 조재삼은 가능한 많은 항목을 마련하여 지식으로 구성하고 확산시키려고 하였다. 이것은 지식인으로서 매우 중요한 태도라고 할 수 있다.

'지식이란 무엇인가?'라는 원론적 논쟁을 이 자리에서 재연하는 것은 적절하지 않지만, 유서 속의 기괴한 이야기를 지식의 범주 안으로 선뜻 받아들이기는 쉽지 않다. 그것은 객관적·보편적·일반적이지 않기 때문이다. 그러나 유서의 작자들이 살았던 시간과 공간에서 그것은 생명력 있는 지식이었다. 다만 그것들을 눈으로 볼 수 없다고 생각하였을 뿐이었다. 유서의 찬자들은 세상의 모든 지식을 수용하려고 하였다. 과거의 모든 지식도 편견 없이 받아들일 수 있었기에 새로운 지식도 거부감 없이 수용할 수 있었다. 반면 조선의 교조적 성리학자들은 눈으로 볼 수 없는 것은 말하지도 믿지도 않았기에 신괴한 것을 말하지도 믿지도 않았다. 그러나 그들에게 새로운 지식과 새로운 질서, 새로운 세상 역시 직접 목격하지 않고 기억 속에 있지 않기에 괴력난신에 불과할 뿐이었다.

이수광과 이익은 신괴한 존재에 대한 믿음을 갖고 있었지만 미신의 차원은 아니었다. 예를 들면 이수광은 복서卜筮에 대한 자신의 견해를 밝히면서 "의약醫藥과 복서卜筮는 함께 일컬어진다. 의원은 죽는 사람을 구하고 산 사람을 구제한다. 점쟁이는 흉한 것을 피하고 길吉한 데로 나가게 한다. 그 시초는 모두 성인聖人에게서 나왔으니 진실로 사소한 것이라고 여겨서는 안 된다"라고 하여 그것의 효용적 가치를 인정하였으니, 이는 미신의 차원과는 다르다. 또 "무당은 간악한 것을 낀다. 한 번 사람의 문에 올라오면 요괴스러운 것이 따라오게 마련이다. 그러니 마땅히 이것을 배척하여 끊어버려야 한다"는 말을 인용하면서 "지금 우리나라에서는 무당귀신을 보고 '탐재귀貪財鬼'라고 한다. 남의 재물을 보면 반드시 이것을 얻으려 하여 그 사람에게 해를 끼치기 때문이다. 또 '지심귀知心鬼'라고도 한다. 이는 묻는 사람의 마음을 잘 짐작해 말하는데, 간혹 맞을 때도 있기 때문이다. 이치를 아는 군자가 그 요망한 것을 살펴서 의혹되지 않는다면 이상적일 것이다. 誣무는 巫무자와 言언자로 구성된 글자이니, 역시 의미가 있다"라고 무당이 혹세무민惑世誣民한다는 견해를 밝혔다.

이익도 '미약媚藥'을 이용한 방중술房中術, 무당의 굿 따위를 미신으로 일축하였다. 그의 신이한 현상에 대한 합리적 사유는 「유재무상有災無祥」·「재상災祥」 등에서 상세히 볼 수 있다. 이와 같이 현실주의적인 의식과 신비주의적 의식이 크게 모순을 일으키거나 충돌하지 않고 공존하는 것이 조선 유서의 한 양상이라고 할 수 있다. 이는 유서의 편찬자들이 존재와 현상의 다원성을 인정할 수 있는 인식의 유연성과 개방성을 갖추고 있었으며, 비록 중세적 한계가 있지만, 논리적 토대를 마련하여 설명해낼 수 있었기에 가능한 것이다.

조선 3대 유서의 찬자들은 종래의 지식을 편견 없이 계승하였듯이 새로운 지식도 적극적으로 수용하였다. 새로운 지식이란 당시 조선에서 생소한 기술이나 새로운 세상에 대한 정보이다. 저간의 연구자들은 이것이야말로 실학파의 진면목이라고 생각하였다.

『지봉유설』에는 새로운 농업 기술이나 새로운 물건에 대한 지식이 기술되어 있다. 예를 들면 과실수에 접붙이는 방법과 같은 농업 기술이나 담배·안경·자명종自鳴鐘·서양포西洋布와 같이 새로 전래된 물건, 대포 등 서양의 무기에 대한 견문이 기록되어 있다.

『성호사설』은 새로운 지식의 소개에 더욱 적극적이었다.

「육약한陸若漢」에서는 망원경·총·대포 등을 언급하였고, 「애체靉靆」에서는 안경에 대해서 상세히 기술하였으며, 「화상요돌畫像坳突」에서는 서양화의 기법을 기술하였다. 또 「용화龍華」에서는 서양의 정수淨水 기술을 소개하면서, "이로 보아 서양 사람의 경험이 매우 익숙하다는 것을 비로소 알겠다"라고 하였으니, 이익이 서양의 기술을 신뢰하였다는 사실을 알 수 있다. 또 그는 부국강병과 군국기무軍國機務의 차원에서 말의 종자 개량과 사육·조련에 대하여 그 어떤 유서보다도 많은 지면을 할애하였다. 그는 조선이 말을 잘못 관리하는 문제점을 지적하는 동시에 중국과 서양에서 본받을만한 지식을 소개하였다. 예를 들면 그는 말에게 콩을 먹여서는 안 된다고 누누이 강조하고, 서양에서는 "말에게 보리를 먹일지언정 콩은 먹이지 않는다"는 말을 인용함으로써 자신의 견해와 서양의 경우가 일치한다는 것을 보였다. 군국기무에 대한 이익의 의식은 매우 강하였기에 서양의 무기에 지대한 관심을 보였다. 특히, 그는 홍이포紅夷砲처럼 성능이 뛰어난 신무기에 관심을 갖고 있었기에 그 포탄의 제조 방법까지 소개하였다. 또 확성기에 대해서도 소개하고 있다.

『송남잡지』에는 서양의 문물에 대한 기록이 더 풍부하고 다채롭다.

조재삼은 서양의 역법曆法이나 종교에 대한 자신의 지식을 『송남잡지』에서 기술하였다. 또 서양인의 존재뿐만 아니라 아프리카 흑인에 대해서도 인지하고 있었다. 그리고 서양에서 유입된 물건도 소개하고 있다. 예를 들면 양도洋稻라고 불리는 모화牟禾와 한보재翰寶齋 바늘·안경·서양포·기뢰機雷 등에 대한 견문과 같은 것이다. 또 당시 민심을 흉흉하게 만들었던 이양선異樣船에 대한 기술도 있다.

조선의 유서들은 이와 같이 서양의 신문물에 대한 지식과 정보를 적극적으로 수용하고 있지만, 그 찬자들이 신뢰할 만한 자료를 보지 못하고 주로 견문에 의지한 결과, 유서에는 잘못된 내용이 상당수 있다. 또 잘못된 정보는 주로 서양의 무기와 그것을 사용한 서양인의 전투 능력과 관련된 것이 많다. 이는 조선 말기에 그들과 수차례 무력 충돌을 하면서 만들어진 것이다.

『성호사설』에 "서양 의대리국意大里國에서 만들어낸 큰 거울은, 햇빛에 비춰 적의 선박에 그 광선을 닿게 하면 바로 불이 일어나서 수 척짜리 선박도 일시에 다 타버린다고 한다. 이는 화경火鏡의 이치를 연구해서 만든 것인데 역시 교묘하다"라고 한 내용이 있는 것으로 보아 서양의 무기에 대하여 실제보다 과장된 정보가 유포되어 있었음을 알 수 있다. 이와 같은 현상은 19세기로 들어오면 더 증폭된다.

『송남잡지』에서 서양의 무기와 물건에 대하여 기술한 몇 가지 예를 보면 다음과 같다.

◦근래에 듣자 하니 서양 사람들은 수전水戰에 능파말凌波襪을 신고 황하黃河를 걸어서 건넌다고 한다. 그들은 단어丹魚의 피를 발에 바른 것인가?
◦호인국互人國은 서양 밖에 있는데, 흰 흙으로 성을 쌓아 귀신이 감히 들어오지 못한다. 세상에 귀신이 없는 곳이 없지만 오직 이 나라만 없다고 한다.
◦흑귀자국黑鬼子國 사람들은 키가 크고 형체가 검으며 몸 한 면에 털이

나고 힘이 세니, 흑노黑奴라고 한다. 그 종족은 4만여 명인데, 불랑기국佛狼機國 사람들이 사서 노예로 삼은 경우가 많다. 밭두둑으로 몰아 소나 말처럼 부리니 바로 곤륜노崑崙奴이다. 함풍咸豊 경신년[1860]에 서양의 비적들이 그들을 모집하여 중국으로 쳐들어오니 당해 낼 수 있는 이가 없었다. 그 사람들은 물속에 들어가 자기도 하고 불 속에 들어가 살기도 하며 총알·화살·창도 그들의 몸을 뚫고 들어가지 못하지만 돌로 치고 마가목馬價木으로 때리자 죽었다고 한다.

◦옛날에는 이 약[아편담배]이 없었다. 서양 사람들은 앵속각罌粟角에 사람의 정액을 섞어 만든다. 담배처럼 들이마시는데, 전생의 일이 모두 기억나고 두 배로 총명해지며 기력이 용솟음친다고 한다. 그러나 3년 동안 들이마시지 않으면 죽는다고 한다.

이상의 예를 보면 서양의 무기와 물건에 대한 정보가 대단히 과장되어 있다. 또 흑인이나 서양인들의 신체적 구조와 능력도 매우 경이로운 것으로 알고 있었다. 이는 당시 서양인과 서양 문물, 특히 그들의 무력에 대한 공포심이 반영된 현상이다.

책의 편찬 시기를 감안한다면 당연한 현상이겠으나, 새로운 문물에 대한 지식의 양은 『송남잡지』가 가장 풍부하고 『지봉유설』이 가장 적다. 이에 비례하여 잘못된 정보의 양도 『송남잡지』가 많고 『지봉유설』은 비교적 적다. 유서의 신문물에 대한 부정확한 지식의 기록은 문헌 자료의 부족과 정보의 대중적 공유가 정확하지 못한 데 기인한다.

Ⅵ. 유서들 간의 관계는 어떠한가?

'조선의 가장 대표적인 유서로 손꼽히는 『성호사설』이 형성되는 과정에서 『지봉유설』은 어떤 영향을 끼쳤는가? 또 『송남잡지』가 형성되는 과정에서 『지봉유설』과 『성호사설』은 어떤 영향을 주었는가?'

기존의 연구에서 『지봉유설』은 우리나라 최초의 유서로, 이후의 유서 형성에 절대적인 영향을 주었다고 말해왔다. '이후의 유서'에는 물론 『성호사설』이 포함되며, 그와 같은 주장은 별도의 검증과정 없이 그대로 신뢰되었다. 그러나 이들 3종의 유서를 분석해 본 결과 그들의 관계에 대하여 새로운 설정이 필요하다는 사실을 얻게 되었다.

1614년에 우리나라 유서의 효시라고 하는 이수광의 『지봉유설』이 편찬되었고 그로부터 106년 뒤에 이익의 『성호사설』이 나왔다. 그리고 『성호사설』이 만들어진 때로부터 135년 만에 조재삼의 『송남잡지』가 나왔다. 17세기에 『지봉유설』이 나왔고 18세기에 『성호사설』이 편찬되었고 19세기에 『송남잡지』가 만들어졌다. 이러한 유서의 사적史的 전개 구도가 체계적이고 계통적인 측면에서는 설득력이 있지만 실상은 그렇지 않다. 이와 같은 결론은 『성호사설』이 『지봉유설』을 인용한 양상, 『송남잡지』가 『지봉유설』과 『성호사설』을 인용한 양상을 실증적 방법으로 검토하여 얻은 것이다.

이익은 이수광의 저작을 읽고 그의 인품과 문학을 높이 평가하였다. 이익은 『지봉집』을 소장하고 있었을 뿐만 아니라 이수광의 초탈한 면모를 흠모했다고 한다. 특히, 이익은 이수광이야말로 당대 최고의 문장가라고 높이 평가하였다. 이로 본다면 이익이 이수광으로부터 지적·문학적 측면에서 영향을 받았을 것으로 추정해 볼 수 있다. 그러나 유서가 대부분 다른 서적의 인용으로 구성된다는 특성에 입각하여 본다면, 『성호사설』의 형성 과정에서 『지봉유설』이 끼친 영향은 매우 미미하다. 방대한 『성호사설』에서 『지봉유설』이 언급된 것은 7건에 불과하다. 그 중에서 2건만 『성호사설』이 『지봉유설』의 내용을 그대로 인용한 것이고 나머지 5건은 모두 이수광의 지식이 정확하지 못하다고 이익이 비판하는 것이다. 『성호사설』에서 언급된 『지봉유설』 관련 내용 중 일부는 이수광이 어휘의 의미나 쓰임을 정확하게 알지 못하며 산술算術에 어둡다고 비판한 것이다. 반박하기 위한 인용은 인용이라고 할 수도 없다. 따라서 적어도 문헌상으로는 『성호사설』이 『지봉유설』으로부터 영향을 받아 만들어졌다고 단정할 수는 없다.

『송남잡지』에서 인용 빈도가 높은 우리나라의 문헌으로 『지봉유설』·『고려사』·『택리지』·『아희원람兒戲原覽』·『반계수록磻溪隨錄』·『동국여지승람東國輿地勝覽』·『성호사설』 등을 들 수 있다. 그 중에서도 가장 인용을 많이 하고 있는 책은 『지봉유설』인데, 인용하였다는 사실을 밝힌 것이 323번이다. 『성호사설』은 그보다 적은 48번이다. 다른 문헌의 인용 양상도 그러하듯이, 인용사실을 밝히지 않은 상당수의 『지봉유설』과 『성호사설』의 전재轉載까지 추가한다면 수는 더욱 늘어난다.

단순하게 인용의 횟수만 놓고 본다면 『송남잡지』의 형성에 가장 큰 영향을 준 문헌은 『지봉유설』이라고 할 수 있다. 그러나 『송남잡지』는 『지봉유설』의 내용을 단순 전재하지 않고 나름의 편찬 의식에 따라 가공하고 분류하였다. 이는 『지봉유설』이 『송남잡지』의 형성에 큰 영향을 미친 것이 사실이지만, 조재삼은 『송남잡지』를 편찬할 때 『지봉유설』과의 변별성을 분명히 하였음을 의미한다. 조재삼은 『지봉유설』에서 많은 내용을 인용을 하였지만, 단순 전재를 하지 않고 대부분 상당한 변개와 가공을 하였다. 이와 같이 변개와 가공을 거친 인용의 양상은 『송남잡지』와 『성호사설』 간에도 동일하게 나타난다.

그와 같이 변개와 가공을 한 이유는 사물과 현상에 대한 가치관과 시각의 상이함에 있다. 이는 『송남잡지』가 『지봉유설』과 동일한 내용에 대하여 범주를 달리하여 편재한 것에서 알 수 있다.

조재삼은 『지봉유설』에서 인용한 상당수의 내용을 『송남잡지』의 다른 유類에 편재하였다. 그 중에서 몇 가지 두드러진 양상을 살펴보면 다음과 같다.

『송남잡지』의 〈천문류天文類〉에 편재되어 있는 「세성수아歲星守我」·「백기웅군白氣雄軍」·「박대여란雹大如卵」·「우실우모雨實雨毛」는 『지봉유설』의 〈재이부災異部〉에 편재되어 있던 것이다. 또 『송남잡지』〈세시류歲時類〉의 「동방성쇠東方盛衰」와 〈초목류草木類〉의 「조棗」, 〈어조류魚鳥類〉의 「가축불비家畜不飛」도 『지봉유설』에는 〈재이부災異部〉에 편재되어 있던 것이다. 『지봉유설』에서 괴이한 현상과 존재로 분류하였던 것을 『송남잡지』에서는 자연의 현상과 존재로 분류하였음을 알 수 있다. 또 이와 반대로 『송남잡지』〈상이류祥異類〉의 「불부이잉不夫而孕」과 「남자무수男子無鬚」는 『지봉유설』에서 〈재이부災異部〉에 편재하지 않고 〈인사부人事部〉에 편재하였던 것이다.

『송남잡지』의 〈무비류武備類〉, 「고려전高麗箭」과 「일전각만기一箭却萬騎」는 『지봉유설』의 〈기예부技藝部〉, 「잡기雜技」에 편재되어 있던 것이다. 『송남잡지』에는 〈기술류技術類〉가 있고 『지봉유설』에는 〈병정부兵政部〉가 있다. 그럼에도 불구하고 서로 범주를 달리하고 있으니, 『지봉유설』에서는 고려전高麗箭의 '신묘한 기술'이라는 측면에 초점을 두고 있다면, 『송남잡지』는 '무기'라는 측면에 초점을 두고 있다. 「일전각만기一箭

却萬騎」 역시 『지봉유설』에서는 유붕수柳鵬壽가 편전片箭을 신묘하게 잘 쏘았다는 일화의 기술에 초점을 맞추고 있다면, 『송남잡지』는 무기로서 편전片箭의 효용에 대한 실례實例에 기술의 초점을 맞추고 있다. 이와 같은 조재삼의 효용론적 관점은 「작약芍藥」·「묵응이墨應耳」·「백단향白檀香」·「안식향安息香」을 『송남잡지』, 〈화약류花藥類〉에 편재한 것에서도 볼 수 있다. 이것들은 원래 이수광이 『지봉유설』, 〈훼목부卉木部〉에 편재하였다.

조재삼이 『성호사설』을 인용하는 양상을 살펴본다면, 상당수의 경우 불필요한 것은 과감히 삭제하고, 부족한 것은 보충하고, 중요한 것은 앞으로 돌리는 등의 가공을 진행하였다. 『성호사설』의 문장이 대체로 길기에 그대로 인용하기에 곤란할 뿐만 아니라, 기술의 목적도 상이하기 때문이다. 이는 『송남잡지』가 『성호사설』의 내용을 인용하되 이익의 가치관까지 그대로 수용하지 않았음을 의미한다. 따라서 『성호사설』과 『송남잡지』는 같은 내용이라도 편재된 범주가 동일하지 않은 것이 상당수 있다.

『송남잡지』, 〈지리류〉 중에서 『성호사설』에서 인용된 내용은 『성호사설』의 〈천지문天地門〉·〈인사문人事門〉·〈경사문經史門〉에 편재되어 있던 것들이다. 또 『송남잡지』, 〈기술류技術類〉 중에서 『성호사설』에서 인용된 내용도 『성호사설』, 〈천지문〉·〈인사문〉·〈경사문〉에 편재되어 있던 것들이다. 『성호사설』은 총 3,057칙則이 5문門, 『송남잡지』는 총 4,432칙則이 33류類로 구성되어 있기 때문에 수평적으로 범주의 동이同異를 논하기 어려운 점이 있다. 즉, 『성호사설』의 5문門을 『송남잡지』의 33류類에 대응시킬 수는 없다는 말이다. 그럼에도 불구하고 『송남잡지』는 『성호사설』에서 인용하였다고 밝힌 내용을 『성호사설』의 범주와 달리 분류하고 있으니, 이는 조재삼이 이익李瀷과 가치관이나 세계관을 달리하고 있다는 증표라고 하겠다.

조선 3대 유서의 편찬자들은 중국 유서의 조선 버전을 만들려는 생각이 없었을 뿐만 아니라 앞서 출현한 유서의 증보판을 만들려는 생각도 없었던 것이다. 조선 3대 유서의 편찬자들은 최대한 독창적인 유서를 만들기 위하여 노력하였던 것이다.

조선의 지식은 중간 중간 출현한 유서에 의하여 적절히 정리되고 계승될 수 있었다. 더욱이 당대의 가치관에 의하여 자질구레한 것으로 취급되던 소중한 지식들이 유서에 의하여 현재까지 전해질 수 있었다는 점에서 유서의 가치는 적지 않다고 하겠다.

■ 참고문헌

李睟光,『芝峯類說』
李瀷,『星湖僿說』
李瀷,『星湖全集』
趙在三,『松南雜識』

중국 유서의 편찬과 검색

한미경

I. 서언

1. 연구의 목적

'유서類書'란 부문 또는 유별로 관련 자료를 대량으로 수집 편집한 것으로 초기에는 방대와 문헌과 자료를 포함하고 있어 봉건제왕의 치국책략 검색용과 선비들의 과거 준비용으로 활용되었다. 이러한 유서는 시간이 흐름에 따라 자료의 원시성, 수집성과 축적성 및 검색성 그리고 자료의 보존 기능과 검색 기능을 갖추게 된 일종의 전통적 지식정보원이 되었다.

중국의 전통적 유서 편찬은 삼국시대 위魏나라부터 청나라에 이르기까지 1,500여 년에 걸쳐 이루어 졌다. 즉, 삼국시대 위나라 때 처음으로 편찬된 『황람皇覽』 이후 『숭문총목崇文總目』에서 '유서류類書類'를 자목으로 두면서 최초로 용어가 등장하였고, 북송 구양순 등이 『신당서예문지

新唐書藝文志』를 편찬할 때 자부子部에 '유서류'를 두면서 일종의 '백과사전百科辭典'으로 오늘날에 이르게 되었다. 중국의 유서는 매우 방대하고 다양하게 편찬되었다. 즉, 청『사고전서총목제요四庫全書總目提要』의 기록에 의하면 600여 종의 유서가 편찬되었으나 현존하는 유서는『연경대학도서관목록초고 유서지부燕京大學圖書館目錄初稿: 類書之部』에 의하면 316종으로 절반 정도에 불과하다.

이러한 유서에 대한 현대의 연구는 유서의 기원에 대한 연구, 유서의 분류 항목 및 유목과 자목 그리고 분류에 대한 연구, 유서의 가치 및 각 시대별 유서의 편찬에 대한 연구 외에 주요 유서들에 대한 연구와 유서의 전래 등에 대한 다양한 방면으로 이루어져 왔다. 예로 장완사張晚霞(2013)는 유서 연원 연구로 유서의 '잡가설雜家說', '이아설爾雅說', '부설賦說' 등에 대하여 연구하였으며, 특히 유서와 잡가의 차이를 살폈다.[1] 류취안보劉全波(2013)는 목록학적 관점에서 유서의 분류와 전개에 대하여 다양하게 연구하였으며,[2] 후셴린胡賢林(2012) 또한『중경신부中經新簿』,『수서경적지隋書經籍志』,『구당서경적지舊唐書經籍志』 및『통지예문략通志藝文略』과 같은 목록류를 대상으로 한 유서의 분류 목록 상황을 살폈다.[3] 한미경(2014)은 유서의 역사적 분류와 현대적 분류를 조사 분석하였다.[4] 한편 김영선(2003)과 최환(2003)은 유서의 국내 전래에 대하여 살폈으며, 류취안보劉全波(2011)는 유서의 일본, 한국 및 베트남 등 한자문화권 전래에 대한 연구를 하였다.[5] 따라서 이 연구에서는 전통적 자료의 보존과 검색 및 활용에 유용한 지식정보원으로서 중국 유서에 대한 시대별 발전과 특징, 현대적 활용을 위한 유서의 종류와 검색에 대한 고찰을 목적으로 한다.

2. 연구의 범위와 방법

중국의 시대별 유서 편찬과 검색 및 활용을 고찰하기 위하여 다음과 같은 범위와 방법으로 진행하였다.

첫째, 조사 대상 중국의 유서는 고대 유서를 대상으로 하였다. 구체적인 시대적 범위는 삼국시대부터 청나라까지를 대상으로 하였으며, 삼국시대, 수당시대, 송원시대 및 명청시대의 4단계로 구분하여 진행하였다. 중국의 유서 편찬 및 주요 유서를 고찰하기 위하여 역사연구법과 문헌연구법 및 서지적 연구방법으로 진행하였다.

둘째, 각 시대별 주요 유서의 검색과 활용 조사를 위한 시대적 범위는 고대부터 현대까지의 색인에서부터 데이터베이스까지 대상으로 하였으며, 문헌연구법 및 인터넷조사방법으로 진행하였다.

셋째, 유서의 시대별 발전의 경우 각 시대의 유서 편찬의 특징적인 부분 위주로 살펴보고, 주요 유서의 경우 당대 4대 유서(묵당서초, 예문유취, 초학기, 백씨육첩)[6], 송대 4대 유서(문원영화, 태평어람, 태평광기, 책부원구), 명대 4대 유서(영락대전, 사서대전, 오경대전, 성리대전) 및 청대 4대 유서(고금도서집성, 연감유함, 패문운부, 변자유편)를 중심으로 살폈다. 또한 유서의 종류는 유서 편집 또는 편찬상의 특징에 따른 종류로 구분하고 해당되는 주요 유서를 살폈다.

II. 유서의 기원과 기능

이 장에서는 유서에 기원과 기능에 대하여 살펴보고자 한다.

1. 유서의 기원

'유서類書'라는 명칭은 북송 구양순歐陽詢 등이 『신당서예문지新唐書藝文志』를 편찬할 때, 사부분류四部分類 중 자부子部에 '유서류類書類'를 두어 관련 문헌들을 분류하면서 등장하기 시작하였다. 그러나 실제 『숭문총목崇文總目』 제674책의 "類書類. 謹按此類以下『歐陽修集』无叙釋. 類書上, 共四十六部, 計一千六百五十卷. 類書下, 共五十一部, 計八百六十五卷"이라는 기록에 의하면 구양순이 신당서를 편찬하기 전에 『숭문총목』 편찬에 참여하였을 때, '유서류'를 자목으로 삼았다. 즉, 『숭문총목』이 유서류를 자목으로 최초로 사용하였으나 정사로 편찬된 『신당서예문지』가 책의 한 종류이자 전문용어로서 유서를 처음으로 사용한 문헌으로 알려져 있다.

유서의 기원은 학자에 따라 1) 서한西漢 유안劉安 등의 『회남자淮南子』, 2) 서한 유향劉向의 『신서新序』와 『설원說苑』, 3) 『이아爾雅』, 4) 전국시대 말기 진秦의 여불위呂不韋 등의 『여씨춘추呂氏春秋』를 유서의 시초로 보기도 한다. 그중 『이아』는 훈고釋古, 석언釋言, 석훈釋訓 등의 19류로 분류하여 유가의 경의經義를 해석한 훈고서이자 사전詞典이다. 즉, 『이아』는 유자類字로 분류하고 검색의 편리성이라는 특징을 갖추고 있으며, 이후 등장하는 유서류 편집체제의 주요 참고 계통이 되고 있어 유서의 시초로 연구되고 있다.[7]

사료의 기록에 의하면 유서 편찬의 시작은 삼국시대 위나라로 거슬러 올라간다. 즉, 최초의 유서는 황초黃初 원년(220)에 위 문제文帝 조비曹丕의 명령으로 왕상王象, 유소劉邵 등이 편수한 『황람皇覽』이다. 이는 『삼국지위지三國志魏志』 「문제기文帝紀」의 "帝好文學, 以著述爲務, 自所勒成, 垂

百篇. 又使諸儒撰集經傳, 隨類相從, 凡千余篇, 号日『皇覽』"의 기록에서 나타나듯이 오경군의五經群書를 근거로 하고 유類로 분류하여 천여 편을 기록하여 황제 열람에 제공하였기에 『황람』이라 부른 것이다. 또한 『위지魏志』「양준전楊俊傳」의 『황람』에 대한 기록 "合四十余部, 部有數十篇, 合八百余万字"에 의하면 40여 부의 수십 편으로 8백만 자로 구성되어 있음을 알 수 있다. 다만 『황람』은 당나라 때에 산일되어 현재 전하고 있지 않아 자세히 알 수 없다.

2. 유서의 기능

유서는 고서 중의 사실전고史實典故, 명물제도名物制度, 시부문장詩賦文章, 여사교어麗辭騷語, 자연지식 등을 종합적 또는 전문적으로 집록한 것으로 부문인 유類에 따라 모으거나 발음인 운韻에 따라 편집 배열한 것으로 자료 회편 성격의 공구서, 즉 전통적 지식정보원이자 참고정보원이다. 총체적으로 백과전서百科全書의 성격을 띠고 있다.[8]

유서의 경우 『사고전서총목四庫全書總目』「유서류소서類書類小序」의 "非經非史, 非子非集"의 기록에서 보이듯이 하나의 저술로 다루지는 않았다. 이는 유서는 일종의 저술서이기 보다는 각종 문헌 중의 자료를 집록하고 내용을 문류門類나 자운字韻 등에 의거하여 편집 배열하고 있기 때문이다. 유서의 주요 기능을 살펴보면 다음과 같다.[9]

첫째, 자료의 원시성또는 원문성. 유서는 중요 저술의 원시자료를 대상으로 분류 및 배열 편집하고 있다.

둘째, 자료성. 유서에 실린 자료들은 후대에 산일되거나 소실되어 더 이상 전하지 않는 경우가 있으며, 중요한 일실 자료의 경우 유서에 편집 배열되어 후대까지 전래되기도 한다.

셋째, 축적성. 유서는 일반적으로 대량의 원시자료들을 인용하고 출처를 밝히는 것 외에도 해당 자료 자체를 싣고 있어 각종 유서에는 관련된 다양한 자료가 축적되어 있다.

넷째, 검색성. 유서는 기본적으로 유사類事와 유문類文 외에 유자類字, 유사類詞, 유어類語 그리고 유서類書를 기준으로 자료를 분류하는 것이다. 이러한 분류는 검색에 매우 편리하게 제공되어 왔다.

종합적으로 비록 유목 관련 자료를 대량으로 수집 배열하여 논리적 관계 없이 기술하고 있다는 비판을 받기도 하나 유서는 자료의 원시성, 자료성 또는 전달성, 축적성, 검색성 등의 기능을 수행하는 전통적인 참고정보원이다.

III. 유서의 시대별 편찬과 특징

삼국시대 이래 중국의 유서 편찬은 다양해지고 광범위하게 진행되었다. 각 시대별 주요 유서와 주요 유서의 부문과 분류를 정리하면 다음 〈표 1〉, 〈표 2〉와 같다. 일반적으로 유서의 편찬단계는 삼국시대는 유서의 맹아기 및 탄생기, 수당시기는 유서의 발전기, 명청시기는 유서의 흥성 및 쇠망기의 삼단계로 분류되며, 일부 학자의 경우 대량의 대형 유서가 편찬된 송나라 시대를 구별하여 네단계로 구분하기도 한다. 이 연구에서는 유서가 처음 등장한 삼국시대부터 청대에 이르기 까지 각 시대별로 유서의 편찬단계를 네단계로 구분하여 개괄적 편찬과 주요 유서 중심의 특징을 살펴보고자 한다.

〈표 1〉 중국의 시대별 주요 유서

시대	유서명	특징
魏	皇覽	• 최초의 유서
晋	要覽	
宋	合皇覽	
齊	史林, 四部要略	
梁	皇覽鈔, 類苑, 華林遍略, 壽光書苑, 法宝聯壁, 學苑, 鴻宝, 語對, 語麗	
陳	書圖泉海	
北魏	帝王集要	
北齊	修文殿御覽	
南朝	壽光書苑, 類苑, 華林遍略	
北朝	科彔, 修文殿御覽	
隋	長洲玉鏡, 編珠	
唐	藝文類聚, 文官詞林, 初學記, 北堂書抄, 白孔六帖, 文思博要, 三教珠英, 瑤山玉彩, 平台秘略, 備學文言	• 4대유서: 북당서초, 예문유취, 초학기, 백씨육첩
宋	太平御覽, 太平廣記, 冊府元龜, 山堂考索, 玉海, 兩漢蒙求, 事林广記, 事類賦, 錦綉万花谷, 事文類聚, 翰墨大全, 記纂渊海, 玉海, 小學鉗珠, 全芳備祖, 古今合壁事類備要	• 4대유서: 문원영화, 태평어람, 태평광기, 책부원구
元	韻府群玉, 押韻渊海	
明	永樂大典, 四書大全, 五經大全, 性理大全,. 類雋, 經濟類編, 唐類涵, 韻府續編, 五車韻瑞, 山堂肆考, 天中記, 三才圖繪, 圖書編	• 4대유서: 영락대전, 사서대전, 오경대전, 성리대전 • 영락 3대전: 성리대전, 사서대전, 오경대전
清	古今圖書集成, 渊鑒類函, 佩文韻府, 駢字類編, 韻府拾遺, 子史精華, 格致鏡原, 事物原會, 壹事紀始, 月令粹編, 分類字錦	• 최대의 유서: 고금도서집성 • 4대유서: 고금도서집성, 연감유함, 패문운부, 변자유편

〈표 2〉 주요 유서의 부문과 분류

	서명	분류	내용
唐	北堂書鈔	19部 851子目	帝王, 後妃, 政術, 刑法, 封爵, 設官, 禮儀, 藝文, 樂, 武功, 衣冠, 儀飾, 服飾, 舟, 車, 酒食, 天, 歲時, 地
	藝文類聚	46部 727子目	天, 歲時, 地, 州, 郡, 山, 水, 符命, 帝王, 后妃, 儲宮, 人, 礼, 樂, 職官, 封爵, 治政, 刑法, 雜文, 武, 軍器, 居處, 產業, 衣冠, 儀飾, 服飾, 舟車, 食物, 雜器物, 巧藝, 方術, 內典, 灵异, 火, 藥, 香草, 宝玉, 百谷, 布帛, 果, 木, 鳥, 獸, 鱗介, 虫豸, 祥瑞, 灾异
	初學記	23部 313子目	天, 歲時, 地, 卅郡, 帝王, 中宮, 儲宮, 帝戚,職官, 禮, 樂, 人, 政理, 文, 武, 道釋, 居處, 器物, 寶器, 草部, 果木, 木, 獸, 鳥, 鱗介, 蟲
	白氏六貼	1,970門	天, 地. 日. 月, 山, 水, 川, 澤, 都邑, 居道, 衣服, 印綬, 宗親, 奴婢, 刑法, 斷獄, 軍旅, 出征, 資糧, 屯田, 祭祀, 蒸薦, 戶口, 征賦, 叛亂, 寇賊 등
宋	太平御覽	55門	天, 時序, 地, 皇王, 偏霸, 皇親, 州郡, 居處, 封建, 職官, 兵, 人事, 逸民, 宗親, 禮儀, 樂, 文, 學, 治道, 刑法, 釋, 道, 儀式, 服章, 服用, 方術, 疾病, 工藝, 器物, 雜物, 舟, 車, 奉使, 四夷, 珍寶, 布帛, 資產, 百谷, 飲食, 火, 休征, 咎征, 神鬼, 妖異, 獸, 羽族, 鱗介, 蟲豸, 木, 竹, 果, 菜茹, 香, 藥, 百卉
	太平廣記	92類	神仙, 女仙, 道術, 方士, 異人, 異僧, 釋證, 報應, 徵應, 定數, 感應, 讖應, 明賢, 廉儉, 氣義, 知人, 精察, 俊辯, 幼敏, 器量, 貢擧, 銓選, 職官, 權倖, 將帥, 驍勇, 豪俠, 博物, 文章, 才名, 儒行, 樂, 書, 畫, 算術, 卜筮, 醫, 相, 伎巧, 博戲, 器玩, 酒, 食, 交友, 奢侈, 詭詐, 諂佞, 謬誤, 治生, 褊急, 詼諧, 嘲誚, 嗤鄙, 無賴, 輕薄, 酷暴, 婦人, 情感, 童僕, 夢, 巫, 幻術, 妖妄, 神, 鬼, 夜叉, 神魂, 妖怪, 精怪, 靈異, 再生, 悟前生, 塚墓, 銘記, 雷, 雨, 山, 石, 水, 寶, 草木, 龍, 虎, 畜獸, 狐, 蛇, 禽鳥, 水族, 昆蟲, 蠻夷, 雜傳記, 雜錄
	文苑英華	38類	賦, 詩, 歌行, 雜文, 中書制誥, 翰林制詔 策問, 策, 判, 表, 牋, 狀, 檄, 露布, 彈文, 移文, 啓, 書, 疏, 序, 論, 議, 連珠, 喩對, 頌, 贊, 銘, 箴, 傳, 記, 諡哀冊文, 諡議, 誄, 碑, 誌, 墓表, 行狀, 祭文

宋	冊府元龜	31部	帝王, 閏位, 僭僞, 列國君, 儲宮, 宗室, 外戚, 宰輔, 將帥, 臺省, 邦計, 憲官, 諫諍, 詞臣, 國史, 掌禮, 學校, 刑法, 卿監, 環衛, 銓選, 貢擧, 奉使, 內臣, 牧守, 令長, 宮臣, 幕府, 陪臣, 總錄, 外臣 등
	玉海	21門	天文, 律憲, 地理, 帝學, 聖制, 藝文, 詔令, 禮儀, 車服, 器用, 郊祀, 音樂, 學校, 選擧, 官制, 兵制, 朝貢, 宮室, 食貨, 兵捷, 祥瑞
	事物紀原	55部	天地生植, 正朔歷數, 帝王后妃, 嬪御命婦, 朝廷注措, 治理政體, 利源調度, 公式姓諱, 禮祭郊祀, 崇奉褒冊, 樂舞聲歌, 輿駕羽衛, 旗旐采章, 冠冕首飾, 衣裘帶服, 學校貢擧, 經籍藝文, 官爵封建, 勛階寄祿, 師保輔相, 法從淸望, 三省綱轄, 持憲儲闈, 九寺卿少, 秘殿掌貳, 五監總率, 環衛中貴, 橫行武列, 東西使班, 節鉞帥漕, 撫字長民, 京邑館閣, 會府臺司, 庫務職局, 州郡方域, 眞壇淨社, 靈宇廟貌, 道釋科敎, 伎術醫卜, 舟車帷幄, 什物器用, 歲時風俗, 宮室居處, 城市藩御, 農業陶漁, 酒醴飮食, 吉兇典制, 博弈嬉戱, 戎容兵械, 戰陣攻守, 軍伍名額, 律令刑罰, 布帛雜事, 草木花果, 蟲魚禽獸,
明	永樂大全	22韻部	東, 支, 齊, 魚, 模, 皆, 灰, 眞, 寒, 刪, 先, 蕭, 爻, 歌, 麻, 遮, 陽, 庚, 尤, 侵, 覃, 鹽
	四書大全	4書	大學, 中庸, 論語, 孟子
	五經大全	5經	易, 詩, 書, 禮, 春秋
	性理大全	13主題	理氣, 鬼神, 性理, 道統, 聖賢, 諸儒, 學, 諸子, 歷代, 君道, 治道, 詩, 文
	三才圖會	14門	天文, 地理, 人物, 時令, 宮室, 器用, 身体, 衣服, 人事, 儀制, 珍宝, 文史, 鳥獸, .草木
	群書類編故事	18類	天文, 時令, 地理, 人物, 仙佛, 文學 등
	廣博物志	22門	天道, 時序, 地形, 斧扆, 靈異, 職官, 人倫, 高逸, 方伎, 閨壼, 形體, 藝苑, 武功, 聲樂, 居處, 珍寶, 服飾, 器用, 食飮, 草木, 鳥獸, 魚蟲
	喩林	10門	造化, 人事, 君道, 臣述, 德行, 文章 學業, 政治, 性理, 物宜

<table>
<tr><td rowspan="8">清</td><td>古今圖書
集成</td><td>6匯編
32典</td><td>歷象匯編: 乾象典, 歲功典, 曆法典, 庶徵典
方輿匯編: 昆輿典, 職方典, 山川典, 邊裔典
明倫匯編: 皇極典, 宮闈典, 官常典, 家範典, 交誼典, 氏族典, 人事典, 閨媛典
博物匯編: 藝術典, 神異典, 禽蟲典, 草目典
理學匯編: 經籍典, 學行典, 文學典, 字學典
經濟匯編: 選擧典, 詮衡典, 食貨典, 禮儀典, 樂律典, 戎政典, 考工典</td></tr>
<tr><td>佩文韻府</td><td>4聲, 4類</td><td>平水韻에 따라 平, 上, 去, 入
韻藻, 增, 對語, 摘句</td></tr>
<tr><td>淵鑑類函</td><td>46部</td><td>天, 歲時, 地, 帝王, 后妃, 儲宮, 帝戚, 設官, 封爵, 政術, 礼儀, 樂, 文學, 武功, 邊塞, 人, 釋教, 道, 灵异, 方術, 巧藝, 京邑, 州郡, 居處, 產業, 火, 珍宝, 布帛, 儀飾, 服飾, 器物, 舟, 食物, 五谷, 藥, 菜蔬, 果, 花, 草, 木, 鳥, 獸, 鱗介, 虫等.</td></tr>
<tr><td>駢字類編</td><td>13門</td><td>天地, 時令, 山水, 居處, 珍宝, 數目, 方隅, 采邑, 器物, 草木, 鳥獸, 虫魚, 人事</td></tr>
<tr><td>子史精華</td><td>30部</td><td>天, 地, 歲時, 帝王, 皇親, 言語, 形色, 倫常, 樂, 文學, 居處, 邊塞, 婦女, 政術, 設官, 方術, 巧藝, 灵异, 釋道, 服飾, 儀飾, 珍宝, 器物, 武功, 品行, 動植, 食饌, 人事, 產業, 礼儀</td></tr>
<tr><td>格致鏡原</td><td>30類</td><td>乾象, 坤輿, 身體, 冠服, 宮室, 飮食, 布帛, 舟車, 朝制, 珍寶, 文具, 武備, 禮器, 樂器, 耕織器物, 日用器物, 居處器物, 香奩器物, 燕賞器物, 玩戲器物, 穀, 蔬, 木, 草, 花, 果, 鳥, 獸, 水族, 昆蟲</td></tr>
<tr><td>壹是紀始</td><td>22類</td><td>天文, 地形, 宮室, 墳墓, 人品稱名, 試科仕官, 職官, 印信圖章, 文史, 賦稅, 器具, 銀錢, 神祀, 樂器, 兵器, 律法, 術數嬉戲, 衣服, 飮食, 舟車, 禽獸, 俗語</td></tr>
<tr><td>子史精華</td><td>30部</td><td>地, 歲時, 帝王, 皇親, 言語, 形色, 倫常, 樂, 文學, 居處, 邊塞, 婦女, 政術, 設官, 方術, 巧藝, 灵异, 釋道, 服飾, 儀飾, 珍宝, 器物, 武功, 品行, 動植, 食饌, 人事, 產業, 礼儀</td></tr>
</table>

1. 삼국시대: 유서의 맹아기

중국의 유서는 삼국시대 위나라 220년의 『황람』부터 시작되었다. 『황람』은 자료를 종합적으로 집대성하고 유별로 분류하여 황제의 시정에 필요한 자료를 열람 및 검색할 수 있도록 편찬된 것이다. 이후 후양後梁과 북제北齊 등의 군주들도 위 문제를 따라 문사文士를 모아 대형유서를 편찬케 하였으며, 그중 유명한 유서는 양의 『수봉서원』과 『화림편략』 그리고 북제의 『수문전어람』 등이 있다.

그 외에 『유서류별類書流別』의 기록에 의하면 진晋나라 육궤陸机의 『요람』, 송나라 하승천何承天, 서애徐爱의 『합황람』, 제나라 동관학사東觀學士 봉칙찬奉敕撰의 『사림』, 소자량蕭子良 찬의 『사부요략』, 양나라 소침蕭琛의 『황람초』, 유준劉峻의 『유원』, 서면徐勉 등 봉칙찬의 『화림편략』, 유묘劉杳의 『수광서원』, 육조陸罩 등 봉칙찬의 『법보연벽』, 도홍경陶宏景의 『학원』, 장찬張纘의 『홍보』, 주담원朱澹遠의 『어대』, 『어려』, 진陳나라 장식張式의 『서도천해』, 북위北魏의 『제왕집요』, 북제의 조정祖珽 등 봉칙찬의 『수문전어람』 등이 있다. 즉, 중국 후한 멸망 후 수나라가 통일될 때까지 양쯔강 이남에 있었던 육조시대에 편찬된 유서는 총 3,000권 이상으로 알려져 있다. 그중 대부분이 제나라와 양나라 때 이루어 졌으나 아쉽게도 실전되어 현재 모두 전하지 않는다.

2. 수당시기: 유서의 발전기

수당시기에는 대형의 관찬유서가 출현하였다. 또한 당나라 전후로 유서 편찬의 가장 큰 특징은 당나라 전에는 '직서기사直書其事'의 유사類事

로 분류 편집하고 있다면 이후에서 오대십육국까지는 '사문겸용事文兼用'의 유사가 등장하고 있다.[10] 한편, 수당시기에 사대부 문인들 간에는 개인적 유서편찬 또한 유행하였다. 그 예로 당나라 시인이었던 왕발王勃의 『평대비략』과 백거이白居易의 『백씨육첩』 등이 있다.

수나라의 대표적인 유서로는 『장주옥경』과 『편주』가 있으며, 당나라 때에는 초기부터 유서를 편찬하는 풍조가 활발하여 『예문유취』, 『문관사림』, 『초학기』의 관찬유서 3종과 『북당서초』와 『백공육첩』의 사찬유서 2종이 유명하다. 그중 『북당서초』, 『예문유취』, 『초학기』, 『백씨육첩』은 수말당초의 유서로서 현전하는 최고의 유서이자 '당대 4대유서'로 불리 운다. 이들 당대 4대유서를 살펴보면 다음과 같다.

『예문유취』는 구양순이 625년에 100권으로 편찬한 것으로 고래의 고사故事를 천, 세시 등의 46부류 727자목子目으로 분류하고 있다. 각 부류로 분류이후 사실을 기록한 다음, 이에 관계되는 시문을 싣고 있다(事居於前, 文列於後). 즉, 먼저 고사와 관련된 자료를 경사자집 등의 전적 중에서 취하고, 이어 출처와 시대를 주석하고 있다. 인용한 고적이 1,431종에 달하며 그중 현존하는 것은 십분의 일 정도로 수나라 이전의 것으로 더이상 전하지 않는 고서와 문장 등이 보존되어 있다.

『북당서초』는 수말당초에 160권으로 편찬한 것으로 우세남虞世南이 수나라 비서랑祕書郎이었을 때 쓴 것이다. '북당北堂'은 당시 비서성祕書省의 후당後堂이었으므로 이를 반영하여 『북당서초』라 명명한 것이다. 고서 800종을 인용하고 있으며, 제왕, 후비 등의 19부로 구분하고 여러 책의 구절을 뽑아 851자목으로 분류하였다. 자구字句로 '표제'를 삼고 표제 아래에 관련 고서를 인용하고 있다. 즉, 각 유에서 당나라 이전 고서 중 시 작문에 제공될 만한 전고典故,[11] 어구 및 시문 등의 구절을 뽑아 놓은 것이다. 오늘날 더 이상 전하지 않는 고서에서 인용한 내용도 있어 중국 고대사 연구에 중요한 참고 자료가 되고 있다.

『초학기』는 당나라 초기에 변문駢文[12]이 계속 성행하고 시문의 문체나 수식을 추구하였으므로 현종玄宗이 서견徐堅 등에게 명하여 30권으로 편찬한 것이다. 전체 천, 세시, 지 등의 23부 313자목으로 세분하고 있다. 각 자목마다 고서 중의 관련 내용을 기술하고 대응하는 구절 아래에 출처를 명기하고 더 나아가 시문을 모아 놓고 있다. 시문 학습과 활용에 유용한 시문 전고용 유서이다.

『백씨육첩』은 원래 당나라의 백거이가 『북당서초』를 본떠서 30권으로 편찬한 『백씨육첩사유집白氏六帖事類集』으로 약칭 『육첩』을 이른다. 이는 1,970문으로 항목을 분류하고 고서로부터 관련어구를 인용한 것이다. 후에 송나라의 공전孔傳이 속편을 편집하였으며, 『육첩』과 속편을 합하여 『백공육첩白孔六帖』이라고 하고 100권으로 편집하였다. 당나라 이전의 경적사전經籍史傳과 잡서 중의 성어 고사, 전고, 어구 및 유명한 글귀 등을 수록하고 있다. 이는 시문을 지을 때 유용한 사조辭藻, 즉 수식어구 검색용 유서이다.

유서의 발전기였던 수당시대 유서 편찬의 특징은 유서와 대형화와 관찬 및 사찬 유서의 유행이라 할 수 있다. 수당시대 편찬된 관찬 및 사찬의 유서의 내용과 용도는 각각 다르다. 우선 관찬유서의 경우 기본적으로 황제에게 시정차감施政借鑒을 위한 역사 고찰용으로 제공하기 위하여 편찬된 것이며, 또한 전문적으로 문장을 쓸 때 전고 검색과 참고할 고사와 유래 등의 검색을 위한 것이었다. 일예로 『초학기』는 당나라 현종이 황자에게 문헌전고와 모범적인 문장을 제공하기 위한 것이었으며, 실제 황실황손의 문학에 대한 애호는 유서의 발전을 촉진시켰다. 사찬유서의 경우 황제의 각종 질문에 대답하기 위한 궁정시종을 위한 자료의 준비용으로 편찬하거나 유가경전 암송과 작문을 위한 과거 준비를 위하여 개인적으로 편찬한 것이다. 일예로 『비거문언』 등은 과거 준비용으로 편찬된 유서이다.

3. 송원시기: 유서의 대량생산기

송나라 때부터 황실에서 유서의 편찬을 매우 중시하였으며, 따라서 다양한 유서들이 등장하게 되었다. 현존하는 송나라의 유서로 비교적 유명한 것은 오숙吳淑의 『사류부』, 이방李昉 등 봉칙찬의 『태평어람』, 『문원영화』, 『태평광기』, 왕흠약王欽若 등 봉칙찬의 『책부원구』, 『錦綉万花谷』, 축목祝穆의 『사문유취』, 유응리劉應李의 『한묵대전』, 반자목潘自牧의 『기찬연해』, 왕응린王應麟의 『옥해』, 『소학겸주』, 진원정陳元靚의 『사림광기』, 장준경章俊卿의 『산당고색』, 진경기陳景沂의 『전방략조』, 사유신謝維新의 『고금합벽사류비요』 등이 있다. 그중 대표적으로 '송대 4대유서'로 불리우는 『태평어람』, 『태평광기』, 『문원영화』 및 『책부원구』가 있으며, 이들은 각각 자료의 집대성, 소설의 집대성, 문장의 총집 및 시정 검색용의 유서로서 광범위하게 활용되고 있다. '송대 4대유서'에 대하여 구체적으로 살펴보면 다음과 같다.

『태평어람』의 경우 초기의 명칭은 『태평류편太平類編』, 『태평편류太平編類』 또는 『태평총류太平總類』였다. 북송의 지리학자 송민구宋敏求의 『춘명퇴조록春明退朝錄』의 기록에 의하면 후에 송 태종太宗이 하루에 3권씩 읽어 1년 동안 모두 독파했다고 해서 『태평어람』으로 불리우게 되었다. 천, 시서, 지부 등의 55문으로 나뉘고 다시 목目으로 구분하여 유목類目의 총수가 약 5,474류가 된다. 인용된 서적은 1,690여 종의 이르고 있으나 이들 서적은 현재 70-80% 가량이 유실되어 더 이상 전하지 않고 있다. 참고로 '사이부四夷部'에 신라와 고구려 등에 관한 기록이 있다.

『태평광기』는 송나라 태종太宗의 칙명으로 977년에 편찬되어 이듬해에 총 500권 목록 10권으로 완성되었다. 이는 송의 태평흥국太平興國 연간에 『태평어람』과 동시에 편찬되었기에 『태평광기』라 명명되었다. 종교관계의 이야기와 정통역사에 실리지 않은 기록 및 소설류를 모은 것으로, 당시의 유명한 학자 이방李昉을 필두로 하여 12명의 학자와 문인이 편집에 종사하였다. 인용된 고서가 475종이나 되며, 이들 고서에서 채록한 이야기를 신선, 여선, 도술 등의 내용별로 92개의 각 부류로 싣고 있다. 고사는 시대순으로 배열되어 있고, 대부분 인물명을 제목으로 삼았으며, 고사의 끝에는 채록 출처를 밝혀 놓았다. 인용된 고서 중에서 절반가량은 이미 망실되었으나 이 유서 덕분에 많은 내용이 세상에 전해지게 되었다.

『문원영화』는 982년에 이방李昉, 호몽扈蒙, 서현徐鉉, 송백宋白 등 17명이 태종의 칙명으로 편집에 착수하였다. 이후 소이간蘇易簡, 왕우王祐, 범고范杲, 송식宋湜 등이 참가하여 987년에 1,000권으로 완성되었다. 양나라 소명태자昭明太子의 『문선文選』을 계승할 목적으로 당나라 말기와 오대에 이르는 약 2,200인의 2만 3백여 수에 가까운 시문을 중심으로 채록하였다. 시문은 문체에 따라 부, 시, 가행, 잡문 38류로 분류 배열하고 있다.

『책부원구』는 북송 진종眞宗 경덕景德 2년(1005) 9월 조서에 의거하여 왕흠약, 양억楊億이 8년에 걸쳐 편찬하였다. 이는 원래 역대 제왕의 책들 중에서 최고의 것들을 채택하고 부문별로 분류하여 군신의 치국에 모범을 제공하기 위한 것으로의 초명은 『역대군신사적歷代君臣事蹟』이었다. 후에 '고대제왕서책지부古代帝王藏書冊之府'에서 '책부'를 취하고, 귀감龜鑑의

뜻으로 '원구'를 취하여 『책부원구』로 책명을 하사하였다. 상고시대부터 오대에 이르는 역대 군신 사적을 『국어國語』, 『관자管子』, 『맹자孟子』, 『한비자韓非子』, 『회남자淮南子』, 『안자춘추晏子春秋』, 『여씨춘추呂氏春秋』, 『한시외전韓詩外傳』 등의 정사와 실록 등에서 채집 정리하였다. 엄격하게 자료를 선별하되 야사, 소설, 잡서, 가전류는 채택하지 않았으며, 1,000권으로 1013년에 완성하였다. 제왕, 윤위 등의 31부문으로 분류고 있다.

이상과 같이 송나라의 유서는 권질이 방대하고 종류도 매우 많아졌으며, 편집도 더욱 세밀해지는 등 우수한 유서들이 편찬되었다. 즉, 송대는 유서 전성기로서 4대유서, 속당유서, 전문유서 등과 같이 종류와 체제도 매우 다양하게 편찬되었다. 이는 당시 인쇄술의 발전과 유서의 광범위한 사용 및 국가의 장서藏書 사업 발전에 주력한 정책과도 직접적인 관계가 있는 것으로 보인다.

또한, 송나라 때에는 각종의 전문성을 갖춘 유서도 등장하였다. 과거 참고용 유서인 『옥해』와 향숙鄕塾의 학습 및 암송 제공용의 『양한몽구』, 백성들의 생활 고문용의 『사림광기』 등이 그러한 예이다. 한편, 원나라 시기에는 시가기법詩歌技法 연구에 주력하였으며, 이에 따라 시가 운율韻律의 압운押韻을 연구한 『운부군옥』과 『압운연해』 등의 사가유서가 비교적 유명하다. 또한 각종의 통속유서인 일용日用유서가 등장하여 실용적으로 일상에 사용되었다.

4. 명청시기: 유서의 흥성 및 쇠망기

명청 양대에는 대부분 유서의 간행이 칙찬敕撰으로 이루어지고 대형의 종합적 유서의 형태로 편찬되었다. 이는 칙찬은 국가적인 사업으로 인력과

물력 및 재력이 모두 충분하기에 대량의 권질을 갖출 수 있고 편찬 또한 매우 엄정하게 이루어질 수 있기 때문이다. '명대 4대유서'인 『영락대전』, 『사서대전』, 『오경대전』, 『성리대전』이 가장 유명하며, 그중 『영락대전』은 칙찬된 명나라의 대표적인 유서이자 최대의 유서이다. '청대 4대유서'로는 『고금도서집성』, 『연감유함』, 『패문운부』, 『변자유편』이 있으며, 그중 가장 유명한 것은 중국 최대의 유서인 『고금도서집성』이다. 명나라의 유서는 이전 시대의 편집체제를 대부분 계승하고 있으며, 청나라는 이전까지의 유서를 총결한 시대라 할 수 있다. 우선 '명대 4대유서'에 대하여 구체적으로 살펴보면 다음과 같다.

『영락대전』은 명나라 407년에 해진解縉 등이 영락제永樂帝의 칙명에 따라 2만 2877권, 목록 60권으로 편찬한 중국 최대의 유서이다. 원래 『문헌대성文獻大成』이라 하였으나, 이후 다시 대대적으로 증보 편찬하여 1407년에 완성되자 『영락대전』으로 개칭한 것이다. 지지, 음양, 의복, 승도, 의학 등 모든 분야의 전적典籍을 망라하고 명의 관찬 운서韻書[13]인 『홍무정운洪武正韻』의 글자인 운에 따라 항목을 배열하였다. 당시의 경서經書, 사서史書, 시문집, 불교, 도교, 의학, 천문, 복서卜筮 등의 모든 사항에 관련된 고서들을 총망라하고 관련사항을 발췌하여 이를 내용별로 분류하였다. 원나라 이전의 일서逸書가 많이 수록되어 학술상 귀중한 자료라 평가되고 있다. 완성 당시 필사본의 정본正本 1부 만이 편찬되었기에 이후 1562년에 다시 부본副本 1부를 만들었으나, 정본은 명나라가 멸망할 때 소실되었다. 부본 1부는 이후 청나라가 건륭乾隆 연간에 칙명에 의해 만들어진 대형의 총서叢書인 『사고전서四庫全書』를 편찬할 때 당시 전래하지 않는 문헌에 대한 대본으로 이용되기도 하였다. 다만 1860년 영국과 프랑스군의 베이징 침공 이후 많이 산실散失되었고, 특히 1900년 의화

단사건義和團事件 때 연합군의 약탈로 거의 소실되거나 산실되었다. 797권만이 베이징 한림원翰林院에 있다.

『사서대전』은 『오경대전』 『성리대전』과 함께 널리 발간되어 당시 관리 등용시험의 교재로 사용 된 일명 '영락 3대전'이다. '사서'는 중국의 고전인 『대학』, 『논어』, 『맹자』, 『중용』을 통칭한 것으로 송나라 때 사서가 정해짐에 따라 관련 주해註解가 나오게 되었으며, 원나라 때에는 과거 과목으로 포함되었다. 이에 명나라의 성조 영락의 명령으로 한림학사 호광胡廣 등이 칙명勅命에 따라 36권의 『사서대전』으로 편찬한 것이다. 주로 주희朱熹의 주석에 대한 송나라 유학자들의 설을 모은 것으로, 원나라의 예사의倪士毅가 쓴 『사서집석四書輯釋』을 바탕으로 하고 있다.

『오경대전』 또한 성조 영락의 명령으로 호광胡廣이 117권으로 편찬한 것이다. 오경은 『역』, 『서』, 『시』, 『예』, 『춘추』를 통칭한 것으로 이들 오경과 오경에 대한 주석을 단 옛 사람들을 비판한 글을 수록하고 있다.

『성리대전』도 성조 영락의 명령으로 호광胡廣이 1415년에 70권으로 편찬한 것이다. 70권 중에 25권에는 송나라 학자의 중요한 저술과 주석을 수록하고 있고, 45권은 주제별로 여러 학자의 학설을 분류, 편집한 것이다. 즉, 송나라 학자의 저술로 『태극도太極圖』, 『태극도설太極圖說』, 『통서通書』, 『서명西銘』, 『정몽正蒙』, 『황극경세서皇極經世書』, 『역학계몽易學啓蒙』, 『가례家禮』, 『율려신서律呂新書』, 『홍범황극내편洪範皇極內篇』을 수록하고 있다. 성리학 학설을 종합하여 이기, 귀신, 성리 등의 13개 주제로 분류 구성하였다.

종합적으로 명나라의 경우 대체적으로 당송시절에 편찬이 이루어진 유서들을 대상으로 집대성하고 있으며, 원나라에 유행한 압운관련 시가기법 유서를 답습하여 편찬하고 있다. 특히 일종의 도감류라 할 수 있는 도보圖譜를 집대성하고 있는 왕기王圻와 그의 아들 왕사의王思義 집輯의 『삼재도회三才圖會』(일명 『삼재도설三才圖說』)와 같은 전문적인 도보유서도 등장하였다. 또한 송나라 때에 맹아되고 원명 시대에 많이 출현된 통속유서는 명말청초에 가장 흥행하여 일용유서와 도덕고사유서 및 오락성 통속유서로 구분되어 지기도 한다.

한편, 청나라 초기인 강희와 옹정雍正 두 왕조시기에는 유서 간행의 최고 절정기기라 할 수 있다. 당시에 편찬된 유서로는 칙찬의 『연감유함淵鑒類函』, 심종경沈宗敬 등 봉칙찬의 『변자유편騈字類編』, 하작何焯과 진붕년陳鵬年 등 봉칙찬의 『분류자금分類字錦』, 윤록允祿과 오양吳襄 등 찬의 『자사정화子史精華』, 『패문운부』, 『고금도서집성』 등으로 모두 대형의 유서들이다. 그중 『고금도서집성』은 현존하는 최대의 유서이다. '청대 4대유서'에 대하여 구체적으로 살펴보면 다음과 같다.

『고금도서집성』은 전술의 명나라의 『영락대전』에 준거하여 청나라 강희제 때에 진몽뢰陳夢雷가 시작한 것을 옹정제 때에 장정석蔣廷錫이 1725년에 1만권, 목록 40권으로 완성한 것이다. 정식 명칭은 『흠정고금도서집성欽定古今圖書集成』이며, 중국 최대의 유서로 6휘편彙篇, 32전典, 6,109부部로 이루어져 있다. 즉, 천문을 기록한 역상휘편(건상, 세공, 력법, 서징), 지리·풍속의 방여휘편(건여, 직방, 산천, 변예의 사전), 제왕·백관의 기록인 명륜휘편(황극, 궁위, 관상, 가범, 교의, 씨족, 인사, 규원의 팔전), 의학·종교 등의 박물휘편(예술, 신이, 금충, 초목의 사전), 문학 등의 이학휘편(경적, 학행, 문학, 자학의 사전), 과거·음악·군사 등의 기록인 경제휘편(선거, 전형, 식화, 례의, 악률, 융정, 상형, 고공의 팔전) 등의 6휘편으로 구성하고 이하 32전 6,109부로 세분하였다. 그중 각 부는 휘고彙考, 총론, 열전列傳, 예문藝文, 선구選句, 기사紀事, 잡록雜錄, 외편外編,

도표圖表, 도상圖像 등으로 구분하고 있다. 고금의 서적중에서 사항별로 관련 기록을 뽑아 수록한 책인데, 이를 이용하려면 원본을 찾아보아야 한다.

『패문운부』는 강희康熙의 칙명에 따라 장옥서張玉書, 진정산陳廷散, 이광지李光地 등 76명이 참여하여 1711년에 간행하였고, 이후 빠진 것을 보충한 습유拾遺가 1716년에 106권으로 완성되었다. 2자에서부터 4자짜리 숙어의 용례를 경사자집의 고서 중에서 수집하여 끝 자의 운에 따라 106운으로 나누어 배열하고, 매 운자를 1권으로 묶은 전문 유서이다. 약 45만의 어휘를 수록하고 있으며 시를 지을 때 필요한 어휘들로 편집한 것으로 현재에도 고전의 어휘 용례 참고용으로 이용되고 있다.

『변자유편』은 일명 『어정변자유편御定駢字類編』으로 옹정 6년(1728)에 심종경沈宗敬 등이 봉칙찬한 것으로 전문적 성격의 유서이다. '변자駢字'는 두 음절이 연결되어 뜻을 이루며 분할할 수 없는 단일어를 뜻한다. 이는 『패문운부』와는 달리 단어를 나열하고 있고 음과 훈은 제공하고 있지 않다. 이는 시문을 쓰는 데 도움을 주기 위해 편찬된 것으로 각 단어는 '자의字義'에 의거하여 천지, 시령 등의 13문으로 분류하고 다시 소류로 세분하고 있다. 변어만을 대상으로 하고 있으며 총 단어 2,200여 자와 전고 10여만 개로 구성되어 있다. 즉, 변어인 두문자가 같은 단어와 어구를 함께 모아 배열하고 있으며, 『패문운부』가 끝 자를 모으고 있는 것과는 다르다. 참고로 운韻으로 벼리를 삼은 것으로 안진경顔眞卿의 『운해경원韻海鏡源』 이래 대부분은 어구의 끝 글자를 기준으로 하고 있는데, 특이하게도 임보林宝의 『원화성찬元和姓纂』, 등춘鄧椿의 『고금성씨서변증古今姓氏書辨証』, 『원인배운사류씨족대전元人排韻事類氏族大全』 등은 사성四聲 2,006부로 성姓을 구분하면서 머리글자를 기준으로 하고 있다.

『연감유함』은 장영張英, 왕사정王士禎 등 4명이 총재가 되고 132명이 분담 편수編修하여 1710년에 405권으로 완성하였다. 명나라의 『당유함唐類函』의 체재를 참고하였으며, 『예문유취』, 『초학기』, 『태평어람』, 『잠학류서潛确類書』, 『천중기天中記』, 『사사류기事詞類奇』, 『산당사고山堂肆考』 등 17부의 유서를 종합한 것으로 평가되고 있다. 송나라 이래 명나라 말까지의 유서, 사서, 시문집 등을 광범위하게 수록하고 있다. 자연, 인사 등 45부문으로 구성하고 세목으로 분류하고 있다. 먼저 설명을 하고, 관련 용어 등을 고서에서 인용하고 있다. 이는 시문을 쓰는 데 도움을 주기 위해 편찬된 것이며, 전고 검색에도 편리하다.

이외에도 청나라 때에는 유서의 체제가 더욱 정밀해지고 종류가 다양해지고 검색 또한 더욱 편리해졌다. 즉, 원나라와 명나라에 이은 이운예사以韻隸事 유서의 계승발전, 이전까지의 문헌들을 집대성하여 편성한 명언우구名言偶句 류의 유서의 편찬, 송나라 때에 출연한 사물기원 유서의 총결, 세시 관련 전고를 종합적으로 집대성한 유서의 편찬 등과 같은 역대 유서 편찬에 대한 총결 성격을 띠는 등 청나라 유서의 특징은 전체적으로 중국 고래의 문화유산을 집대성하고 있다는 것이다.

삼국시대 『황람』 이래 다양하게 편찬된 유서의 발전을 종합적으로 살펴보면 각 시대마다 공통적으로 관찬유서와 사찬유서가 등장하였으며, 종합적 성격의 유서와 전문적 유서 외에 과거 작문용 유서와 교육용 유서 및 일용의 유서들이 간행되었다. 그 중, 특히 관찬유서는 국가적 차원에서 편찬 된 것으로 일종의 정치적 색채를 지닌 유서라 할 수 있으며, 사찬유서의 경우 대부분 과거 준비를 위한 학습용 차원의 유서와 시가 작문 등의 문학적 차원의 유서라 할 수 있다. 각 시대별 유서 편찬 관련 특징을 종합하면 다음 〈그림 1〉과 같다.[14]

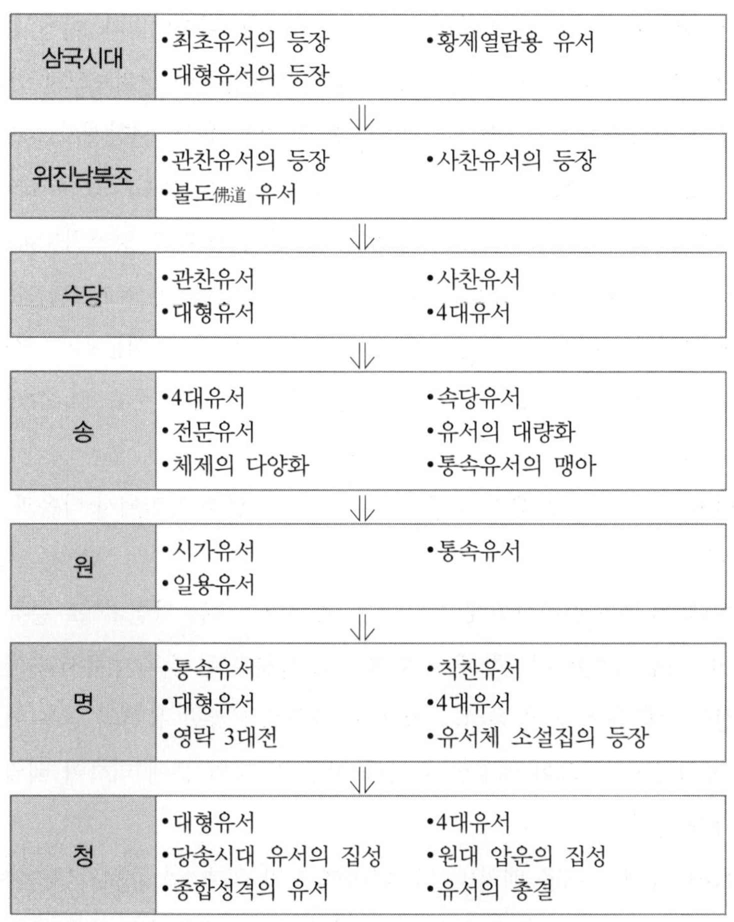

〈그림 1〉 유서의 시대별 편찬 특징

VI. 유서의 종류

삼국시대 이래 시대마다 다양한 유서가 등장하였다. 그러나 공통적으로 관찬유서와 사찬유서가 등장하였으며, 종합적 성격의 유서와 전문적 유서 외에 과거 작문용 유서와 교육용 유서 등이 편찬되었다. 이에 삼국시대 이래 다양하게 편찬된 유서를 종류별로 구분하여 살펴보고자 한다.

우선 청나라의 『사고전서제요』에서는 과거용 유서, 서한계차書翰啓箚관계 유서, 시부사조詩賦詞藻관계 유서, 성씨인물관계유서, 고사류故事類, 유학계몽幼學啓蒙유서로 구분하고 있다.[15] 한편 1935년 떵쓰위鄧嗣禹의 『연경대학도서관목록초고유서지부燕京大學圖書館目錄初稿: 類書之部』에 의하면 유서를 유사문類事門, 전고문典故門, 박물문博物門, 전제문典制門, 성명문姓名門, 패편문稗編門, 동이문同異門, 감계문鑑戒門, 몽구문蒙求門, 상식문常識門과 같이 10문으로 구분하고 있다.[16]

한편, 현대의 경우 유서의 종류는 편집 또는 편찬 측면에서 다음과 같이 구분된다(〈표 3〉[17] 참조).

첫째, 유서는 편집방법에 따라 크게 유별類別 또는 자별字別로 분류된다. 이 경우 유별로 분류한 유서의 경우 각 유를 모두 수록한 유서와 어떤 특정한 유만을 수록한 유서가 있으며, 자별로 분류한 유서의 경우 어구 끝 자의 운에 의하여 배열한 유서와 어구 첫 자의 운에 의하여 배열한 유서가 있다.

둘째, 유서의 내용 배열방식의 차이에 따라 의계義系 유서와 형계形系 유서 및 음계音系 유서로 구분된다. 의계유서는 내용별로 분류 배열한 것으로 천문, 지리, 인사류 등이 있으며, 고대의 유서는 대부분에 여기에 속한다. 형계유서는 자형字形으로 분류한 것으로 두 개의 글자로 하나의 단어를 조성하여 단어에 따라 그 위글자를 동일자의 유형 중에 귀입시키는 것이다. 대표적으로 청대의 『변자유편』이 있다. 한편, 음계유서는 문헌 중에서 발췌한 2-4자의 짧은 글자로서 마지막 한 개 글자의 운을 어떤 운에 편입시키는 분류방법이다. 이 경우는 주로 사전의 자료출처 찾기

용도에 사용된다.

셋째, 유서는 수집하고 있는 자료의 범위에 따라 각종 자료를 모아 각 유를 종합적으로 수록하고 있는 종합유서와 오로지 한 가지 유의 자료를 대상으로 수집한 전문유서로 구분된다. 전문유서의 경우 문자, 글자, 시문, 운어, 도해 등으로 해당 주제에 관련 내용을 위주로 관련 자료를 채록 및 수록하고 있는 유서이다.

〈표 3〉 현대 유서의 종류

<table>
<tr><th>기준</th><th colspan="3">구분</th><th>유 서 명</th></tr>
<tr><td rowspan="13">편집 및 편찬</td><td rowspan="5">편집 방법</td><td rowspan="2">유별</td><td>종합</td><td>藝文類聚, 太平御覽, 玉海, 淵鑑類函 등</td></tr>
<tr><td>선별</td><td>太平御覽, 小名錄, 職官分記 등</td></tr>
<tr><td rowspan="2">자별</td><td>끝자</td><td>韻海鏡源, 佩文韻府 등</td></tr>
<tr><td>첫자</td><td>駢字類編 등</td></tr>
<tr><td colspan="2">수치편집</td><td>小學紺珠 등</td></tr>
<tr><td rowspan="5">편집 체제</td><td colspan="2">종합검색</td><td>皇覽 등</td></tr>
<tr><td colspan="2">종합검색+시문수집</td><td>藝文類聚 등</td></tr>
<tr><td colspan="2">사조전고</td><td>佩文韻府 등</td></tr>
<tr><td colspan="2">운어</td><td>幼學故事琼林 등</td></tr>
<tr><td colspan="2">도해</td><td>三才圖會, 圖書編 등</td></tr>
<tr><td rowspan="3">편찬 주체</td><td colspan="2">관찬</td><td>藝文類聚, 太平御覽 등</td></tr>
<tr><td colspan="2">사찬</td><td>北堂書抄, 白孔六帖 등</td></tr>
<tr><td colspan="2">書坊</td><td>古今合璧事類備要 등</td></tr>
<tr><td rowspan="3">내용 베열</td><td colspan="3">義系</td><td>대부분의 유서</td></tr>
<tr><td colspan="3">形系</td><td>駢字類編 등</td></tr>
<tr><td colspan="3">音系</td><td>韻府群玉, 佩文韻府 등</td></tr>
<tr><td>수집 범위</td><td colspan="3">종합 유서</td><td>北堂書鈔, 藝文類聚, 初學記, 太平御覽, 永樂大典, 古今圖書集成, 白孔六帖, 太平御覽, 山常考索, 渊鑒類函,, 皇覽, 修文殿御覽, 錦綉万花谷, 古今事文類聚, 記纂渊海, 事林广記, 古今合璧事類備要, 天中記, 山堂肆考, 唐類函, 潛确居類書 등</td></tr>
</table>

<table>
<tr><td rowspan="9"></td><td rowspan="9">전문
유서</td><td>역사자료의 조사</td><td colspan="2">冊府元龜, 玉海, 山堂考索, 經濟類編, 天中記</td></tr>
<tr><td>사물의 조사</td><td colspan="2">格致鏡原, 三才圖會, 續修四庫全書, 圖書編</td></tr>
<tr><td>식물의 조사</td><td colspan="2">全芳備祖</td></tr>
<tr><td>여성 관련자료 조사</td><td colspan="2">奩史</td></tr>
<tr><td rowspan="5">전고의 조사</td><td>문장</td><td>事類賦</td></tr>
<tr><td>글자</td><td>佩文韻府, 駢字類編, 五經類編, 四書五經典成, 子史精華, 分類字錦</td></tr>
<tr><td>시문</td><td>藝文類聚</td></tr>
<tr><td>운어</td><td>幼學故事琼林</td></tr>
<tr><td>도해</td><td>三才圖會, 圖書編 등</td></tr>
</table>

넷째, 다양한 검색방법에 따라 사물일화 검색용 유서와 사물기원 검색용 유서 및 문장수식, 시문구절 검색용 유서의 3종으로 구분된다. 이는 『중화백과전서』 등과 같은 현대 백과사전에서 유서의 종류를 구분할 때 주로 사용하며, 다음 〈표 4〉와 같다.

〈표 4〉 검색방법에 따른 유서의 종류

<table>
<tr><th>종류</th><th>시대</th><th>유 서 명</th></tr>
<tr><td rowspan="5">사물일화
검색용</td><td>唐</td><td>北堂書鈔, 藝文類聚</td></tr>
<tr><td>宋</td><td>太平御覽, 事林廣記</td></tr>
<tr><td>明</td><td>冊府元龜, 永樂大典, 經濟類編, 天中記, 山堂肆考, 錦繡萬花谷, 群書類編故事</td></tr>
<tr><td>元</td><td>群書通要</td></tr>
<tr><td>清</td><td>古今圖書集成, 淵鑑類函, 古事比</td></tr>
<tr><td rowspan="4">사물기원
검색용</td><td>宋</td><td>事物紀原</td></tr>
<tr><td>明</td><td>廣博物志</td></tr>
<tr><td>清</td><td>格致鏡原, 事物原會, 壹是紀始</td></tr>
<tr><td></td><td>柴桑問答</td></tr>
<tr><td rowspan="4">문장수식,
시문구절
검색용</td><td>唐</td><td>白孔六帖</td></tr>
<tr><td>宋</td><td>海錄碎事, 古今合璧事類備要, 古今事文類聚, 玉海</td></tr>
<tr><td>明</td><td>喻林</td></tr>
<tr><td>清</td><td>佩文韻府, 駢字類編, 子史精華</td></tr>
</table>

이상의 〈표 4〉의 검색 방법에 따른 유서의 종류에 해당되는 대표적인 유서의 사례를 살펴보면 다음과 같으며, 각 유서의 부문 분류는 전술의 〈표 2〉와 같다.

첫째, 사물일화 검색용 유서는 전고, 고사, 사적 등을 뽑아 모아놓은 유서이다. 『북당서초』는 19개의 부로 구분하고 유 이하의 자구로 '표제'를 삼아 인용 고서들을 수록하고 있다. 각 유에서 당나라 이전 고서 중 시詩 작문에 제공될 만한 전고, 단어 및 시문 등의 구절을 뽑아 놓은 것이다. 『예문유취』는 인용한 고적이 1,431종에 달하며 그중 더 이상 전하지 않는 수나라 이전의 고서와 문장, 문구 등을 수록하고 있다. 『초학기』는 23부류로 구분하여 시문 학습에 필요한 시문의 인용 편리를 위하여 편찬한 것이다. 『책부원구』는 상고시대부터 오대에 이르는 제왕부帝王部에서 외신부外臣部에 이르기까지 역대 군신 및 정치에 관한 사적을 당시 현존하던 각종 서적에서 광범위하게 채집하고 있다. 『옥해玉海』는 송나라 왕응린王應麟이 펴낸 유서로서 천문, 율력, 지리 따위의 24부문 240여 항목으로 분류하고 널리 경사자집에서 초록한 것으로 고증이 뛰어나다. 전문적으로 송나라 지식인의 '박학굉사과博學宏詞科' 과거 응시용으로 편찬된 것으로 전고와 문장 검색용이다. 『군서류편고사』는 명나라 왕앵王罃이 편찬한 고사유서로 각 유 아래에 관련 고사를 채록하고 있다. 『고사비』는 청나라 방중덕方中德이 편찬 한 것으로 '以事爲經, 以人爲緯'를 기준으로 역사상 동일한 성질 또는 같은 일로 여기저기 흩어져 있는 것을 유별로 모아 채록하여 참고토록 한 것이다.

둘째, 사물기원 검색용 유서는 각종 사물의 기원을 유별로 분류하고 관련 문구, 인용문, 출처 등을 명기하고 있는 유서이다. 『격치경원』은 청나라 진원용陳元龍이 편찬한 것으로 '격치'는 격물치지格物致知이며 '경원'은 탐본소원探本溯源의 의미로 각 사물을 기록하여 관련 내용을 상세히 밝히고 있는 유서이다. 건상, 곤여, 신체 등의 유 이하 물명으로 구분하고 있다. 『사물원회』는 청나라 왕급汪伋이 편찬한 것으로 고서의 기록을 집록하고 천지, 시령, 정제政制, 예속, 기물 등의 기원을 기술하고 있다. 『일시기시』는 청나라 위숭魏崧이 편찬한 것으로 천문, 지형, 궁실 등의 유와 자목으로 분류하여 서적 중의 관련 사물 기원의 시문과 어구를 채록하고 있다. 『사물기원』은 송나라 고승高承이 편찬한 것으로 천지생식, 정삭력수 등의 55부로 구분하고 이하 사事로 구분하고 사목事目 아래에 사물기원 탐색의 인용문을 수록하고 있다. 『광박물지』는 명나라 동사장董斯張이 편찬한 것으로 천도, 시서, 지형 등의 22문 167개 자목으로 분류하고 관련 자료를 기술 및 출처를 명기하여 각종 사물의 기원 검색에 편리하다.

셋째, 문장수식, 시문구절 검색용 유서는 특히 시문 습작이나 학습을 위하여 문장, 수식, 시문, 아름다운 글귀나 구절 등을 종류별로 구분하고 어구나 시구 등을 검색하는데 유용하도록 편찬된 유서이다. 『백공육첩』은 고서들의 관련어구를 인용한 것으로 당나라 이전의 경적사전經籍史傳과 잡서 중의 성어 고사, 전고, 단어 및 유명한 글귀 등을 수록하여 시문을 지을 때 필요한 문장이나 수식어 등의 검색용 유서이다. 『해록쇄사』는 송나라 섭정규葉庭珪가 편찬한 것으로 기본 체제는 『백공육첩』과 유사하며 고사성어, 시문, 아름다운 글귀 등의 출처 검색용 유서이며, 시문 습작시 수식어 검색용으로도 유용하다. 『고금합벽사류비요』는 송나라 사유신謝維新이 편찬한 것으로 방대한 대형의 유서로 천문, 지리, 세시, 기후, 점후, 시령 등의 문류로 구분하고 이하 자목으로 분류기술하되 먼저 사류事類를 열거하고 시가를 채록하고 있다. 『고금사문유취』는 송나라 축목祝

穆이 편찬한 것으로 천도天道, 천시, 지리 등의 부로 구분하고 이하 자목으로 분류하고 있다. 각 자목 아래에 군서의 용어 또는 역대 연혁을 열거하고 고적 중의 관련 문구를 채록하고 고금의 사실과 역대 관련 고사, 고금의 문집 순으로 관련 시문 작품을 수록하고 있다. 『유림』은 명나라 서원태徐元太가 편찬한 것으로 조화, 인사, 군도 등의 문으로 분류하고 경사자집과 도교 및 불교 서적 400여 종에서 비유어를 채록하여 출처를 명기하고 있다. 『패문운부』는 청나라 때 편찬한 것으로 운으로 분류하고 글자별로 주음注音과 뜻을 달고 성어와 숙어, 대어 구절 순으로 구성되어 있다. 이는 문인의 시를 읊거나 부賦를 지을 때 활용할 어휘검색에 매우 편리하며, 특히 오늘날에도 어휘의 출처와 전고 검색에도 유용하다. 『자사정화』는 청나라 윤록允祿이 봉칙찬한 것으로 자부와 사부 문헌에서 명언과 글귀를 채록한 것이다. 천, 지, 제왕 등의 부와 자목 280류로 구분하고 단어를 표제로 하고 출처를 명기하고 원문과 주석을 제공하고 있다.

V. 유서의 검색

현대에 이르러 유서의 보다 용이한 검색, 다양한 학습과 연구 및 활용을 위하여 색인 작업 외에 원문 데이터베이스 구축 사업이 활발하게 이루어지고 있다. 이에 색인검색과 원문검색으로 구분하여 살펴보고자 한다.

1. 색인검색

색인은 문헌에 등장하는 낱말이나 구절 또는 이에 관련한 지시자를 찾아보기 쉽도록 일정한 순서로 나열한 목록을 가리킨다. 영어는 'index' 라고도 하며, 한문으로는 '索引' 또는 영어를 음역하여 '引得'라 한다. 색인의 가장 중요한 기능은 검색성이며, 그 종류로는 1종의 유서만을 대상으로 작업한 전문색인과 여러 유서를 대상으로 작업한 종합색인이 있다. 그중 1종 유서를 대상으로 하는 색인은 주로 근대들어 후대 연구자 또는 출판사 등에 의하여 작업된 것들로 이를 조사한 결과 다음 〈표 5〉와 같다.

〈표 5〉 유서의 색인자료

종류	유서명	색인자료
전문색인	北堂書鈔	• 山田孝雄. 『北堂書鈔 索引』. 臺北: 文海出版社, 1975.
	藝文類聚	• 李劍雄, 劉德權. 『藝文類聚人名篇名索引』. 臺北: 大化書局, 1980. • 于大成. 『藝文類聚: 附索引類書十種』. 文光出版社, 1994.
	初學記	• 許逸民. 『初學記索引』. 北京: 中華書局, 1980.
	佩文韻府	• 張玉書 纂修. 『佩文韻府』(索引本). 臺灣商務印書館, 1937; 1967; 1994.
	太平御覽	• 錢亞新. 『太平御覽索引』. 上海: 商務印書館, 1934. • 『太平御覽引得』. 哈佛燕京學社.
	永樂大典	• 欒貴明. 『永樂大典索引』. 北京: 作家出版社, 1997. • 衣川强. 『永樂大典索引』. 東京: 白帝社, 2001.
	冊府元龜	• 『冊府元龜』. 北京: 中華書局, 1982.영인본에 유목색인 수록.
	佩文韻府	• 王雲五, 『索引本佩文韻府』. 臺北: 臺灣商務印書館, 1989.
	古今圖書集成	• 楊家駱. 『古今圖書集成各部列傳綜合索引』. 臺北: 鼎文書局, 1988. • 廣西大學古今圖書集成索引編寫組. 『古今圖書集成索引』. 成都: 巴蜀書社, 1985.

전문 색인		• 香港明代傳記編纂委員會. 『古今圖書集成中明人傳記索引』. 香港: 香港明代傳記編纂委員會, 1963. • 牟潤孫等. 『古今圖書集成中明人傳記索引』. 香港, 1963. • 文星書局. 『古今圖書集成索引』. 臺北: 文星書局, 1964. • 復旦大學圖書館. 『古今圖書集成類目索引』. 油印本. 上海: 復旦大學圖書館, 1982. • 林仲湘等. 『古今圖書集成索引』. 油印本. 南寧, 1985. • 廣西大學古今圖書集成』索引編寫組. 『廣西大學古今圖書古今圖書集成索引』(爲前者修訂增刊本). 成都: 廣西大學古今圖書集成』索引編寫組, 1988.
	러시아	• 瓦伯爾, 『古今圖書集成方輿彙編索引』. 聖彼德堡, 1907.
	영국	• 翟理斯, 『欽定古今圖書集成索引』. 倫敦, 1911.
	일본	• 文部省 編, 『古今圖書集成 分類目錄』 1912. • 瀧澤俊亮, 『古今圖書集成分類索引』. 大連, 1933. • 桝尾武, 『古今圖書集成引用書目錄稿』. 日本, 1972-77.
종합 색인		• 莊芳榮, 『中國類書總目初稿: 書名 · 著者索引篇』. 台灣學生書局, 民國72(1983). • (明)璩崑玉, 朝聘甫 纂集, (日本)佐伯富索引, 『古今類書纂要: 附索引』. 中文出版社, 1972.

이상의 표와 같이 해당 유서를 검색할 수 있도록 내용을 대상으로 만든 색인과 일부 인명을 대상으로 만든 인명색인도 있다. 그중 『고금도서집성』은 대형의 유서로서 목록만 40권이기 때문에 색인이 반드시 필요한 경우로 중국 외에 러시아, 영국, 일본 등지에서도 색인이 제작되었다. 특히, 본문을 대상으로 하는 색인 외에 전기색인, 인용서목색인, 분류색인 등 다양하다. 한편, 종합색인은 다종의 유서를 대상으로 색인 작업이 진행한 것이다.

2. 원문검색

20세기 80년대 말부터 정보통신과 과학기술의 발달 및 정보화의 시대적 상황에 따라 고서 등의 고전자료를 대상으로 전자매체로의 전환 외에 서지데이터베이스와 원문데이터베이스 등도 출현하였다. 그중 원문데이터베이스는 편리한 열람과 용이한 휴대 및 신속한 검색기능을 갖추고 있으며, 1종의 유서만을 대상으로 구축한 단종의 원문데이터베이스와 다종의 유서 또는 고서를 대상으로 구축한 종합데이터베이스가 있다. 전문full-text 데이터베이스의 경우 원문만 구축된 경우와 색인과 함께 구축한 경우로 구분되나 기본적으로 대부분 원문데이터베이스는 색인의 기능을 갖추고 있다.

『고금도서집성』의 경우 〈표 5〉와 같은 다양한 색인 외에 〈표 6〉과 같이 원문데이터베이스가 구축되어 있다. 그중 『무영전고금도서집성전자판武英殿古今圖書集成電子版』은 중국고문헌데이터베이스中國古文獻資料庫에서 제공되고 있다. 『표점판 고금도서집성標點版 古今圖書集成』은 연합백과전자출판유한공사聯合百科電子出版有限公司에서 구축한 것이다.

『전자판고금도석집성 및 그 색인電子版『古今圖書集成』及其索引』의 디지털화 작업은 1984년부터 16년에 걸쳐 이루어졌으며, 1989년부터 색인 작업도 이루어졌다. 1995-6년에는 중국 국가교육위원회의 '고문헌정리방법현대화문제古文獻整理手段現代化問題: 電腦大型字庫的字形問題研究'를 통해 색인의 자형처리 문제를 해결하고자 노력하였다. 이는 전문색인과 표목식다필드데이터베이스색인標目式多字段數據庫索引으로 구성되어 있으며, 전문색인은 본문에 따른 축자식 색인으로 단자로 구성되어 있다. 인명색인의 경우 인명 외에도 시대, 자호字號, 본관, 교주校注, 소재부명, 인용서목 등의 필드로 구성하여 동명이인으로 인하여 발생될 수 있는 인명색인 검색에서 야기될 혼란 문제를 해결하였다.

〈표 6〉 유서의 데이터베이스

구분	색 인
단종 데이터베이스	• 林仲湘, 『武英殿古今圖書集成電子版』. 桂林: 廣西師範大學出版社, 2000. • 『標點版 古今圖書集成』 • 『電子版古今圖書集成及其索引』
종합 데이터베이스	• 中國工具書網路出版總庫 • 中國哲學書電子化計劃 • 中國類書庫 • 國學導航 • 中國古典文學 • 漢籍電子文獻資料庫書目 • Kanseki Repository

한편, 종합데이터베이스에 대한 구체적인 내용은 다음과 같다(〈표 6〉 참조).

첫째, '중국공구서네트워크출판총DB中國工具書網路出版總庫'는 청화대학淸華大學이 주관하고 중국학술정기간행물(CD판)전자잡지사네트워크中國學術期刊(光碟版電子雜誌社網路)가 출판하고 동방지망(북경)기술유한공사同方知網(北京技術有限公司)가 연구 개발한 것이다. 이는 백과적인 지식 데이터베이스로서 약칭 '지망공구서DB知網工具書庫' 또는 'CNKI공구서DBCNKI工具書庫'라 불리운다. 참고로 CNKIChina National Knowledge Infrastructure, 中國國家知識基础設施, 中國知网는 중국 교육부, 중공중앙선전부, 과기부, 국가신문출판광전총국, 국가계획위원회의 지지하에 청화대학교가 주관하여 구축한 지식공정이다. 이는 약 200여 유명 출판사의 약 4,000여 공구서, 즉 참고정보원를 포함하고 있으며, 예를 들어 어문사전, 쌍어사전, 전문사전, 백과전서, 도록, 표보, 전기, 어록, 서목, 색인, 유서 등을 대상으로 하고 있다. 약 1,500만 개 항목, 70만 장 사진으로 구성되어 있다. 모든 항목은 전문가가 기술하였으며 철학, 사회과학, 문학예술, 문화교육, 자연과학, 과학기술 등 각 영역을 포괄하고 있다.

둘째, '중국유서DB中國類書庫'는 북경대학교 유준문劉俊文 교수가 총괄기획, 총편찬, 총감독하고 북경애화생디지털화기술연구센터北京愛如生數字化技術硏究中心가 개발 제작한 것이다. 전자책으로 전문이 제공되고 있으며, 전문적인 대형의 고서데이터베이스로서 주로 역대 유서를 대상으로 하고 있다. 특히, 위진魏晋부터 청말민초淸末民初까지의 유서 약 800부를 수록하고 있으며, 최초의 유서 『황람』 외에 최대의 유서 『고금도서집성』, 『영락대전』과 명나라 때의 일용유서 등을 대상으로 하고 있다. 각 유서는 모두 초기의 모본母本 또는 정각정초본精刻精鈔本를 저본으로 하였으며 원전의 모든 도, 표, 표기 등도 포함하여 모든 정보를 보전한 디지털 전문full-text으로 제작하였다. 각 페이지마다 원전을 수록하고 있으며, 총 전문은 약 8억자이며, 영상은 약 300만 페이지로 이루어져 있다.

셋째, '중국철학전자화계획中國哲學書電子化計劃'은 일명 'Chinese Text Project'로서 중국의 고대 철학류 관련 원전을 디지털화한 온라인 전자책 시스템이다. 교차색인 등의 컴퓨터 기술을 이용하여 더욱 편리하게 학습 및 연구할 수 있도록 고서들을 제공하고 있다. 진과 양한 또는 한나라 시대부터의 고서를 대상으로 구축한 데이더베이스로 서명검색을 통하여 각종 주요 원전 자료를 검색할 수 있다. 다음과 같이 다양한 검색 경로가 구축되어 있다.

〈표 7〉 중국철학전자화계획

종 류	내 용
원전전문자료DB原典全文資料庫	선진양한문헌 전자판 검색 데이터베이스
유사단락자료DB相似段落資料庫	고전문헌 중의 유사부문 검색 데이터베이스
자료	선진양한고적의 상관연구 검색 서비스
사전	고한어응용사전과 고적전문자료고의 상호 연계 검색 서비스
역대군주열표歷代君主列表	선진양한 군주와 황제의 자료와 고적전문자료고의 상호 연계 검색 서비스
주음전환도구注音轉換工具	주음부호와 한어병음의 각 기 다른 중국어음 표현 방식으로의 전환 서비스
색인引得·索引 검색	引得 또는 索引 번호에 해당하는 원전의 단락 또는 원전의 단락과 대응하는 출처 검색 서비스
고문난선古文亂選	하루 한단락 고문 검색 서비스
구글 포털 탐색	검색하고자 하는 정보의 위치를 정확히 모를 때 구글 검색 창을 이용할 수 있도록 구글 검색 창으로의 연계 서비스

이외에 '국학도항國學導航', '중국고전문학中國古典文學' 등이 있으며, '한적전자문헌데이터베이스서목漢藉電子文獻資料庫書目'은 일종의 한적전자문헌데이터베이스漢藉電子文獻資料庫로서 대만 중앙연구원中央研究院으로부터 부분적 사용 권한을 받은 문헌 목록이다. 그중 유서는 『청비류초淸稗類鈔』, 『사림광기事林廣記』, 『송비류초宋稗類鈔』, 『예문유취』, 『태평광기』, 『태평어람』, 『영락대전』, 『책부원구』가 포함되어 있다. 일본의 칸세키 리포지토리漢リポ, Kanseki Repository: Electronic Texts for Researchers from Researchers는 고대 중국문헌 전자판 사이트로 원문 접근을 제공하고 있다. 이는 2014년 9월 27일 예비테스트를 거쳐 2015년 10월 22일 9천여 원문으로 구축된 원문제공 웹사이트이다. 유가류 , 병가류, 법가류, 농가류, 의가류, 천문산법류, 술수류術數類, 예술류, 보록류譜錄類, 잡가류, 유서류 , 소설가류로 분류되어

있으며, 그중 유가류는 다음의 〈표 8〉과 같이 양나라부터 청나라에 이르기 까지 총 65종이 웹상에 구축 및 제공되고 있다.

〈표 8〉 일본 칸세키 리포지토리의 유서

시대	유 서 명
梁	今同姓名錄
唐	藝文類聚, 北堂書鈔, 龍筋鳳髓判, 元和姓纂, 白孔六帖, 小名錄, 蒙求集註
宋	事類賦, 太平御覽, 冊府元龜-宋-王欽若 , 事物紀原, 實賓錄, 書敘指南, 海錄碎事, 古今姓氏書辯證, 帝王經世圖譜, 職官分紀, 歷代制度詳說, 八面鋒, 錦繡萬花谷, 記纂淵海, 羣書會元截江網名, 全芳備祖集, 羣書考索, 古今合璧事類備要, 古今源流至論, 小學紺珠, 姓氏急就篇, 小字錄, 雞肋, 六帖補, 翰苑新書, 韻府羣玉, 純正蒙求, 氏族大全
明	名疑, 喩林, 經濟類編, 同姓名錄, 說畧, 天中記, 圖書編, 駢志, 古儷府, 廣博物志
清	御定淵鑑類函, 御定駢字類編, 御定分類字錦, 御定子史精華, 御定韻府拾遺, 格致鏡原, 讀書紀數略 , 花木鳥獸集類, 別號錄 , 宋稗類鈔

VI. 결언

중국 청나라 때 편찬된 대형총서의 목록인 『사고전서총목四庫全書總目』 「유서류소서類書類小序」에 의하면 '非經非史, 非子非集'라 하여 유서는 하나의 저술로 다뤄지지는 않았다. 이는 유서는 각종 문헌 중의 자료를 집록하고 내용을 문류門類나 자운字韻 등에 의거하여 편집 배열하여 검색에 제공하는 일종의 공구서, 즉 참고정보원이기 때문이다.

중국은 삼국시대에 황제의 시정에 필요한 자료를 열람 및 검색할 수 있도록 『황람皇覽』을 편찬한 이래 특별한 체제로서 유서를 편찬하기 시작하였다. 이후 수당시대의 유서의 발전기, 송원시대의 유서의 대량생산기,

명청시대의 유서의 흥성 및 쇠망기를 거치면서 다양한 관찬유서와 사찬유서들이 편찬되었다. 특히, 역대 다양한 유서 편찬의 대표적인 사례로 당대 4대유서, 송대 4대유서, 명대 4대유서와 영락 3대전 및 청대 4대유서 등의 편찬을 들 수 있다.

청나라 중엽이후 서양문화가 들어오기 시작하고, 시대와 학풍이 변화해감에 따라 유서의 편찬 기풍은 사그러지게 되었다. 그러나 유서의 기능 중 다양한 원시자료 등을 수록하여 참고할 수 있도록 해주는 참고정보원으로서의 역할은 오늘날에도 매우 유용하다. 또한 현대에 이르러 정보통신과 과학기술의 발전으로 가능해진 색인화 작업과 원문 데이터베이스 구축 사업으로 전통적 참고정보원으로서의 유서의 현대적 활용 가치는 더욱 기대되고 있다.

■ 참고문헌

1. 국문자료

金英善, 「中國 類書의 韓國 傳來와 收容에 관한 硏究」, 『書誌學硏究』 26, 2003, 85-112쪽.

劉葉秋 지음, 金長煥 옮김, 『中國類書槪說』, 서울: 學古房, 2005.

최환, 「한국 類書의 종합적 연구, I: 중국 유서의 전입 및 유행」, 『중국어문학』 41, 2003, 367-404쪽.

한미경, 「중국 유서의 편찬과 분류에 대한 연구」, 『書誌學硏究』 59, 2014, 201-218쪽.

2. 일문 및 중문자료

Baidu(百度). <http://www.baidu.com>.

Kanseki Repository. <http://www.kanripo.org/>.
國際藝術圖庫. <http://ourartnet.com/index.htm>.
國學導航. <http://www.guoxue123.cn/index.htm>.
屈直敏, 「從圖書目錄看中國古代類書的演進」, 『德州學院學報』 5, 2004, pp. 30-33.
唐元榮, 「歷代類書的形態」, 『阜陽師範學院學報(社會科學報)』 148, 2012, pp. 72-75, 56.
戴建國, 「漢宋之間類書的嬗變」, 『圖書·情報·知識』 123, 2008, pp. 72-75, 56.
燕京大學圖書館,鄧嗣禹, 『燕京大學圖書館目錄初稿: 類書之部』, 古亭書屋, 1935.
劉全波, 「論類書在東亞漢字文化圈的流傳」, 『敦煌學輯刊』 4, 2011, pp. 118-125.
劉全波, 「論類書的淵源」, 『圖書·文獻與交流』 1, 2013, pp. 78-84, 113.
劉全波, 「類書考略」, 『山東圖書館學刊』 6, 2013, pp. 88-92, 104.
劉全波, 「再論類書的目录學演變」, 『圖書館理論与實踐』 6, 2013, pp. 32-37.
劉辰, 「叢書, 類書, 百科全書及其比較」, 『出版科學』 3, 2001. <http://www.cbkx.com/2001-3/109.shtml>.
王鋒, 「淺議類書的發展演變」, 『黑龍江科技信息』, 35, 2011, pp. 260, 172.
張琴, 魏曉虹, 「古代類書的編纂歷程」, 『山西大學師范學院學報』 2, 2000. <http://www.literature.org.cn/Article.aspx?id=51220>.
張晚霞, 「類書的起源与歸部分類問題探析」, 『科技情報開發与經濟』 18, 2008, pp. 53-55.
酒井忠夫, 『中國日用類書史の研究』, 東京: 圖書刊行會, 2011.
中國古典文學. <http://www.zggdwx.com/>.
『中國工具書網路出版總庫』. <http://cnkicrfd.csis.com.tw/refbook/help/xgsy_01.htm>.
『中國大百科全書』 智慧藏. <http://edu1.wordpedia.com/Cpedia/>.

中國知网. <http://www.cnki.net>

『中國哲學書電子化計劃』. <http://ctext.org/zh>.

『中華百科全書』. <http://ap6.pccu.edu.tw/Encyclopedia_media/main-all.asp?id=6720>.

『標點版 古今圖書集成』. <http://140.128.103.128/chinesebookweb/home/index.asp>

戚志芬, 「中國文化小百科中國的類書·政書和叢書」. <http://www.eywedu.com.cn/wh031/>.

『漢籍電子文獻資料庫書目』. <https://yizhizhai.wordpress.com/research-resources/sinica-database-book-list/>.

---

1 張晩霞, 「類書的起源与歸部分類問題探析」, 『科技情報開發与經濟』 18, 2008, pp. 53-55.; 劉全波, 「論類書的淵源」, 『圖書·文獻與交流』 1, 2013, pp. 78-84, p. 113.

2 屈直敏. 「從圖書目錄看中國古代類書的演進」, 『德州學院學報』 5, 2004, pp. 30-33.; 劉全波, 「論類書的目彔學演變」, 『圖書情報工作』 55:23, 2011, pp. 122-130.; 劉全波, 「再論類書的目彔學演變」, 『圖書館理論与實踐』 6, 2013, pp. 32-37.

3 胡賢林, 「論類書在書目分類中的演變」, 『圖書館理論与實踐』 4, 2012, pp. 102-105.

4 한미경, 「중국 유서의 편찬과 분류에 대한 연구」, 『書誌學硏究』 59, 2014, 201-218쪽.

5 金英善, 「中國 類書의 韓國 傳來와 收容에 관한 硏究」, 『書誌學硏究』 26, 2003, 85-112쪽.; 최환, 「한국 類書의 종합적 연구, I : 중국 유서의 전입 및 유행」, 『중국어문학』 41, 2003, 367-404쪽.; 劉全波, 「論類書在東亞漢字文化圈的流傳」, 『敦煌學輯刊』 4, 2011, pp. 118-125.

6 두음법칙에 의거하여 유음流音 'ㄹ'과 비음鼻音 'ㄴ' 등이 단어의 첫머리에 올 수 없고, 단어 중간에 올 경우 원래 발음대로 표기해야 한다. 다만 이 연구에서는 『예문유취』, 『연감유함』, 『백씨육첩』 등과 같이 사용되고 있는 서명의 경우 일반적인 사례에 따라 표기하기로 한다.

7 張琴, 魏曉虹, 「古代類書的編纂歷程」, 『山西大學師范學院學報』 2(2000). <http://www.literature.org.cn/Article.aspx?id=51220>.

8 참고로 최초로 서양의 백과사전를 연구한 중국 민국民國 시기의 학자 이욱영李煜瀛은 『세계학전서례답문世界學典書例答問』에서 'encyclopedia'를 '백과유전百科類典'으

로 번역하였다고 기술하고 있다. 후에 중국은『사고전서四庫全書』명명의 영향으로 '백과유전'을 '백과전서百科全書'로 개칭하였다. 이후 20세기 들어 전문적으로 'encyclopedia'의 출판이 많아지고 총서叢書와의 혼돈이 발생하면서 체제가 다른 책으로서 '학전學典'으로 번역하였다. '학전'은 학술적 의미로 사용한 것이며, 후에 모든 학술분야를 포함하며 사전체로 배열한 책으로 'encyclopedia'을 '백과사전'으로 명명하게 되었다.

9 한미경, 2014, 206쪽.

10 戴建國,「漢宋之間類書的嬗變」,『圖書·情報·知識』 123, 2008, pp. 72-75.

11 전제典制와 장고掌故를 합쳐 칭하는 말로서 주로 시나 문장을 지을 때 인용되는 고대 고사와 유래 등을 뜻한다.

12 변려문騈儷文 또는 사륙문四六文이라고도 하며, 육조시대에 유행하였다. 두 마리 말이 나란히 있는 것처럼 균형이 잡힌 문장으로 사자구四字句와 육자구六字句를 많이 쓰고, 대구를 많이 사용하며 형식미를 극도로 추구했던 문장 형식이다.

13 한시를 지을 때 모든 한자들을 분류해서 엮은 일종의 발음자전으로 서로 압운押韻할 수 있는 한자들을 기준으로 삼고 있다.

14 한미경, 2014, p. 214의 〈그림 1〉을 참조하고 수정 및 추가한 것이다.

15 酒井忠夫,『中國日用類書史の硏究』, 東京: 圖書刊行會, 2011, pp. 7-8, 35-53.

16 劉葉秋 지음, 金長煥 옮김,『中國類書槪說』, 서울: 學古房, 2005, 9-10쪽에 의하면 그중 전제문과 성명문에 수록된 사부 정서류政書類와 성씨에 관련된 전문적인 저작들은 실제 유서로 간주되어서는 안되며, 상식문에 수록된 것들은 후대의『백과전서』에 가까운 것으로 이 역시 유서의 범주에 귀속되어서는 안된다.

17 한미경, 2014, 222쪽의 〈표 5〉를 참조하고 수정 및 추가한 것이다.

중세와 르네상스 시대의 백과사전적 지식 분류

이혜민

I. 머리말: 인간 정신의 문자화와 지식의 인류학

문자를 사용하기 시작한 이래 인류는 지식을 체계적, 조직적으로 분류하고 배열하려는 시도를 해왔으며, 사회가 복잡해지고 지식과 정보의 양이 늘어남에 따라 그에 맞추어 새로운 지식 분류법을 제시해왔다. 인류학자들에 따르면, 인간의 분류 행위는 이미 원시사회에서 종교 및 신화와 관련된 개념들을 분류하면서부터 시작되었다. 에밀 뒤르켐Émile Durkheim과 마르셀 모스Marcel Mauss는 분류가 자연발생적으로 생긴 것이 아니라 사회적인 성격을 지니며, 특정 사회의 유형과 "집단표상représentation collective"을 보여준다고 주장하였다. 또한 이들은 원시사회의 분류가 "지식을 통합"하려는 의도를 가지고 "위계화된 개념 체계"를 세운다는 점에서 이미 과학적 분류의 요소를 내포하고 있었다고 보았다.[1] 잭 구디Jack Goody는 지식 분류에 관한 선구적인 연구를 제시한 뒤르켐의 업적을 인정하면서도 그의 이분법적인 관점(예를 들어 사회와 개인의 이분법적 구분)을 비롯하여 의사소통 행위와 관련된 기술적 측면 변화를 간과했다는 점 등을 비판하였다. 구디의 주장 중에서 특히 분류를 하려는 시도는 구술사회의 특징이 아니라 이미 초창기 문자 사회부터 나타나는 특징이라는 주장은 주목할 만하다. 그는 고대 문자문명이 출현한 이래 문자사용과 더불어 지식을 분류하면서 도식화, 도표화, 목록화가 나타났으며, 이를 통해 인간 정신의 '문자화'가 이루어졌다고 주장하였다.[2] 특히 목록이나 도표는 사회조직의 면모와 특징을 단순히 '반영reflect'하는데 그치는 것이 아니라, 수직적 혹은 수평적으로 배열되는가, 아니면 원형으로 배열되는가에 따라 인간행동을 규정하거나 그에 영향을 미친다고 보았다.[3]

역사학계에서는 20세기 후반 이후 사회사와 문화사가 발전하면서, 인류학자들의 이론에 대해서도 점차 관심을 기울이게 되었다. 지식의 분류라는 주제는 바로 역사인류학적인 관점에서 접근할 수 있는 연구 주제 중 하나이다. 최근에 피터 버크Peter Burke는 "지식의 인류학the anthropology of knowledge"이라는 개념을 제시하면서 지식의 분류 문제에 주목하였다. 그는 『지식의 사회사*A Social History of Knowledge*』에서 근대 유럽의 지식 구성 및 조직화 방식의 변화를 문자화된 지식의 제도화와 상품화를 비롯해서 지식의 지형도, 검열과 통제, 지식의 분류 및 소비 등의 주제를 중심으로 광범위하게 다루면서 지식의 사회학, 인류학, 정치학, 경제학 등을 추구하였다.[4] 그는 특히 "지식의 인류학"과 관련된 주요 연구주제로 백과사전, 대학 교과과정curricula, 도서관을 거론하면서, 이 세 가지가 유럽의 학문을 지탱하던 "지식의 삼각대"였다고 평가하였다.[5] 18세기 드니 디드로Denis Diderot와 장 르 롱 달랑베르Jean Le Rond D'Alembert의 『백과전서*Encyclopédie*』는 버크의 지식의 사회사 연구에서 정점이자 최종점에 위치하고 있다.

그런데, 버크의 탁월한 종합적인 연구에서 중세시대가 누락되거나 아주 간략하게만 언급되고 있다는 점은 (물론 근대 지식의 사회사를 다루고 있어서 그런 것이기는 하지만) 중세학자에게는 아쉽게 다가온다. 중세학 분야에서도, 비록 버크가 제시한 것과 같은 거대한 종합의 기획은 아직 존재하지는 않지만, 지식의 분류에 대한 연구가 이루어져 왔다.[6] 또한 근대 지식의 사회문화적인 지형도를 중세부터 장기적인 관점에서 그 변화를 추적해보는 것도 의미 있는 작업이라 할 수 있다. 이 글에서는 중세와 르네상스 시대에 지식의 분류 방식이 변화, 발전해온 양상과 그 문화적인 함의를, 특히 백과사전적 지식과 저술의 주요 사례를 중심으로 살펴봄으로써, 서구 사회에서 나타난 인간 정신의 '문자화' 현상의 일면을 고찰해보고자 한다. 이 글에서는 주로 프랑스, 잉글랜드, 이베리아 반도, 이탈리아 같은 유럽 서부와 남부 지역의 백과사전적인 저술 혹은 백과사전적 기획에 대하여, 언어상으로는 라틴어와 프랑스어로 쓰인 저술에 한정하여 살펴볼 것이다.

지식의 분류와 배열은 단순히 무언가를 구분하고 나누는 행위에 그치는 것이 아니라, 각 시대와 문화권의 세계관 및 지식에 대한 관념에 바탕을 두고 있다는 점에서 중요한 문화사적인 의미를 지닌다. 따라서 세상의 모든 지식을 모으려는 야심찬 기획에 바탕을 둔 백과사전 혹은 백과사전적 성격을 지닌 저서는 단순히 지식을 축적, 나열해 놓은 책이 아니다. 그것은 방대한 지식을 분류, 배열하고 조직화하는 방식을 통하여 '인간 정신의 문자화'를 보여주는 대표적인 사례 중 하나이다.

역사적으로 지식을 분류하는 방식은 크게 두 가지로 나뉜다. 그 중 하나는 일종의 주제 분류로서 지식의 종류와 유형에 따라 위계와 서열의 계통을 세우며 분석적으로 나누는 방식을 말한다. 주제 분류는 다른 말로 "체계 분류l'ordre systématique" 혹은 "계통 분류l'ordre méthodique"라 불리기도 한다. 지식의 체계를 세우고 조직하는 방법은 시대와 지역에 따라, 그리고 문화와 세계관에 따라 변화하였다. 한편, 계통적 분류 체계에 속하면서도 별도로 살펴볼 만한 가치가 충분히 있는 것이 바로 '지식의 시각화visualisation du savoir'라는 주제이다. 중세와 르네상스 시대 백과사전적 기획의 특징 중 하나는 지식을 이미지화하여 시각적으로 체계적인 구조를 제시하려는 시도가 이루어졌다는 데에 있으며, 이러한 시도는 근대까지 영향을 미쳤다.

주제 분류와 대비되는 또 다른 지식 분류 방식은 열거와 병렬로 특징지어지는 알파벳 순 분류이다. 이러한 분류 방식은 다량의 정보를 빠르고 손쉽게 다루고 습득할 수 있다는 장점이 있지만, 주제 분류보다 비체계적이고 지식의 구성 체계와 논리의 흐름을 알 수 없다는 단점도 있다. 로제 샤르티에Roger Chartier는 주제 분류와 알파벳 분류라는 두 가지 분류법은 동시에 두 가지 지적 작업 방식을 가리킨다고 논평하였다.[7] 오늘날에는 사전류 서적을 알파벳 순으로 구성하는 것을 당연시하고 있지만, 과거에는 항상 그렇지는 않았다. 서구에서는 18세기 이전까지 위계적hiérarchique, 체계적systématique, 계통적méthodique 지식 분류의 하위분류법으로 알파벳 순 분류가 사용되곤 하였다. 그렇지만, 중세 후기와 르네상스 시대를 거치면서 알파벳 분류법과 색인 사용이 점차 확산되기 시작하여, 17세기 말부터는 알파벳 순으로 배열된 사전이 점차 확고하게 자리를 잡게 되었다.

II. 중세의 위계적 주제 분류

서구에서 백과사전을 의미하는 '엔키클로페디아encyclopaedia'라는 단어는 르네상스 시대에 등장했다. 이 라틴어 단어는 약 1500년 경에 처음 등장한 것으로 알려져 있으며, 르네상스 휴머니스트들이 사용하던 근대 라틴어neo-latin에서 기인한다. 그 어원은 그리스어의 ἐγκύκλιος παιδεία enkyklios paideia로서 (라틴어 필사자의 실수로 단어가 하나로 붙었다고 한다), '총체적 교육' 혹은 '총체적 지식'이라는 의미를 지니고 있었다. '엔키클로페디아'라는 제목이 최초로 붙은 저서는 독일의 휴머니스트이자 역사가 요하네스 아벤티우스Johannes Aventinus(1477-1534)가 1517년에 출판한 『학문총서*Encyclopedia orbisque doctrinarum*』이다. 이 책의 제목을 직역하면 <모든 학문orbis과 개별 학문doctrina의 엔키클로페디아>라는 의미를 지니는데, 그리스어 어원에 충실한 동시에 동어반복적인 느낌을 준다. 라틴어의 orbis는 '원circle'이라는 의미를 지니는 동시에 백과사전적인 지식을 의미하며, '엔키클로페디아'라는 단어의 어원을 구성하는 '키클로스κύκλιος'라는 단어도 '원형의circular'라는 의미를 포함하고 있기 때문이다.

그런데, '백과사전'이라는 단어 자체가 등장하기 이전에도, '백과사전적 저술' 혹은 '백과사전적 기획'이라 불릴 수 있는 것은 이미 고대부터 존재했다. 다만, 백과사전적 저술의 의미와 내용, 체계는 시대에 따라 변화해왔다. 중세시대에는 플리니우스Plinius의 『박물지*De rerum natura*』 같이 고대로부터 물려받은 (혹은 살아남은) 유산을 그리스도교 화 시켜서 지식을 새롭게 종합하려는 시도가 이루어졌다.[8] 특히 세비야의 이시도루스Isidore of Seville(c. 560-636)는 중세 백과사전의 기반을 제공하였다. 이시도루스의

『어원*Etymologiae*』은 게르만 민족이동의 혼란 및 아리우스파 비시고트족과의 갈등을 거친 후 이베리아 반도의 교회를 재건하면서 성직자들을 교육시키기 위한 목적으로 저술되었다. 이후 비드Bede(672/673-735)와 라바누스 마우루스Hrabanus Maurus(c. 780-856)를 비롯해서 중세 후기까지 이시도루스의 저술은 여러 저자들에게 큰 영향을 미쳤다. 그런데 수도원을 중심으로 전승되던 백과사전적 저술의 계보에는 사실상 제2차 민족이동 시대를 거치면서 오랜 기간 동안 단절이 존재했다. 12세기 이전까지 서구에서는 눈에 띄는 백과사전적 저술이 새로 나오지 않았다. 반면에 이슬람 지역에서는 9-10세기에 그리스, 메소포타미아, 이란, 인도 등지의 모든 고대 문화와 지식을 종합하여 이슬람 문화에 적용시키고자 하는 백과사전적인 기획이 추진되었다.

서유럽 지역에서는 12세기경부터 다시 문화적, 지적 부흥이 일어나면서 크게 확대된 당대의 지식을 종합하고자 하는 야심찬 백과사전적인 기획이 다시 등장했는데, 12세기 말에 잉글랜드의 수도사 알렉산더 넥컴 Alexander Neckam(1157-1217)이 편찬한 『사물의 본성*De naturis rerum*』 같은 저술을 대표적인 사례로 언급할 수 있다. 특히 13세기는 유럽의 "백과사전주의 encyclopédisme" 역사에 한 획을 긋는 "백과사전의 시대"로 평가되곤 한다.[9] 13세기의 백과사전적 저술 중 가장 대표적인 사례만 언급하자면, 도미니쿠스회 수도사 뱅상 드 보베Vincent de Beauvais(1190년경-1264년 이후)의 『대보감 *Speculum maius*』, 프란체스코회 수도사 잉글랜드인 바르텔레미Barthelemy the Englishman(1190년경-1250년 이후)[10]가 편찬한 『사물의 속성*De proprietatibus rerum*』, 도미니쿠스회 수도사 토마 드 캉탱프레Thomas de Cantimpré(1200년경-1263년 이후)의 『사물의 본성*De naturis rerum*』이 있다. 한편, 피렌체의 공증인 브루네토 라티니Brunetto Latini(1220년경-1294)가 프랑스어로 저술한 『보고의 책*Li*

Livres dou Trésor』(이하 『보고』로 축약)도 13세기의 대표적인 백과사전적 저술로 손꼽힌다.[11]

라티니를 제외하고는 13세기에 "백과사전" 저술을 주도했던 이들은 주로 탁발수도회의 수도사들이었다. 당시 이단 운동의 흥기로 인해 위협을 받고 있던 교회는 광범위한 설교운동을 통해 평신도들을 교화하고자 하였고, 이에 설교자와 성직자를 교육시키기 위한 교재를 만들 필요성이 요청되었다. 13세기의 백과사전, 특히 뱅상 드 보베의 『대보감』은 이러한 당대의 요구에 따라 편찬되었으며, 그 근본적인 목적은 성서를 이해하는데 필요한 지식을 요약해서 성직자들이나 탁발수도회의 수련 수사들에게 제공하는 데에 있었다. 이와 더불어 세속 사회의 군주 권력이 강화되면서 궁정의 교양 계층을 중심으로 백과사전에 대한 수요가 나타나기 시작했다. 이에 따라 라틴어로 쓰인 백과사전이 군주에게 헌정되기도 하였으며, 곧이어 토착어로 쓴 백과사전 혹은 라틴어 백과사전의 번역본이 등장하였다.

중세의 백과사전은 주로 자연에 관한 내용을 담고 있는 것이 특징이다. 당시 백과사전적 지식이나 저술을 지칭할 때에는 '사물의 속성' 혹은 '사물의 본성'이라고 부르거나 '보고', '거울' 혹은 '소대전summa brevis' 같은 은유적인 표현이 사용되었는데, 이는 모두 신이 창조한 세상을 한 권의 책에서 설명한다는 관념을 담고 있었다. 이중에서 특히 '보감(거울)'은 신플라톤주의 철학에서 유래한 개념이다. 12세기에 호노리우스 아우구스토두넨시스Honorius Augustodunensis의 『교회보감*Speculum ecclesiae*』 같은 '보감서Buchspiegel/livre-miroir' 장르가 출현하였고, 곧이어 13세기부터 '보감Speculum', '거울Miroir', '이미지Imago'라는 제목을 단 백과사전적인 저술들이 쏟아져 나왔다.[12] 보감서는 신이 창조한 세상 자체가 신의 섭리를 보여주는 거울이며, 신의 지식을 요약한 책을 통해 신이 창조한 세상을 거울에 비추듯이 보여준다는 의미를 내포하고 있었다. 따라서 중세의 보감서는 지상의 권력자인 교회와 군주의 권력과도 밀접한 관계를 맺고 있었다. 신이 창조한 자연의 속성과 사물의 속성을 잘 아는 것이 지상의 권력자에게 좋은 통치 기술을 알려준다는 의미를 내포하고 있었기 때문이다.[13] 뱅상 드 보베의 『대보감』은 신이라는 천상의 권력자로부터 유래한 지식이 지상의 권력자(프랑스 국왕 루이 9세)에게 책이라는 세상을 비추는 거울에 담겨 헌정된 사례를 보여준다. 한편, 브루네토 라티니는 자신의 『보고』를 "철학의 모든 부분에서 발췌한 내용을 담은 소대전une somme brève d'extraits de toutes les parties de la philosophie"이라고 소개하였다.[14] 이 문장에는 백과사전의 지향점(당대에 알려진 모든 지식의 수합)과 더불어 중세 백과사전에서 특징적으로 나타난 일반적인 저술방식(발췌)이 단적으로 드러나고 있다.

중세의 지식 체계는 신학적인 조직 방식으로 특징지어진다. 신학이 지배하던 시대에는 신의 질서가 바로 세계의 질서이며, 이는 또한 지식의 질서와 동일시되었다. 신학적인 관점에 따른 중세의 지식 분류법은 형이상학적인 분류이자 가치평가가 개입된 질적 분류였다. 고대 전통의 직접적인 영향이 아직 남아 있었던 7세기에 저술된 세비야의 이시도루스의 『어원』 첫 부분에는 문법학, 수사학, 논리학, 수학 같은 자유교양les arts libéraux에 바탕을 둔 구성이 채택되었다.[15] 13세기에 뱅상 드 보베의 『대보감』 중 『학문보감*Speculum doctrinale*』[16]도 이시도루스를 대거 인용하면서 문자론과 문법론으로 시작된다.[17] 그러나 『자연보감*Speculum naturale*』, 『학문보감』, 『역사보감*Speculum historiale*』으로 구성된 『대보감』은 전체적으로는 다른 동시대 백과사전적 저서들과 마찬가지로 그리스도교 신학의 가치평가와 세계관을 바탕으로 하는 분류 방식을 앞세웠다. 뱅상은 『대보감』 서문에서 "… 필자는 이보다 더 나은 (배열) 방식을 찾지 못했다. 필자가 다른 것보다 더 선호한 방식은 성서의 순서에 따라 우선 창조주에 대해 말하고, 이어서 피조물에 대해서, 그리고 인간의 원죄와 복권에 관해서 이야기 한 후에 마지막으로 말세에 일어날 일에 대해 이야기하는 것이다"라고 명확하게 밝혔다. 이처럼 천지창조의 순서와 그리스도교의 역사에 기반 한 구성방식은 『학문보감』보다는 『자연보감』과 『역사보감』에서 채택되었다.[18] 예를 들어, 총 32권 3,718장으로 구성된 『자연보감』은 다음과 같은 순서로 배열되어 있다.[19]

〈표 1〉『자연보감』의 구성[20]

권	내용	비고
1	천지창조론 (삼위일체, 천사)	
2	빛, 색, 4원소, 루시퍼와 타락천사	
3-4	영혼, 시간, 하늘의 현상(불, 비, 천둥, 이슬, 바람)	
5-14	바다, 육지, 해양, 대하, 농업, 금속, 돌, 식물, 허브, 종자, 곡물, 나무, 과실, 수액	일부 알파벳 순 배열
15	천문, 달, 별, 12궁, 태양, 행성, 계절, 역법(달력)	
16-17	가금류, 어류	일부 알파벳 순 배열
18-22	가축, 야생동물, 개, 뱀, 꿀벌, 곤충	
23-28	인간심리학, 생리학, 해부학, 오감, 기관, 수면, 꿈, 황홀, 기억, 이성	
29-32	지리와 역사	일종의 부록

잉글랜드인 바르텔레미의 경우 좀 더 체계적인 분류를 추구하였다. 『사물의 속성』은 비물질적인 세계(신, 천사, 영혼)로부터 시작해서 가시적인 피조물(천체, 기후, 땅, 지리적 특성, 인간, 동물, 식물, 광물, 그리고 그 외에 사회제도 및 인간이 만들어낸 산물들)을 다루는 순서로 구성되어 있다.[21] 바르텔레미의 이러한 구성 방식은 가짜 디오니시오스pseudo-Denys의 천상 위계론에서 영향을 받았다.[22] 한편, 브루네토 라티니의 『보고』는

전형적인 중세의 백과사전류와는 차별화되는 특징을 지니고 있다. 우선 『보고』는 라틴어가 아닌 프랑스어로 쓰였다는 점에서 라틴어로 저술된 다른 "백과사전"들과는 다르다.[23] 또한, 수도사가 아닌 피렌체의 공증인이었던 라티니가 『보고』를 집필한 동기는 성서를 이해하기 위한 기본 지식을 요약하여 제공하는 것보다는 군주를 위한 통치기술의 지침서를 제공하는 데에 있었다.[24] 한편, 라티니의 『보고』는 키케로, 아리스토텔레스 등 고대 저자들의 저술을 번역하면서 "백과사전, 군주보감서, 교육론, 수사론 등과 같은 여러 장르가 서로 조우하고 있기에, 사실상 이 작품을 (어떤 것이라고) 분류하기란 불가능"하며, 다만 자연사를 다루는 제1권의 경우 중세적인 백과사전으로 볼 수 있다는 평가를 받기도 한다.[25]

〈표 2〉 브루네토 라티니의 『보고』 제1권 구성

장	내용
1	프롤로그
2-5	철학
6-16	천지창조, 신, 천사, 인간, 영혼
17-29	고대사-구약성경
30-39	로마, 잉글랜드, 프랑스
40-43	(그리스도교의) 시대구분
44-62	성경 속의 역사-구약성경
63-86	성경 속의 역사-신약성경
87-98	제국
99-107	사대 원소, 네 가지 성질complexion, 기상 현상
108-120	천문학, 변동축일계산comput
121-124	세계지도Mappemonde
125-129	가정 경제(경작법, 가옥건축법, 우물과 샘 만들기, 가사 관리)
130-144	동물학-어류와 뱀
145-173	동물학-조류
174-200	동물학-육상동물

프랑스의 중세사학자 베르나르 리베몽Bernard Ribémont은 중세의 백과사전에서 제시된 지식 분류는 체계적인 것이 아니었으며, 중세 중기 이후부터는 기존의 전통에 더해서 아리스토텔레스의 영향이 덧붙여지면서 여러 가지 다른 철학 체계의 전통이 뒤섞여 나타났다고 지적하였다.[26] 이러한 혼성적인 특징은 라티니의 『보고』에도 나타난다. 『보고』의 제1권부터 제3권까지 구성은 전체적으로 학문의 구분에 따른 구성 방식을 채택하고 있는데, 이는 아리스토텔레스의 학문 분류법을 비롯해서 여러 갈래 전통의 분류법을 종합한 것으로 평가된다. 라티니의 『보고』 제1권 서두에 제시된 학문 분류는 다음과 같다.[27]

- 이론학
  - 신학
  - 자연학
  - 수학
    - 산술학
    - 음학
    - 기하학
    - 천문학
    - (4과 "Quadrivium")
- 실천학
  - 윤리학
  - 경제학
  - 정치학
- 논리학
  - 형식논리학
  - 논증논리학("Fidique")
  - 소피스트 논법

라티니는 학문을 크게 이론학Théorique, 실천학Pratique, 논리학Logique으로 구분하였다. 이러한 학문의 대분류에는 학문을 순수 진리를 탐구하는 이론학Theretikē, 인간 행위를 다루는 실천학Praktikē, 인간에게 유용한 것을 만드는 것과 관련된 제작학Poietikē, 그리고 다른 학문을 위해 필요한 도구 학문인 논리학Logikē으로 분류한 아리스토텔레스의 영향이 드러난다.[28]

이처럼 지식의 분류 방식은 다양한 측면에서 살펴볼 수 있다. 그것은 물질적인 책의 구성에서부터 지식과 학문 체계의 관념적인 분류까지 포괄한다. 이와 더불어, 분류라는 개념을 도표나 도해 등으로 이미지화시키는 방법도 있었는데, 이러한 시각적인 형상화는 중세문화가 후대에 물려준 중요한 유산 중 하나였다.

III. 지식의 시각화

중세의 백과사전적 기획에서 나타나는 또 다른 특징 중 하나는 학문과 지식 또는 개념의 '시각화visualisation'를 시도했다는 점에 있다. 그것은 '지식의 나무Arbor scientiae' 혹은 '생명의 나무', '바퀴Rotae' 혹은 원형[29], '지혜의 탑Turris sapientiae', '덕성의 사다리Scala virtutis', '일람표Tabula', '계통도Stemma' 등의 형태로 형상화되거나 기하학적인 형태로 표현되기도 하였다.[30] 책의 페이지에 시각적으로 강조 포인트를 제공했던 이러한 장치들, 일명 "분류 이미지Images classificatrices"는 로마네스크 시대부터 발전하기 시작하였으며, 주로 수도원과 대성당의 부속학교들에서 사용되면서 교육적인 역할이나 기억술의 도구 역할을 수행하였다. 또한 이미지화된 도표와 도식은 백과사전적 저술에만 사용된 것이 아니라, 학문, 도덕, 지성 등 여러 다양한 분야의 지식과 선악과 같은 도덕 개념 및 세계관(대우주와 소우주), 족보와 촌수degré de parenté 등 추상적 개념을 시각적으로 논리화시켜 표현하는 데에도 사용되었다.[31] 이중에서 르네상스 시대까지 특히 큰 영향을 미친 것 중 하나로 '지식의 나무'를 언급할 수 있다.

'지식의 나무'는 계통적 지식 분류 체계를 시각적으로 형상화시킨 대표적인 사례이며, 그 기원은 3세기 티로스의 신플라톤주의 철학자인 포르피

리오스Porphyrios까지 거슬러 올라간다. 중세시대에는 11세기부터 여러 다양한 형태의 나무 형상으로 지식 체계, 개념, 혈통 관계 등이 시각적으로 표현되었다.[32] 특히 1296년에 라이문두스 룰루스Raimundus Lullus(1232/29-1315)가 '학문의 위계를 시각화'하기 위해 고안한 '지식의 나무'는 르네상스기 유럽의 지식인들에게 큰 영향을 미쳤고, 이른바 '룰리즘Luillisme'이라 불리는 지적 운동을 불러일으키기도 했다. 룰루스의 지식의 나무는 르네상스기의 출판물에서도 계속 판화형태로 재생산 및 유포 되었으며(그림 1), 더 멀리는 다윈에게까지 영향을 준 것으로 평가되기도 한다.[33]

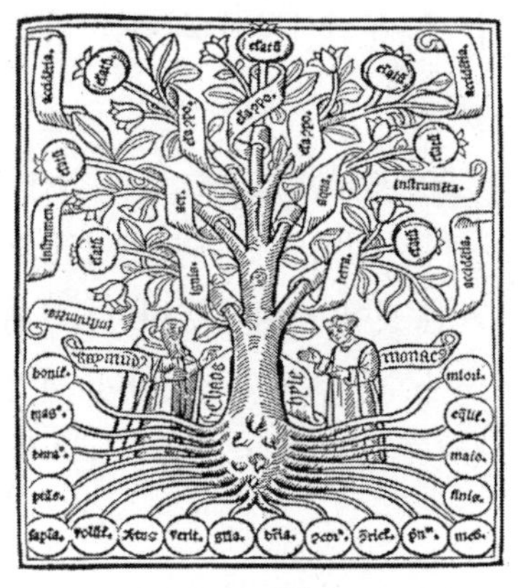

〈그림 1〉 라이문두스 룰루스, 〈지식의 나무〉
(Walker, p. 201에서 재인용)

룰루스는 인간의 지식을 16개의 나무로 형상화시켰다. 특히 앞의 14개 나무에서 지식과 개념의 위계를 표현하였는데, 그것은 각각 4대 원소, 식물, 감각, 상상력, 인간, 도덕, 정부, 신학, 천상, 천사, 종말론, 성모 마리아, 그리스도, 신에 해당된다. 나머지 두 개는 '메타 나무meta-tree'로서 앞의 14개 나무에 관련된 우화나 속담 등을 담고 있다. 각각의 나무는 뿌리, 몸통, 가지, 잔가지, 이파리, 꽃, 열매를 달고 있고, 여기에서는 제2차 분류 시스템이 표현된다.[34] 지식과 개념을 논리적인 계통 체계로 분류하여 시각화시킨 룰루스의 지식의 나무는 근대 초까지 큰 영향을 미치면서, 이로부터 논리의 나무, 관계의 나무, 문법의 나무, 사랑의 나무, 전투의 나무, 신분과 직무의 나무 등이 대거 파생되어 나왔다. 피터 버크는 나무의 은유를 서구의 "문화사에서 나타난 중요한 현상 중 하나"로 손꼽으면서, 그 문화사적인 의미를 다음과 같이 평가하였다.

> "이 나무의 은유는 ... 인간 관습의 산물을 자연의 일부로 만들어버리는, 다시 말하면 문화를 자연인 양, 발명을 발견인 양 제시하는 경향의 산물인 것이다. 이것은 이런저런 분류법을 만들어낸 것이 사회집단들이라는 사실을 부정하는 것이며, 결과적으로는 문화적 재생산을 지속시키고 혁신은 거부하는 셈이 된다."[35]

다시 말하면, 룰루스의 '지식의 나무'는 문화를 자연처럼 마치 원래 존재하는 것인 양 취급하면서, 중세적인 전통 속에서 변화를 거부하는 보수적인 지적 경향을 담고 있었다는 것이다. 그것은 우주가 신의 이미지를 바탕으로 창조되었고 신의 원리에 따라 구성되었다는 신플라톤주의 철학의 형이상학적 관점에 기반 한 중세 특유의 교훈주의적 지평을 나무로 형상화된 이미지를 통해 제시하였기 때문이다.

16세기에 백과사전적 지식의 계통을 나무 형태로 형상화하는 데에는 룰루스의 전통과 더불어 페트루스 라무스Petrus Ramus(1515-1572)[36]가 제시한 개념, 즉 라무스적 전통도 존재하였다. 페트루스 라무스는 지식과 학문의 분과들이 여러 가지로 분화되는 형태로 네트워크를 구성하고 있는 것으로 인식하였다. 룰루스주의(룰리즘)과 대비되는 라무스주의적인 지식 계보도는 아리스토텔레스의 분류법을 비판하면서 중세적 세계관의 흔적을 지워버리고 새로운 종합을 시도하였다.[37] 프랑스의 휴머니스트 크리스토프 드 사비니Christophe de Savigny(1530/35-1585?)는 라무스의 영향을 받아 나무의 형상을 취한 유명한 학문의 계보도 「모든 자유교양에 대한 완전한 도표*Tableaux accomplis de tous les arts liberaux*」를 제시하였다. 여기에서 '신학'은 학문의 중심이자 근원 아니라 전문적인 학문 분야의 하위 범주로 나무의 가지 부분에 위치한다.[38] 이 도표에서 신학은 기하학, 광학, 지리학, 물리학, 형이상학, 윤리학, 연대학, 시학 등 18개 학문 중 하나이자, 윤리학과 동일 선상에 배치되는 특수 학문의 하나로 제시된다. 다시 말해서, 인간을 다루는 특수 학문이 윤리학이라면, 신에 대한 특수 학문은 신학인 것이다. 또한, 사비니의 도표는 중세시대의 학문보다, 예를 들어 앞에서 언급한 라티니의 학문 계보도와 비교할 때, 학문 체계를 더 세부적으로 분화시켜 제시하는 동시에 각각의 학문 간의 연결 관계를 세심하게 표현하고 있다는 점에서 차별성을 지닌다. 17세기에 들어서면 룰루스의 전통과 라무스의 전통 모두에서 벗어나 새로운 나무형상의 지식 체계들이 등장하였다. 특히 프랜시스 베이컨Francis Bacon(1561-1626) 등이 제시한 새로운 지식 계통도는 18세기 디드로와 달랑베르의 『백과전서』에 직접적이고 결정적인 영향을 미쳤다.[39]

한편, 르네상스 시대에는 '모든 학문' 자체를 '지식의 원'으로 이미지화시켜서 상상하기도 하였다. 학문과 지식이 원의 형태를 이룬다는 관념은 어원상 '원'의 이미지와 더불어 '교육'이라는 의미를 담고 있는 'encyclopaedia'라는 단어자체의 뜻과도 일맥상통한다. 르네상스기의 백과사전적 기획은 무엇보다도 교육에 대한 기획과 밀접하게 관련되어 있었다. 이러한 지향은 프랑수아 라블레François Rablais의 『팡타그뤼엘*Pantagruel*』에서도 찾아 볼 수 있다.

> "이렇게 그는 모든 학문의 진정한 원천과 심연을 내게 열어 보여주었다는 것을 여러분에게 단언할 수 있습니다."[40]

또한, 『팡타그뤼엘』 제8장의 가르강튀아의 편지에서도 총체적 학문 교육에 대한 지향이 잘 드러나고 있다.[41] 한편, '엔키클로페디아encyclopaedia'라는 단어가 그리스어를 어원으로 삼아 만들어진 신조어라는 사실은 많은 르네상스 휴머니스트들이 고대 그리스 문화에 바탕을 둔 교육을 지향했다는 점도 시사한다. 16세기의 휴머니스트 기욤 뷔데Guillaume Budé는 다음과 같이 말했다.

> "학문을 익히는 이들은 인문학과 정치학을 포함한 모든 분야를 아우르는 총체에 접근하게 되는데, 이를 encyclopedia라고 부른다. 이 개념은 … 모든 학문 분야를 서로 연결하여 종합적으로 조직하는 방대한 지식을 의미한다. … 따라서 학문을 시작하는 사람들은 요즘 흔히 그런 것처럼 특정한 분야나 학과로 분산되지 않는 편이 낫다. 왜냐하면 모든 학문은 마치 둥근 원을 이루는 일부처럼 서로 맞물려 유지되는 것이고, 그곳에는 시작도 끝도 따로 존재하지 않기 때문이다."[42]

요컨대, 그리스어에 기반한 신조어인 르네상스 시대의 encyclopaedia는 모든 학문 혹은 모든 지식이라는 포괄적인 의미를 지니고 있었다. 이 단어는 새로운 세계와의 새로운 관계를 의미하는 동시에 새로운 지식을 추구하는 반종교적, 반신학적인 함의를 지니고 있었던 것으로 평가되기도 한다.[43] 그러나, 기욤 뷔데처럼 그리스도교에 사상적 기반을 두었던 휴머니스트도 같은 용어를 사용하고 있기에, 또한 16세기에는 아직 탈종교화 및 세속화가 완전히 진행되지 않은 시대이기 때문에, 르네상스 시대 "백과사전"의 개념이 무조건적으로 반종교적이었다고 보는 관점에는 주의를 기울여야 한다고 생각된다. 오늘날의 르네상스 연구는 더 이상 이 시대를 종교적인 신앙과 인간의 이성이 대비되는 탈종교적, 반종교적인 시대로 간주하지 않고 있다.[44] 중세의 세계관과 질서에 대한 근본적인 도전은 과학혁명과 계몽주의 시대에 본격적으로 이루어졌고, 이를 백과사전적 저술에서 구체적으로 체현한 것이 바로 디드로와 달랑베르의 『백과전서』라고 평가되기도 한다.

IV. 알파벳 순 분류

알파벳 순 분류법은 이미 고대부터 사용되기 시작하였으며, 역사적으로 오랜 시간에 걸쳐 서서히 도입되고 정착되었다.[45] 중세적인 관념에서 알파벳 분류법은 신이 창조한 조화와 질서를 반영하지 못하는 "반이성적인" 것으로 생각되었다.[46] 따라서 오랜 시간동안 신학적인 논리와 위계에 따르는 주제별 분류가 선호되었고 알파벳 분류법은 하위의 부차적인 분류법으로만 이용되었다. 중세 초에도 백과사전적 저서에서 부분적으로 알파벳 순 배열을 사용한 사례가 존재하는데, 예를 들어 이시도루스의 『어원』 제10권에는 알파벳 순 배열이 등장한다. 이 부분은 일종의 '소사전'에 해당되는 부분으로서, 「단어론*De vocabulis*」이라는 표제 하에 여러 주요 단어들에 대한 설명이 제시되어 있다.[47] 비잔티움 제국에서는 이미 11세기에 알파벳 순 배열을 채택한 백과사전이 존재했지만,[48] 서유럽 지역에서는 14세기에 들어서야 최초의 알파벳 순 백과사전이 등장하였다.

하지만 백과사전뿐만 아니라 서적 전체로 범위를 넓혀서 보면, 서유럽에서 알파벳 색인의 사용은 이미 12세기 말부터 시토회 수도사들을 중심으로 서서히 확산되기 시작하였으며, 13세기에는 언어사전[49] 외에도 일부 백과사전에서 부분적으로 알파벳 순 배열이 도입되기 시작하였다. 예컨대, 13세기의 가장 유명한 백과사전적 저술 중 하나인 뱅상 드 보베의 『대보감』 중 『자연보감』에는 하위 범주에서 부분적으로 알파벳 순 배열이 사용되었다. 14세기에는 『대보감』에 장별 색인과 더불어 알파벳 색인이 함께 덧붙여졌다. 예를 들어, 『자연보감』에서 식물과 허브에 대해 다루고 있는 제10권 첫 부분의 목차를 살펴보자.[50]

〈표 3〉 『자연보감』 제10권 중 A로 시작되는 허브 부분

장	장 제목	내용
1	De herbis hortulanis satiuis	정원에서 키우거나 씨를 뿌려 재배하는 허브에 대해서
11	De herbis quae nascuntur, sine radicibus	뿌리 식물이 아닌 허브에 대해서
12	De abrotano	아브로타눔(약쑥)
13	De acalifice, & acetosa	아칼리펙스와 아케토사(포도나무의 일종)
14	De allio	알리움(마늘)
15	De virtute eius in medicina	알리움의 의학적 효능
16	De speciebus eius	알리움의 종류
17	De amaraco, & ammone	아마라쿠스(마요나라)와 아몬
18	De andrafraxe, ac andragne	안드라프락시스, 즉 라틴어의 아트리플렉스(atriplex, 갯능쟁이) 및 안드라그네(그리스 쇠비름)
19	De aneso, & aneto	아네숨과 아네툼(나도고수, 미나리과 식물)
20	De apis	아피움(샐러리 혹은 파슬리)
21	De diuersis apij speciebus	아피움의 다양한 종류
22	Iterum de eodem	상동
23	De arboracea, & ascalonia	아르보라케아(혹은 아르보라카)와 아스칼로니아
24	De asparago	아스파라거스
25	De asparago iterum	아스파라거스 상동
26	De attriplici	아트리플렉스(습지에서 나는 야채의 일종)

27	De auricula muris	아우리쿨라 무리스
28	De banchia	반키아
29	De betba	베타(근대)
30	De virtute eius in medicina	근대의 의학적 효능

여기에서 뱅상 드 보베가 주로 인용한 사료는 디오스코리데스, 플리니우스, 이시도루스이며, 때때로 이븐 시나를 인용한 것이 특징적이다. 이는 중세 중기 서유럽의 학문과 지식에 미친 아랍 문화의 영향을 보여주고 있다. 위의 표에서 볼 수 있는 것처럼, 『자연보감』에서 알파벳 순 배열이 집중적으로 등장하는 부분은 특히 초목이나 약초, 동물 등의 이름과 그에 대한 설명을 서술할 때이다. 이는 알파벳 분류가 지식과 정보를 효율적으로 배치하고 제시하기 위해, 그리고 빠른 참조를 위한 실용적인 목적에서 사용되었다는 점을 알려준다. 역사백과사전인 『역사보감』의 경우 1328년부터 1333년 사이에 제작된 프랑스어 사본에도 알파벳 색인이 함께 삽입되어 있다.[51]

14세기에는 알파벳 순 분류법을 전적으로 채택한 백과사전이 등장하였였다. 잉글랜드 왕실의 재무성Exchequer 서기 제임스 르팔머James le Palmer가 1360-1375년경에 편찬한 『모든 좋은 것*Omne Bonum*』 같은 책이 바로 그러하다.[52] 이 백과사전에는 약 1,350개 항목에 약 750여 개 이상의 "삽화"가 삽입되어 있으며 교회법, 신학, 역사(종교사), 성인전, 교훈담, 자연사 등에 대한 내용을 알파벳 순으로 수록하고 있다. 이 사전의 A항목에서 제시된 몇 가지 사례를 살펴보면 다음과 같다.[53]

Alsolvere sive Absolucio (죄를 용서하다 또는 면죄선언)

Abbates (수도원장, 원장수사)

Abbatissa (원장수녀)

Abusiones seculi & claustri (재속사제 및 수도자의 남용 행위)[54]

Abstinentia (금욕)

…

Adventus Domini (성육신/成肉身)

Adventus Domini secundus (그리스도의 재림)

Adolescens/Adolescencia (청년기)

Addiscere (배우다)

Adiutorium (구조)[55]

Adoratio sive Adorare (경배하다 혹은 경배)

Adulterium (간통)

Admonicio (책망)

Adopcio (입양)

…

Agnus castus (정조수/貞操樹)

Agnus (양)

Agnus anniculus (한 살짜리 양, 어린 양)

Agna (암컷 양)

Ager (땅을 경작하다)

Alea (주사위)

Altare (제단)

Alimenta (음식)

Alienacio (양도, 예를 들어 재산의 양도)

Almus, Alma (음식물, 자양분)

Alleluya (알렐루야)

Allegoricus (비유, 알레고리)

Alienum (타인의 재산)

Alius (타인)

Allegatio (파견)

…

여기에는 면죄선언, 수도원장, 원장수녀, 금욕, 성육신, 그리스도의 재림, 경배, 제단, 알렐루야 등 종교적, 신학적인 개념들과 더불어, 정조수 같은 식물이름이나 양도 같은 법률적인 개념 등도 함께 제시되었다. 특히 양의 경우 Agnus, Agnus anniculus, Agna를 구분해서 설명한 것도 눈에 띈다. 위에서 예를 든 항목 외에도, 지명(Alamania), 광물(Albeston, Alabandiam, Allectoria), 식물이나 허브(Aloa, Aloe, Alium), 추상적 개념(Amor, Amicicia), 자연(Ampnis), 인명(Ambrosius)이나 고유명사(Amazona, Amazones) 등 다양한 항목이 제시되어 있다.

보통 사전에 실생활 및 실용 기술과 관련된 항목이 들어오기 시작한 것은 17-18세기 이후부터라고 평가된다. 그렇지만, 제임스 르팔머의 백과사전은 이미 중세 후기에도 비록 약간이나마 식물, 동물, 광물 등 실생활 및 인간이 살아가는 자연현상과 밀접하게 관련된 단어, 그리고 생활과 관련된 법률 용어들이 사전항목에 들어오고 있음을 보여주고 있다. 이러한 점에는 이 책이 왕실 재무성 서기에 의해 편찬되었다는 사실도 큰 영향을 미쳤을 것으로 생각된다. 물론 이 시기에도 동식물 등에 대한 설명은 여전히 고대와 중세 백과사전의 전통에 기반하고 있었다. 예를 들어, 알로아 나무, 알로에, 알리움(마늘) 같은 단어들을 설명할 때 제임스 르팔머는 잉글랜드인 바르텔레미의 『사물의 속성』을 인용하였다. 그는 뱅상 드 보베 같은 대륙의 저자보다는 바르텔레미의 저술을 더 선호하였고, 『사물의 속성』은 그의 백과사전에서 가장 많이 인용된 자료 중 하나이다.

이제 우리는 일각에서 주장하는 것처럼, 특히 대중을 상대로 하는 교양서에서 역사적인 문화현상을 도식화시켜 제시하는 것처럼, 알파벳 순 분류가 '반종교적인' 성격을 지니고 있었는가라는 질문을 던지게 된다. 결론부터 말하자면, 알파벳 분류의 역사적, 사회문화적 함의에 대해서는 시대에 따라 다르게 접근해야 할 것이다. 피터 버크는 18세기에 디드로와 달랑베르가 참조 기능과 동시에 알파벳 배열을 사용함으로써 신의 질서를 파괴하며 중세적 세계관과 질서에 대항했다고 평가하였다.[56] 18세기라는 시대적인 배경에서는 이와 같은 평가를 받아들일 수 있을 것이다. 그렇지만, 중세와 르네상스 시대에 대해서도 동일한 근대적인 척도를 들이대며 가치판단을 할 수 있는가에 대해서는 재고해야 한다. 한편, 알파벳 분류법은 로이스 댈리Lloyd W. Daly가 자신 있게 피력한 것처럼 간결하고 사용이 용이하다는 점에서 중국 한자와는 달리 서구 문자문화의 우월성을 보여주는 것도 결코 아니다.[57] 오히려 중세시대에는 알파벳 분류가 위계적 주제 분류보다 못한 것이라고 간주되었다. 또한, 12세기 말 이후부터 성서나 기타 여러 서적에서 알파벳 색인을 넣으면서 알파벳 순 배열의 사용과 전파에 앞장선 이들은 수도사와 성직자들이었다. 따라서 중세시대에 있어서는 알파벳 순 배열의 사용과 반종교적, 반교회적인 태도를 동일시하는 것은 시대착오일 것이다.

알파벳 순 배열의 사용이 점차 확대되는 배경과 동인을 제공한 시대적인 배경으로는 몇 가지 역사적인 계기를 언급할 수 있을 것이다. 그것은 12세기의 학문발전(소위 "12세기 르네상스")으로부터 시작해서 15세기 중엽 인쇄술의 발명, 그리고 15-17세기 대항해시대의 지구화의 시작과 새로운 세계와의 접촉을 말한다. 이러한 계기들은 모두 문자화된 지식의 급증과 확산을 촉진했다는 공통점을 지닌다. 중세 중기에 알파벳 색인이 도입되고 알파벳 순 분류가 점차 확산되어 나간 이유 중 하나는 "12세기 르네상스"를 거치며 학문이 크게 발전하면서 갑자기 늘어난 많은 지식을 능률적으로 신속하게 다루어야 할 필요성이 대두되었기 때문이었다. 또한 16세기부터는 인쇄서적의 출판과 유통이 급증하면서 늘어난 지식과 정보를 손쉽고 빠르게 처리하기 위한 방편으로서 알파벳 분류 도구의 사용이 계속 요구되고 더욱 확산되었다. 이와 더불어 대항해시대의 범지구적인 문화접촉과 교역활동은 지식의 총량 증가에 크게 기여했을 뿐만 아니라, 지식의 범위를 유럽을 넘어 다른 세계와 문화권에까지 확장시켰다. 따라서 17세기 말에 알파벳 분류법이 사전에서 완전히 정착하게 된 것은 우연이 아니었을 것이다.

V. 에필로그: 사회의 문자화와 근현대의 지식 분류

백과사전은 당대의 광범위한 지식을 한데 모아서 정리하고자 하는 의도로 만들어지곤 하였다. 따라서 백과사전에서 나타나는 지식의 분류와 배열에 대한 연구는 지식의 사회사에서는 물론이거니와 '지식의 문자화' 혹은 '인간 정신의 문자화'라는 화두 하에 문자의 사회문화사 연구에서도 중요하게 다룰 수 있는 주제 중 하나이다. 지식의 분류는 시대에 따라 변화하기에 역사적인 성격을 지니며, 각 문화권의 특징과 세계관을 보여준다. 지식의 분류는 또한 사회적인 성격을 지닌다. 때에 따라 분류 방식의 선택과 관련하여 첨예한 관념과 이해관계의 대립이 일어나는 경우도 있기 때문이다. 또한 백과사전의 특징 중 하나는 깊이 있는 학문보다는 학문의 보급과 '통속화'를 추구한다는 점에 있다. 이러한 점은 백과사전을 읽거나 그 내용을 이해할 수 있는 지적 수준을 갖춘 독자들이 존재했다는 사실을 알려준다. 따라서 백과사전이 어떻게 구성되고 어떤 언어로 쓰였는가(예를 들어 라틴어 백과사전인가 프랑스어 백과사전인가)에 관한 문제는 인간 정신의 문자화는 물론이거니와 사회의 문자화 정도를 보여주는 척도로 볼 수 있다.

이 글에서 이야기한 바를 요약해보면 다음과 같다. 역사적으로 서구에서는 주제 분류와 알파벳 분류라는 두 가지 분류법이 오랜 시간동안 상호 공존해왔지만, 시대에 따라 한 쪽이 다른 쪽 보다 대세 분류법으로 사용되었다. 서유럽 문명권에서 중세와 르네상스 시기에는 주제 분류가 상위 분류법으로서 주도적인 위치를 확보하고 있었다. 중세의 백과사전은 신이 만든 조화로운 세계를 한 권의 책에 모두 담고자 하는 신학적인 지향점을 가지고 있었다. 또한 중세시대부터 백과사전적인 지식이 도표나 도해로 시각화되었는데, 그 중에서도 특히 룰루스의 '지식의 나무'가 가장 유명하며 르네상스 시대까지 큰 영향을 미쳤다. 이와 동시에 르네상스기에는 중세의 전통을 일부 계승하면서도 중세의 전통적인 사상과 관념을 비판하면서 새로운 지식 배열 방식의 해법을 제기하였는데, 라무스와 사비니의 학문 계보도가 대표적인 사례이다. 한편, 서구의 사전류에서 알파벳 분류법과 색인의 사용은 12세기 말부터 본격적으로 도입되기 시작해서 13세기부터 17세기 사이에 서서히 확장되었다. 백과사전의 경우를 보면, 13세기부터 부분적으로 알파벳 순 배열이 채택되는 경우가 있었으며, 14세기에는 책 전체가 알파벳 순으로 배열된 백과사전도 등장하였다. 16세기 이후에도 알파벳 순으로 배열된 색인의 사용이 점차적으로 확대되었다. 그렇지만, 중세와 르네상스기에는 알파벳 분류법 사용의 의미를 무조건 반신학적, 반종교적, 혹은 반교회적인 것으로 보기는 어려울 것이다. 중세 후기와 르네상스기의 수도사들과 성직자들이 저서에 알파벳 색인을 넣으면서 신의 질서를 파괴한다는 죄책감을 가졌을 것 같지는 않다. 다만, 이들은 지식의 근본과 위계질서를 확립하는데 주력했기 때문에, 알파벳 순 배열의 사용을 보충적인 분류와 참조 도구로 사용하였다.

17세기 후반부터는 알파벳 순 배열이 지배적인 지식의 분류 방식으로 자리 잡기 시작하였다. 1674년에 프랑스인 성직자 루이 모레리Louis Moréri(1643-1680)는 리옹Lyon에서 전기 형식을 띤 인명사전이자 역사사전, 지리사전의 성격을 지닌 일종의 "백과사전"인 『대역사사전*Le grand dictionaire historique, ou le mélange curieux de l'histoire sacrée et profane*』을 출간하면서 알파벳 순 배열을 채택하였다, 프랑스의 위그노 철학자 피에르 벨Pierre Bayle(1647-1706) 역시 알파벳 순으로 배열된 인명사전인 『역사비평사전*Dictionnaire historique et critique*』을 출간하였는데, 그는 모레리를 인용하는 동시에 그를 비판하면서 (종교적인) 이데올로기 공세를 취했다.[58] 특히 17세기에는 언어성 백과사전의 등장과 약진이 두드러진다. 『아카데미 프랑세즈 사전』의 등장 이전에 출간된 『리슐레 사전*Dictionnaire de Richelet*』이나 『퓌르티에르 사전*Dictionnaire de Furetière*』은 모두 백과사전적인 언어사전의 성격을 지니고 있다. 당시 프랑스어에서는 dictionnaire와 encyclopédie라는 단어가 서로 구분되지 않고 사용되었다. 앙투안 퓌르티에르Antoine Furetière(1619-1688)는 "나는 단어들의 사전이 아니라 사물들의 사전을 만들고자 한다Je n'ai pas eu dessein de faire un Dictionnaire de mots, mais de choses"라고 말하며 자신의 사전 집필 의도를 밝혔다.[59] 이러한 언어백과사전들은 모두 알파벳 순 배열을 채택하였다.

이처럼 17세기 말부터 알파벳 분류법이 점차 일반화되었는데, 오랫동안 유럽의 지식인들은 알파벳 순이라는 무심한 혹은 "무식한" 혹은 "비논리적인" 배열방식에 저항을 하였다. 그럼에도 불구하고, 결국 이러한 편의적인 지식의 조직방식이 사전류에서 지배적인 분류방식으로 채택되었다. 그 이유 중 하나는 유럽 세계의 내부적인 발전(과학혁명) 및 지리적 네트워크의 확대(지리상의 "발견"과 지구화 및 국제교역의 증가)로 새로운 지식이 유입되고 지식의 총량이 급증하면서 점점 더 이를 제대로 소화해내거나 조직화하기 어려워졌다는 시대적인 배경에 기인하는 것이 아닐까? 다시 말하면, 알파벳 순 배열이 서구의 근대적인 우월성을 표상한다기 보다는, 더 이상 기존의 방식으로는 지식과 정보를 처리하기 힘든 상황 속에서 편의상 알파벳 순 배열을 채택하지 않을 수 없었던 것은 아니었을까? 디드로와 달랑베르는 알파벳화라는 이미 확고해진 현상에 새로운 역사적, 문화적, 사회적인 의미를 부여했던 것은 아닐까? 19세기에는 알파벳 순 배열이 백과사전 및 기타 사전류에서 일반화되었음에도 불구하고 콩트나 헤겔은 여전히 주제별 분류를 선호하면서 알파벳 순으로 배열된 백과사전에 대해 불편한 심기를 드러냈다. 20세기에도 여전히 알파벳 배열의 지배가 확고했지만, 21세기 디지털 문화의 "지식의 바다" 속에서 널리 확산 및 사용되고 있는 온라인 오픈백과사전은 기존의 패러다임을 뒤흔들며 알파벳 분류의 우위시대에 종말을 알리고 있는 것처럼 보인다.

■ 참고문헌

<일차 사료>

Paris, Bibliothèque Mazarine, ms. 1553 (Jean Hautfuney, *Tabula*; c. 1322-1332).

Paris, BnF, fr. 316 (Vincent de Beauvais, trad. Jean de Vignay, *Le Miroir historial*; c. 1329-1332).

Brunetto Latini, *Le Livre du Trésor. Livre I.* Traduction en français moderne, introduction, notes par Bernard Ribémont et Silvère Menegaldo, Paris, Honoré Champion, 2013.

Isidore of Seville, *Etymologiae sive Origines*, ed. Wallace Martin Lindsay, 2 vols., Oxford, Clarendon, 1911.

Jean Hautfuney, *Tabula super Speculum historiale fratris Vincentii*, éd. M. Paulmier-Foucart, dans *Spicae*, Vol. 2 (1980), pp. 19-263 et Vol, 3 (1981), pp. 7-208.

Rabelais, François, *Pantagurel*, publié sur le texte définitif établi et annoté par Pierre Michel, Paris, Gallimard, 1964; 프랑수아 라블레 지음, 유석호 옮김, 『팡타그뤼엘』, 서울: 문학과 지성사, 2004.

Vincent de Beauvais, *Bibliotheca mundi seu Speculi maioris Vincentii Burgundi...*, Duaci, typogr. B. Belleri, 1624.

<이차 자료>

Becq, Annie (dir.), *L'encyclopédisme*, Actes du Colloque de Caen 12-16 janvier 1987, Paris, Éd. Aux amateurs de livres, 1991.

Buettner, Brigitte, "Images, diagrammes et savoirs encyclopédiques", Jérôme Baschet et Pierre-Olivier Dittmar (dir), *Les images dans l'Occident médiéval*, Turnhout, Brepols, 2015, pp. 389-396.

Burke, Peter, A *Social History of Knowledge: from Gutenberg to Diderot*, based on the first series of Vonhoff Lectures given at the University of Groningen (Netherlands), Cambridge, UK, Polity Press; Malden, Mass., Blackwell, 2000; 피터 버크 지음; 박광식 옮김, 『지식: 그 탄생과 유통에 대한 모든 지식』, 서울: 현실문화연구, 2006.

Caferro, William, *Contesting the Renaissance*, Malden, MA, Wiley-Blackwell, 2011.

Daly, Lloyd W., *Contribution to a History of Alphabetization in Antiquity and the Middle Ages*, Bruxelles, Latomus, 1967.

Durkheim, Émile and Mauss, Marcel, *Primitive Classification*, Chicago, University of Chicago Press, 1963; 에밀 뒤르케임[뒤르켐], 마르셀 모스 지음, 김현자 옮김, 『분류의 원시적 형태들: 집단표상 연구에의 기여』, 서울: 서울대학교출판문화원, 2013.

Evans, Michael, "The Geometry of the Mind", *Architectural Association Quarterly*, Vol. 12, 4, 1980, pp. 32-55.

Fontaine, Jacques, "Isidore de Séville et la mutation de l'encyclopédisme]antique", Maurice de Gandillac et al., *La Pensée encyclopédique au Moyen âge*, [Paris], Neuchâtel, Éditions de la Baconnière, 1966, pp. 43-62.

Fontaine, Jacques, *Isidore de Séville et la culture classique dans l'Espagne wisigothique*, 2e éd. revue et corrigée, Paris, Étude Augustiniennes, 1983.

Goody, Jack, *The Domestication of the Savage Mind*, Cambridge; New York, Cambridge University Press, 1977.

Jackson, Sidney L., "The Twelfth Century in the West, Its Libraries, and Hugh of St. Victor's Classification of Knowledge", *The Journal of Library History (1966-1972)*, Vol. 2, No. 3 1967, pp. 185-200.

Jonsson, Einar Már, "Le sens du titre *Speculum* aux XIIe et XIIIe siècles et son utilisation par Vincent de Beauvais", *Vincent de Beauvais: intentions et réceptions d'une oeuvre encyclopédique au Moyen Âge*, Saint-Laurent,

Maison Bellarmin; Paris, Vrin, 1990, pp. 11-32.

Le Goff, Jacques, “Pourquoi le XIIIe siècle a-t-il été plus particulièrement un siècle d’encyclopédisme ?”, Michelangelo Picone (dir.), *L’enciclopedismo medievale*, Ravenna, Longo Editore, 1994), pp. 23-40.

Ong, Walter J., *Ramus, Method, and the Decay of Dialogue: From the Art of Discourse to the Art of Reason*, Chicago, University of Chicago Press, 2004.

Rouse, Mary A. et Richard H., “La naissance des index”, Roger Chartier et Henri-Jean Martin (dir.), *Histoire de l’édition française*. I: *Le livre conquèrant. Du Moyen Âge au milieu du XVIIe siècle*, Paris, Fayard/ Cercle de la Librairie, 1989[1ère ed. 1982], p. 101.

Ribémont, Bernard, “L'encyclopédisme médiéval et la question de l'organisation du savoir”, colloque Bagnoles de l'Orme, avril 1990, D. Hüe (dir.), *L'écriture du savoir* (Caen, 1995), pp. 95-105; repris dans Bernard Ribémont, *De natura rerum. Études des encylopédies du Moyen Âge*, Orléans, Paradigme, 1995, pp. 69-86.

Ribémont, Bernard, *Les origines des encyclopédies médiévales: d'Isidore de Séville aux Carolingiens*, Paris, Honoré Champion, 2001.

Rossi, Paolo, *Logic and Art of Memory. The Quest for a Universal Language*, London and New York, Continuum, 2000.

Sandler, Lucy Freeman (ed.), *Omne bonum: A Fourteenth-Century Encyclopedia of Universal Knowledge: British Library Mss Royal 6 E VI-6 E VII*, Vol. II, Catalogue, London, Harvey Miller Publishers, 1996.

Schmitt, Jean-Claude, “Les images classificatrices”, *Bibliothèque de l’École des chartes*, t. 147 (1989), pp. 311-341.

Schaer, Roland (dir.), *Tous les savoirs du monde. Encyclopédies et bibliothèques, de Sumer au XXIe siècles*, Paris, BnF/Flammarion, Catalogue d’exposition, 1996.

Torrens, E. and Barahona, A., "Darwin's muses behind his 1859 diagram" ARBOR, 189 (2013). http://dx.doi.org/10.3989/arbor.2013.763n5009

Von den Brincken, Anna-Dorothee, "*Tabula alphabetica* von den Anfängen alphabetischer Registerarbeiten zu Geschichtswerken (Vincenz von Beauvais OP, Johannes von Hautfuney, Paulinus Minorita OFM)", *Festschrift für Hermann Heimpel*, Bd. 2, Göttingen, Vandenhoeck und Ruprecht, 1972, pp. 900-923.

Walker, T. D., "Medieval Faceted Knowledge Classification. Ramon Lull's Tree of Science", *Knowledge Organization*, Vol. 23, No. 4, 1996, pp. 199-205.

구가 가쓰토시, 『지식의 분류사』, 김성민 역, 서울: 한국출판마케팅연구소, 2007.

박효근, 「헬레니즘에서 크리스티아니즘으로: 기욤 뷔데와 그의 시대」, 『서양중세사연구』 36호, 2015, 207-237쪽.

이혜민, 「중세 유럽의 문자개념과 문자관: 세비야의 이시도루스의 『어원』을 중심으로」, 『서양중세사연구』 30호, 2012, 1-32쪽; 연세대학교 인문학연구원 HK문자연구사업단, 『문자개념 다시보기』, 서울: 연세대학교 대학출판문화원, 2013, 215-246쪽에 재수록.

---

1 Émile Durkheim and Marcel Mauss, *Primitive Classification*, Chicago, University of Chicago Press, 1963; 에밀 뒤르케임[뒤르켐], 마르셀 모스 지음, 김현자 옮김, 『분류의 원시적 형태들: 집단표상 연구에의 기여』, 서울: 서울대학교출판문화원, 2013.

2 Jack Goody, *The Domestication of the Savage Mind*, Cambridge; New York, Cambridge University Press, 1977.

3 Jack Goody, *The Domestication of the Savage Mind*, esp. pp. 129f.

4 Peter Burke, *A Social History of Knowledge: from Gutenberg to Diderot*, Cambridge, UK, Polity Press; Malden, Mass., Blackwell, 2000; 피터 버크 지음; 박광식 옮김, 『지식: 그 탄생과 유통에 대한 모든 지식』, 서울: 현실문화연구, 2006. 근대의 지식 분류에 관한 문화사가들의 선행연구에 대해서는 Peter Burke, *Ibid*., p. 82, note 4를 참조할 것(피터 버크, 같은 책, 361-362쪽).

5 같은 책, 145-195쪽.

6 예를 들어, 중세 백과사전의 지식 분류 혹은 '지식의 조직화organisation du savoir'에 관한 연구 사례로 Bernard Ribémont, "L'encyclopédisme médiéval et la question de l'organisation du savoir", colloque Bagnoles de l'Orme, avril 1990, D. Hüe (dir.), *L'écriture du savoir*, Caen, 1995, pp. 95-105; repris dans Bernard Ribémont, *De natura rerum. Études des encylopédies du Moyen Âge*, Orléans, Paradigme, 1995, pp. 69-86을 언급할 수 있다. 백과사전의 지식 분류 체계 자체에 대한 연구는 아니지만, 이와 어느 정도 관련을 가진다고 볼 수 있는 중세의 도서관 카탈로그 혹은 학문 체계에서 나타나는 지식 분류에 관한 연구 사례로는 Buford Scrivner, "Carolingian Monastic Library Catalogs and Medieval Classification of Knowledge", *The Journal of Library History* (1974-1987), Vol. 15, No. 4 (Fall, 1980), pp. 427-444; Sidney L. Jackson, "The Twelfth Century in the West, Its Libraries, and Hugh of St. Victor's Classification of Knowledge", *The Journal of Library History* (1966-1972), Vol. 2, No. 3 (Jul., 1967), pp. 185-200.

7 Roger Chartier, "L'arbre et l'océan", Roland Schaer (dir.), *Tous les savoirs du monde. Encyclopédies et bibliothèques, de Sumer au XXIe siècles*, Paris, BnF/Flammarion, Catalogue d'exposition, 1996, p. 483.

8 Jacques Fontaine, "Isidore de Séville et la mutation de l'encyclopédisme antique", Maurice de Gandillac et al., *La Pensée encyclopédique au Moyen âge*, [Paris], Neuchâtel, Éditions de la Baconnière, 1966, pp. 43-62.

9 Jacques Le Goff, "Pourquoi le XIIIe siècle a-t-il été plus particulièrement un siècle d'encyclopédisme?", Michelangelo Picone (dir.), *L'enciclopedismo medievale*, Ravenna, Longo Editore, 1994, pp. 23-40.

10 바르톨로메우스 앙글리쿠스Bartholomaeus Anglicus라는 라틴어 이름도 널리 통용되고 있다.

11 이 백과사전들의 중요성과 영향력은 익히 잘 알려져 있다. 중세 문학과 문헌의 참고문헌 사이트인 아를리마(http://www.arlima.net/)에서 각 저자들에 해당되는 항목을 검색하면, 각 저술의 중세 필사본과 근대 초기의 인쇄본, 그리고 현대 인쇄본 목록을 참조할 수 있다. 예를 들어, 토마 드 캉탱프레의 『사물의 본성』의 경우 155개 현존 필사본이 제시되어 있다. 물론 이 사이트는 현재에도 계속 업데이트되

고 있는 중이며, 특히 필사본 목록은 완성되지 않았지만, 각 저술의 영향력을 가늠하는 데에는 길잡이를 제공해줄 것이다.

12 Einar Már Jonsson, “Le sens du titre Speculum aux XIIe et XIIIe siècles et son utilisation par Vincent de Beauvais”, *Vincent de Beauvais: intentions et réceptions d'une oeuvre encyclopédique au Moyen Âge*, Saint-Laurent, Maison Bellarmin; Paris, Vrin, 1990. pp. 11-32.

13 Bernard Ribémont, “Introduction”, in Brunetto Latini, *Le Livre du Trésor. Livre I.* Traduction en français moderne, introduction, notes par Bernard Ribémont et Silvère Menegaldo, Paris, Honoré Champion, 2013, p. XXXVI.

14 Brunetto Latini, *Le Livre du Trésor. Livre I*, prologue, p. 1.

15 Isidore of Seville, *Etymologiae sive Origines*, ed. Wallace Martin Lindsay, 2 vols., Oxford, Clarendon, 1911.

16 과거에는 뱅상 드 보베의 『대보감』이 4부로 이루어진 것으로 생각하였다. 그렇지만, 『대보감』 중 『윤리보감』은 후대에 다른 저자에 의해 덧붙여진 것이다. Vincent de Beauvais, *Bibliotheca mundi seu Speculi maioris Vincentii Burgundi...*, Duaci, typogr. B. Belleri, 1624(이하 ed. Douai로 약칭). 『대보감』의 근대비평본은 아직 출간되지 않았으며, 일부 텍스트는 온라인 DB로 열람할 수 있다. http://atilf.atilf.fr/bichard/

17 이혜민, 「중세 유럽의 문자개념과 문자관: 세비야의 이시도루스의 『어원』을 중심으로」, 『서양중세사연구』 30호, 2012, 31쪽 <부록 2>를 참조할 것.

18 예를 들어, 『역사보감』 제2권에서 「창세기」에 기반 하여 천지창조의 순서를 기술한 방식은 다음과 같다. 천지창조 이전(신의 단일성과 신의 본질, 삼위일체), 천지창조 이전의 창조물(4원소, 천사, 타락천사), 제1일 빛과 어둠의 구분, 제2일 창공firmament의 창조, 제3일 땅과 바다의 창조, 제4일 초목과 과일나무의 창조 및 태양과 달을 포함한 천체의 창조, 제5일 조류와 어류의 창조, 제6일 땅의 생물(집짐승, 기어다니는 것, 들짐승)의 창조 및 아담과 이브의 창조, 제7일 안식일.

19 『역사보감』 제2권에서도 마찬가지로 천지창조 순서에 따른 기술방식이 나타난다.

20 이 내용은 구가 가쓰토시 지음, 김성민 옮김, 『지식의 분류사』, 서울: 한국출판마케팅연구소, 2007, 81-82쪽에도 정리되어 있다. 지식의 조직적, 체계적 분류의 역사를 나열식으로 제시한 이 문고판 교양서적에는 뱅상 드 보베의 『대보감』 이외에도 동양과 서양의 여러 유명한 백과사전적 저술들의 구성과 배열이 소개되어 있다.

21 바르텔레미의 『사물의 속성』 라틴어 원본의 전권을 편찬한 근대비평본은 아직 존재하지 않는다. 한편, 14세기 말 장 코르브숑Jean Corbechon이 프랑스 국왕 샤를 5세를 위해 번역한 중세 프랑스어본은 부분적으로 현대 프랑스어로 번역되었다.

Bernard Ribémont, *Le livre des propriétés des choses: une encyclopédie au XIVe siècle*, Paris, Stock, 1999.

22 Bernard Ribémont, “la question de l'organisation du savoir”, p, 80.

23 Cf. 라티니는 이탈리아어로 『소보고*Il Tesoretto*』도 저술하였다. Brunetto Latini, *Le petit trésor = Il tesoretto*, traduit de l'italien, présenté et annoté par Bertrand Levergeois, Paris, M. de Maule, 1997.

24 Brunetto Latini, *Le Livre du Trésor. Livre I,* Prologue, p. 3.

25 Bernard Ribémont, “Introduction”, pp. XXXV-XXXVI.

26 Bernard Ribémont, “la question de l'organisation du savoir”, pp. 69-86, en part. p. 86.

27 Brunetto Latini, *Le Livre du Trésor. Livre I*, pp. 6-17. 여기에서 제시된 도표는 라티니의 『보고』 현대프랑스어 번역본에서 서문을 쓴 베르나르 리베몽이 학문 분류표 양식에 맞추어 프랑스어로 작성한 것을 우리말로 번역한 것이다. Bernard Ribémont, “Introduction”, pp. XXVIII-XXIX.

28 아리스토텔레스의 학문 분류에 대해서는 조대호, 「아리스토텔레스의 학문 체계」, 최재천, 주일우 엮음, 『지식의 통섭 — 학문의 경계를 넘다』, 서울: 이음, 19-20쪽.

29 중세시대에 ‘원circle’은 우주관과 세계관, 지도 등을 표현하는데 많이 사용되었으며, 때로는 메달, 꽃잎, 광선, 바퀴 등 다른 형태로 변형되어 지식이나 기타 개념을 표현하기도 하였다.

30 Michael Evans, “The Geometry of the Mind”, *Architectural Association Quarterly*, Vol. 12, 4, 1980, pp. 32-55.

31 Jean-Claude Schmitt, “Les images classificatrices”, *Bibliothèque de l'École des chartes,* t. 147 (1989), pp. 311-341; Brigitte Buettner, “Images, diagrammes et savoirs encyclopédiques”, Jérôme Baschet et Pierre-Olivier Dittmar (dir), *Les images dans l'Occident médiéval*, Turnhout, Brepols, 2015, pp. 389-391. 이러한 시각적인 장치와 기억술의 관계에 대해서는, 특히 르네상스 시대에 관해서는 Paolo Rossi, *Logic and Art of Memory. The Quest for a Universal Language*, London and New York, Continuum, 2000, pp. 29-60을 참조할 것.

32 Jean-Claude Schmitt, “Les images classificatrices”, 특히 도판 1번과 2번을 참조할 것. Cf. 중세시대에 나무의 이미지가 족보와 혈통을 표현하는 집단표상으로 발전한 사례에 대해서는 Christine Klapisch-Zuber, *L'ombre des ancêtres. Essai sur l'imaginaire médiéval de la parenté*, Paris, Fayard, 2000을 참조할 것.

33 E. Torrens and A. Barahona, “Darwin's muses behind his 1859 diagram”, *ARBOR*, 189 (2013).

http://dx.doi.org/10.3989/arbor.2013.763n5009 (최종검색일: 2015년 11월 1일).

34 T. D. Walker, "Medieval Faceted Knowledge Classification. Ramon Lull's Tree of Science", *Knowledge Organization*, Vol. 23, No. 4, 1996, p. 200.

35 피터 버크, 2006, 153-154쪽, 156쪽.

36 프랑스식 이름은 피에르 드라라메Pierre de La Ramée이다.

37 Walter J. Ong, Ramus, *Method, and the Decay of Dialogue: From the Art of Discourse to the Art of Reason*, Chicago, University of Chicago Press, 2004.

38 Jean-Marc Chatelain, "Du Parnasse à l'Amérique: l'imaginarie de l'encyclopédie à la Renaissance et à l'Âge classique", Roland Schaer (dir.), *Tous les savoirs du monde*, pp. 158-159. 크리스토프 드 사비니의 학문 계통도는 피터 버크. 2006, 169쪽에도 수록되어 있다.

39 Cf. 로버트 단턴 지음, 조한욱 옮김, 『고양이 대학살』, 서울: 문학과 지성사, 1996년, 제5장 「철학자들은 지식의 나무를 다듬는다: 『백과전서』의 인식론적 전략」, 270-301쪽, 특히 297-301쪽의 지식 계통도를 참조할 것.

40 "En quoy je vous puisse asseurer qu'il ma ouvert le vrays pays et abisme de encyclopédie" (밑줄은 필자가 덧붙임). François Rabelais, *Pantagurel*, publié sur le texte définitif établi et annoté par Pierre Michel, Paris, Gallimard, 1964, ch. XX, p. 287; 프랑수아 라블레 지음, 유석호 옮김, 『팡타그뤼엘』, 서울: 문학과 지성사, 2004, 제20장, 401-402쪽.

41 같은 책, 322-323쪽.

42 Guillaume Budé, *Le Livre de l'institution du Prince*, éd. 1548, p. 67; 박효근, 「헬레니즘에서 크리스티아니즘으로: 기욤 뷔데와 그의 시대」, 『서양중세사연구』 36호(2015.09), 217쪽에서 재인용; Jean Céard, "Encyclopédie et encyclopédisme à la Renaissance", dans Annie Becq (dir.), *L'encyclopédisme*, Actes du Colloque de Caen 12-16 janvier 1987, Paris, Éd. Aux amateurs de livres, 1991. pp. 61-63도 참조할 것. Cf. 프랑스어에서 근대 라틴어를 번역한 '앙시클로페디encyclopédie'라는 단어가 '모든 지식' 혹은 '모든 학문'이라는 의미로 최초로 사용한 사례는 1519년에 프랑스 국왕 프랑수아 1세에게 헌정된 기욤 뷔데의 『군주교육론』에서 나타난다. 그렇지만, 이 책은 뷔데의 사후인 1547년에 출판되었기 때문에, '앙시클로페디' 용어 등장과 관련된 '최초' 사례로서의 영광은 1532년에 인쇄출간된 라블레의 『팡타그뤼엘』에 부여되곤 한다.

43 Henri Meschonnic, "L'encyclopédie sortant de son mot pour se voir", Roland Schaer (dir.), *Tous les savoirs du monde*, p. 20.

44 William Caferro, *Contesting the Renaissance*, Malden, MA, Wiley-Blackwell,

2011, esp. p. 185f.

45 Lloyd W. Daly, *Contribution to a History of Alphabetization in Antiquity and the Middle Ages*, Bruxelles, Latomus, 1967.

46 Mary A. et Richard H. Rouse, "La naissance des index", Roger Chartier et Henri-Jean Martin (dir.), *Histoire de l'édition française. I: Le livre conquèrant. Du Moyen Âge au milieu du XVIIe siècle*, Paris, Fayard/Cercle de la Librairie, 1989[1ère ed. 1982], p. 101.

47 Isidore of Seville, *Etymologiae*, Book X, ed. Lindsay, pp. 213-230.

48 피터 버크, 2006, 309쪽.

49 알파벳 순 배열을 채택한 13세기 언어사전의 대표적인 예로는 이탈리아의 도미니쿠스회 수도사 조반니 발비Giovanni Balbi가 편찬한 『카톨리콘*Catholicon*』, 즉 『문법대전*Summa Grammaticalis*』 같은 책이 있다.

50 1624년에 간행된 두에Douai 판본의 색인에는 제10권의 내용을 다음과 같이 요약하고 있다. "*Decimus liber agit de caeteris herbis, videlicet quae nascuntur in locis cultis, & in hortis, & agris. Et habet liber este 171. capitula.* 제10권은 그밖의 허브들, 다시 말해서 경작지와 정원과 밭에서 나는 허브들에 대해서 다루고 있다. 제10권은 171장으로 구성되어 있다."

51 Paris, BnF, fr. 316.

52 London British Library, Royal 6 E VI & Royal 6 E VII.

53 『모든 좋은 것』에서는 조반니 발비의 『카톨리콘』이나 근대의 사전처럼 알파벳 순에 따른 항목이 일목요연하게 제시되지 않고, 전통적인 "주서 서술rubrics" 형태로 제시되어 있다. 예를 들어, '수도원장'에 관한 항목의 경우 주서에 "… *de abbatibus ordinis cisterciensis & de ordinis sancti Benedicti*… 시토 수도회와 성 베네딕투스 수도회의 수도원장에 대해서"라고 기술되어 있다. 이 글에서 예로 제시한 단어들은 샌들러가 사료해제본의 자료집에서 짧게 요약하여 제시한 항목들을 인용한 것이다. Lucy Freeman Sandler (ed.), *Omne bonum: A Fourteenth-Century Encyclopedia of Universal Knowledge: British Library Mss Royal 6 E VI-6 E VI,*, Vol. II, Catalogue, London, Harvey Miller Publishers, 1996, p. 14.

54 '남용 행위(abusio)'란 성직자와 수도사들에게 금지된 결투, 사냥 등을 의미한다. 텍스트에서 제시된 라틴어 구절은 "De abusione Religiosorum & precipue mendicancium 수도자 및 탁발수도사의 남용 행위에 대해서"이다. L. F. Sandler, *Ibid.*, p. 15. 르팔머는 특히 성직자와 탁발수도회 수도사, 그리고 여성에 대한 적개심을 주저하지 않고 드러내고 있다.

55 필사본 삽화는 물에 빠진 사람을 건져내는 장면을 묘사하고 있다(Fol. 59v). L.

F. Sandler, *Ibid.*, p. 25.

56 피터 버크, 2006, 187쪽.

57 Lloyd W. Daly, *Contribution to a History of Alphabetization*, p. 10.

58 Pierre Bayle, *Dictionaire* [sic.] *historique et critique*, seconde edition revue, corrigée & augmentée par l'auteur, Rotterdam, 1702. 피에르 벨의 『역사비평사전』은 1697년에 초판이 출간되었으며, 1702년에 개정증보판(제2판)이 출간되었다.

59 Antoine Furetière, *Dictionnaire universel contenant généralement tous les mots françois tant vieux que modernes et les termes de toutes les sciences et des arts*, La Haye et Rotterdam, Arnout & Reinier Leers, 1690; réimpr. 1978, p. 86; Henri Meschonnic, "L'encyclopédie sortant de son mot", p. 21에서 재인용.

『브리태니커 백과사전』과 영어권의 다른 백과사전들

장경식

I. '백과사전'의 맥락과 관점

1768년에 스코틀랜드 에든버러에서 첫 권이 나온 『브리태니커 백과사전*Encyclopaedia Britannica*』 초판 서문은 "유용성은 모든 출판물의 주된 목적이 되어야 한다"[1]는 문장으로 시작한다. 모든 언어권을 통틀어, 250년에 가까운 가장 오랜 기간 동안 그 이름을 유지하고 있는 백과사전인 『브리태니커 백과사전』 서문의 이 첫 구절은 '백과사전百科事典, encyclopedia이란 우리에게 무엇인가'라는 새삼스러운

P R E F A C E.

UTILITY ought to be the principal intention of every publication. Wherever this intention does not plainly appear, neither the books nor their authors have the ſmalleſt claim to the approbation of mankind.

To diffuſe the knowledge of Science, is the profeſſed deſign of the following work. What methods, it may be aſked, have the compilers employed to accompliſh this deſign? Not to mention original articles, they have had recourſe to the beſt books upon almoſt every ſubject, extracted the uſeful parts, and rejected whatever appeared trifling or leſs intereſting. Inſtead of diſmembering the Sciences, by attempting to treat them intelligibly under a multitude of technical terms, they have digeſted the principles of every ſcience in the form of ſyſtems or diſtinct treatiſes, and explained the terms as they occur in the order of the alphabet, with references to the ſciences to which they belong.

As this plan differs from that of all the Dictionaries of Arts and Sciences hitherto publiſhed, the compilers think it neceſſary to mention what they imagine gives it a ſuperiority over the common method. A few words will anſwer this purpoſe. Whoever has had occaſion to conſult Chambers, Owen, &c. or even the voluminous French *Encyclopedie*, will have diſcovered the folly of attempting to communicate ſcience under the various technical terms arranged in an alphabetical order. Such an attempt is repugnant to the very idea of ſcience, which is a connected ſeries of concluſions deduced from ſelf-evident or previouſly diſcovered principles. It is well if a man be capable of comprehending the principles and relations of the different parts of ſcience, when laid before him in one uninterrupted chain. But where is the man who can learn the principles of any ſcience from a Dictionary compiled upon the plan hitherto adopted? We will, however, venture to affirm, that any man of ordinary parts, may, if he chuſes, learn the principles of Agriculture, of Aſtronomy, of Botany, of Chemiſtry, &c. &c. from the ENCYCLOPAEDIA BRITANNICA.

In the execution of this extenſive and multifarious undertaking, the Compilers laboured under many diſadvantages, partly ariſing from the nature of the work, and partly owing to the following circumſtance.

THE

〈그림 1〉 『브리태니커 백과사전』 초판(1768)의 서문("유용성은 모든 출판물의 주된 목적이 되어야 한다"는 문장으로 시작하고 있다.)

질문에 대한 가장 간략한 모범 답안이라고 할 수 있겠다. 근대적 백과사전이 대중화되던 그 어느 무렵부터, 두꺼운 양장본의 육중한 물성으로 기억되던 백과사전에 대한 통념은 디지털 문명의 발달에 따라 새롭게 재정의되고 있다. 백과사전을 대체하는 온라인 포털 사이트 같은 새로운 지식 정보 검색 방식들이 등장하면서, 그전에는 굳이 생각해 볼 필요를 느끼지 않았던 '백과사전'의 본질과 개념에 대한 질문이 새삼스럽게 제기되고 있는 시점이기도 하다. 그럼에도 불구하고 "유용성"의 진정한 의미에 대한 질문은 250년 전뿐 아니라 지금-여기에서도 유효하다.

사전학자인 라인하트 하트만Reinhard Hartmann(1938-)은 사전편찬학이 관심을 가져야 할 세 가지 양상을 제시한다. 기록recording, 기술description, 제시presentation이다. 그중 그가 가장 강조하는 것은 이 양상의 전반에 걸쳐서 대상이 되는 독자의 요구를 만족시켜야 한다는 점이다. 그는 "최근 경향에 따라 사전 편찬자의 작업상의 문제보다는 사전 사용자들의 잡다한 수요를 만족시켜야 한다는 요구에 주안점을 두고 있다"[2]면서 아래와 같이 진술하고 있다.

> 무엇을 위한 사전인가 하는 문제는 사전 편찬의 오랜 역사 속에서 여러 번 질문을 받아 왔던 것이다. 사무엘 존슨은 1747년 그러한 질문을 받고 "사전 작업의 의의는 그 사전 이용에 의해 평가받아야 한다. 하나의 사전이 그 사전 사용자나 학습자를 가르치지 못한다면 그 사전은 비평가들을 만족시키기에 충분하지 못하다."[3]

하트만이 인용한 사무엘 존슨Samuel Johnson(1709-1784)이 18세기 인물임을 미루어 볼 때, 사전에 대한 영어권의 인식은 이미 이 시기부터 보편적으로 사용자의 효용에 기반을 두고 있음을 알 수 있다. 주지하다시피, 사전은 대표적인 메타 데이터로서, 사전 편찬에 대한 이러한 인식은 곧 콘텐츠를 바라보는 관점, 선정과 배열의 방식 자체가 의미를 갖고 있음을 보여준다. 데이터를 바라보는 관점에 대한 이러한 가치관은, 매체가 바뀐 지금도 다르지 않다. 데이비드 와인버거David Weinberger(1950-)는 "인터넷에선 새로운 필터가 그 자체로 콘텐츠의 일부"[4]라고 말하면서, "지식은 좋은 이유와 나쁜 이유 모두에서 인터넷의 특성을 가진 네트워크가 되었다. 이제 지식은 많은 맥락과 관점 속에, 그리고 다른 사람들과 함께 세심한 판단이 요구되는 상황 속에 존재하며 부정확할 수 있다. [중략] 네트워크화 된 지식이 우리를 지식에 대한 진실에 가깝게 다가가게 해주고 있다는 사실이다"[5]라고 진술한다. 이는 '영어권'의 '백과사전'을 검토하려는 이 글에 있어, 공시적으로나 통시적으로나 중요한 시사점을 제공한다. 그가 강조하는 것이 '팩트'로서의 '지식'이 아니라, '맥락'과 '관점'이기 때문이다.

백과사전이란, 일반적으로 "지식 전반에 관한 정보를 담고 있거나 특정 분야의 지식을 포괄적으로 다루고 있는"[6] 도서를 말한다. 로마 시대 플리니우스Gaius Plinius Secundus(23-79)의 『박물지*Historia Naturalis*』(77?) 이후 2,000종이 넘는 백과사전이 출간되었다고 알려져 있다. 흔히 근대의 기표는 시간의 축을 거슬러 올라가며 소급해서 기의를 형성하기 마련이어서, 동기와 형태가 다른 다양한 책들이 단지 많은 지식을 담고 있다는 이유로, 예컨대 어떤 인물의 사상을 집대성한 책, 권력자의 요구에 의해 구축된 책, 통치와 지배의 효용을 위해 만들어진 오래 전의 책들도 근대의 이름인 '백과사전'이라는 범주에 포함되었다. 따라서, 이들 백과사전들의 형태와 구성 요소 속에서 일관된 체제를 발견하기는 쉽지 않다.[7]

『브리태니커 백과사전』을 비롯한 영어권 백과사전을 살펴보기 위해서는 이런 여러 가지 전제를 고려할 필요가 있다. 움베르토 에코Umberto Eco(1932-2016)는 "총체적 의미 체계로서의 백과사전의 의미는 코드의 개념을 수정하게 만든다. 수많은 기호 이론에서 코드는 단위들의 일치 관계이자, 불변하고 경직된 체계로 간주될 위험이 있다. 이와 반대로 총체적 의미체계 전체는 표현될 수 없다. 왜냐하면 그것은 끊임없이 움직이고 있으며, 기호현상의 생명력 자체가 이런 변화를 결정하기 때문이다"[8]라고 말하고 있다. 결코 단일하지 않은 맥락 위에 존재하는 영어권 백과사전의 다양한 구현 양상 역시, '끊임없이 움직이는 기호현상의 생명력'을 전제로 살펴보아야 할 것이다. 이 글은, 그런 까닭에 영어 백과사전이 어떤 맥락 위에서 어떻게 형성되었으며, 어떤 논리로 구현되었는가를 우선 짚어보고, 지난 250년의 기간 동안 영어권에서 독보적인 지위를 차지한 『브리태니커 백과사전』을 중심으로, 그 전후의 주요 영어권 백과사전의 변화 양상을 살펴보며, 마지막으로 이제까지 출현한 백과사전 중 가장 체계적인 구조를 갖추었다고 평가받고 있는 『브리태니커 백과사전』의 형성사와 특징을 요약 소개하는 내용으로 구성될 것이다.

II. '영어'라는 기표의 맥락과 백과사전

1. 지방어로서의 영어

중세 보편어였던 라틴어 뿐 아니라, 독일어, 프랑스어 등 유럽의 다른 언어와 그 문법의 유연함에서 사뭇 차이가 있는 '영어'라는 기표는, 언어의 진화 변천 과정뿐만 아니라 유럽의 정세 및 근대 민족 국가의 발전과정과도 긴밀한 관계를 갖고 있었던 것으로 보인다. 드니 디드로Denis Diderot(1713-1784)는 그의 『과학, 예술, 기술의 분류사전, 백과전서*Encyclopedie ou Dictionnaire Raisonne des Sciences, the Art, and the Profession*』(1751)의 '백과사전 Encyclopedie' 항목에서 "프랑스어는 이미 완성이 되었는데 영국 사람들은 자기 언어를 형성해 볼 생각도 하지 않는다는 그 하나만 고찰해 봐도 프랑스 사람들과 영국 사람들은 얼마나 멀리 떨어져 있는 것인지!"[9]라고 언급하고 있다. 디드로는 이 항목을 기술하면서 그리스어, 라틴어, 프랑스어, 영어 등을 예로 들어, 예술과 학문, 철학과 음악 등 용처에 따른 각국어의 특질에 대해서 논의하고 있는데, 계몽주의자로서 디드로가 지식의 표현 도구로서 '언어'에 대해서 얼마나 깊은 관심을 보여주고 있는가를 보여주는 좋은 예라고도 할 수 있겠다. 영어는 이처럼 당대 유럽인들에게는 프랑스어에 대비되는 특질을 가진 언어로 인식되었던 듯하다.

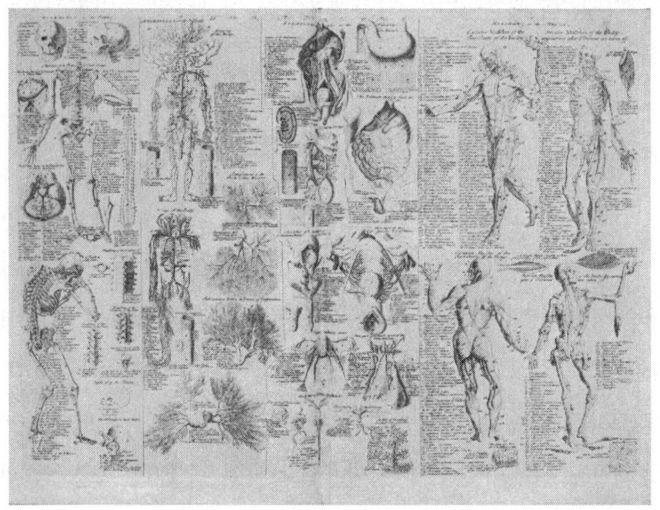

〈그림 2〉 이프라임 체임버스의 『백과사전: 예술 및 과학 일반사전』(1728)에 수록된 인체해부도
(당시 계몽주의자들이 가졌던, 자연과학에 대한 깊은 관심을 보여준다.)

디드로는 달랑베르Jean Le Rond d'Alembert(1717-1783)와 함께 당대 보기 드문 규모의 『백과전서』를 편찬하고 백과전서파를 이끌어 근대적 백과사전의 효시로 여겨지지만, 사실 디드로에게 영향을 준 것은 영국의 프랜시스 베이컨Francis Bacon(1561-1626)과 이프라임 체임버스Ephraim Chambers(1680-1740)였다. 특히, 체임버스의 『백과사전: 예술 및 과학 일반사전*Cyclopaedia: or, An Universal Dictionary of Arts and Sciences*』(1728)은 중세 보편어이며 신학을 비롯한 학술어로서의 지위를 차지하고 있었던 라틴어가 아닌 영어로 저술되었는데, 이는 일반 대중에게도 유용한 지식을 전해주어야 한다는 계몽운동의 실천행위였으며, 곧 영어권 독자들의 독서 혁명을 이끌어내는 중요한 동력이기도 했다.10 학술적 보편어였던 '라틴어'에 대해 지방어였던 '영어'가 차지했던 지위의 상승은 근대국가적 정체성에 대한 영국인들의 자기 인식을 의미했다. 디드로가 『백과전서』를 편찬하게 된 동기도, 앙드레 르 브르통André Le Breton(1708-1779)이라는 출판업자가 디드로에게 체임버스의 『백과사전』을 프랑스어로 번역해보자고 제안하면서 비롯되었다는 게 통설이기도 하다.

2. 백과사전에 대한 인식

영국과 프랑스, 독일 등 유럽 국가의 지식인들은 근대 계몽기라는 전환기 속에서 지식의 본질과 구조에 대해 깊이 고민했다는 점에서 많은 공통점을 갖고 있었으며, 서로 영향을 주고받기도 했다. 이들의 고민 속에서 백과사전에 수록된 지식의 분류에 있어서도 점차 보다 근대적인 진화의 과정이 진행되었다. 하지만, '백과사전'에 대한 프랑스인과 영국인들의 인식에는 약간의 온도차가 있었다고 보인다. 예를 들어, 체임버스의

『백과사전』과 디드로의 『백과전서』를 비교해보면 예술의 근대적 범주에 결정적인 전환이 생겼음을 알 수 있다. 체임버스는 시를 문법과 수사학 옆에 놓고, 조각은 무역과 제조업과 함께 두었다. 반면에 디드로는 다섯 개의 순수예술을 상상력 아래 묶었던 것이다.[11] 과학의 지위 상승과 함께 17세기 중반부터 시작된 수사학의 하락이 오랜 교양 예술 체계를 뒤흔들었고, 18세기에는 예술과 학문의 분류 자체에 대한 논의가 활발하게 진행되었다. 체임버스는 이러한 논의를 실천에 옮긴 선두 주자였다. 그는 그의 백과사전에서 과학의 범주를 고대 교양 예술의 구성에서 제외했고, 종래 교양 예술에 속하던 산술과 기하학을 물리학, 광물학, 동물학이란 새로운 학과들과 함께 '자연적 또는 과학적' 지식에 묶었다. 하지만 아직 근대적 순수예술의 범주를 암시하는 분류는 찾아볼 수 없었다. 체임버스는 아직 회화, 조각, 건축, 음악 들과 같은 분야의 속성이 '미학과 상상력'이라는 데 있다는 것에 생각이 미치지 못했고, 따라서 음악은 수학에 가까이, 시는 여전히 문법과 수사학 옆에 위치시켰다.[12]

체임버스가 근대의 지식을 담는 그릇을 만들기 위해 전통적으로 내려오던 예술과 지식의 범주변화를 시도한 것에서 착안해, 디드로는 보다 근원적인 문제에까지 천착할 수 있었다. 그의 '백과사전' 항목에서, 디드로는 지식의 체계, 언어의 특질 뿐 아니라, 알파벳 순 배열순서의 당위성에 이르기까지 지식을 담는 새로운 체계로서의 백과사전이 시대에 던져주는 혁명적 의미를 깊이 있게 고민한 흔적을 보이고 있다.

디드로는 상인들과 장인들의 지식을 수집해서 염색, 금속 세공과 같은 일상적 소재를 다룬 항목들을 과감히 철학, 성서학, 인문학과 같은 반열에 올렸다. 18세기의 프랑스 귀족 문화에서 이렇게 고급 문화와 저급 문화를 대등하게 취급한 것은 정치적인 논란의 대상이 될 수 있는 일이었다. 결국 교황 클레멘스 13세Clemens XIII(1693-1769)와 영국 왕 조지 3세George III(1738-1820), 프랑스 왕 루이 15세Louis XV(1715-1774)는 디드로를 비난하기에 이르렀으며, 1759년 프랑스 정부는 『백과전서』의 출판 중지를 명령하고 재고를 압수했다. 1789년 프랑스 혁명이 일어난 후 디드로의 사위가 혁명 세력에 의해 구속되었을 때, 디드로의 딸이 『백과전서』가 의미하는 혁명적 성과를 호소하여 남편의 석방을 도울 수 있었다는 일화도 기록에 남아있다.[13] 이처럼, 디드로의 작업은 단순한 지식 편찬이 아니라 당대의 사회적 구조를 재편하는 혁명의 맥락 위에 존재했었다.

3. 스코틀랜드에서의 영어 백과사전

『브리태니커 백과사전』을 만들었던 스코틀랜드의 세 신사[14]들도 앞서 편찬된 모델들에 대해서 고민을 하지 않았을 까닭이 없었다. 이들에게는 영어권에서는 체임버스의 『백과사전』보다, 그리고 당대적으로는 프랑스어로 출간된 디드로의 『백과전서』보다 발전한 백과사전을 만들어야 할 동기와 의무가 있었을 터이다. 그들은 그들의 의도를 체임버스나 디드로처럼 책을 통해 길게 서술하지는 않았으나, 무엇보다 선행 성과물들의 결점을 보충할 필요가 있다는 인식을 가졌다.[15] 그들은 서문에서 “누구든지 체임버스, 오웬 및 방대한 프랑스의 백과전서를 참조할 기회가 있었을 것이다. 또한 다양한 과학 기술의 용어들을 알파벳 순서로 배열하여 과학 지식의 소통을 시도한 어리석음도 발견할 수 있었을 것이다. 이런 시도는 이미 알려진 일련의 과학적 개념에 모순되기 때문이다. 어떤 사람 앞에 놓여진 단편적 사실들은 과학의 서로 다른 분야와 연결해서 그 원리를 이해할 수 있도록 돕는 것이 필요하기 때문이다”[16]라면서 디드로가 택했던 알파벳 순 배열이 지식의 단편화를 낳고 있음을 지적하고, 체계적이고 합리적인 원리의 이해를 위한 편찬 방식을 도입했음을 밝히고 있다.

하지만, 특히 중세까지만 해도 영어를 사용하지 않던 스코틀랜드에서, 영어로 된 백과사전을, 그것도 "브리태니커"라는 이름으로 펴내게 된 까닭은 자못 궁금증을 자아내는 부분이다. 1707년 잉글랜드와 스코틀랜드가 합병되어 그레이트브리튼 왕국이 세워지면서, 스코틀랜드 게일어를 포함한 스코틀랜드의 고유문화는 점차 소멸되었으며, 7년 전쟁 이후로 스코틀랜드는 그레이트브리튼 왕국의 일원으로서 정체성이 확고해졌다. 그 중심도시였던 글래스고와 에든버러도 급속한 경제적 성장을 이루었으며, 이 지역을 기반으로 이른바 스코틀랜드 계몽주의의 발달이 진행되었다. 그런 통합의 결과로 1792년에는 스코틀랜드 성공회나 로마 가톨릭에 대한 차별도 철폐되었다. 1768년 브리튼Britain에서 이름이 유래한 『브리태니커 백과사전』이 잉글랜드가 아니라 스코틀랜드에서 기획되어 영어로 출판된 '사건'은, 바로 스코틀랜드가 '그레이트브리튼'이라는 새로운 맥락의 중심으로 재맥락화하는 것을 표상하는 일이었을 것이다.

4. 또 다른 맥락, 미국의 영어

영어의 또 다른 맥락은 신대륙으로 이어졌다. 청교도의 후예이자 영국의 식민지였던 신대륙의 많은 사람들은 공용어로 영어를 사용했다. 1776년 독립한 신생국가 미국의 구성원들은 영국과 다른 미국과 미국인의 정체성을 요구받기에 이르렀는데, 이러한 언중의 잠재적인 필요성을 깨닫고 이를 구체적인 성과물로 형상화한 사람이 바로 노아 웹스터Noah Webster(1758-1843)였다. 젊은 시절 미국 독립운동가들의 곁에서 독립전쟁을 치르면서 미국의 정체성에 대해 고민하던 그는, 미국 고유의 언어를 정립할 필요를 느꼈다. 그가 오랜 노력 끝에 펴낸 것이 『미국어 철자교본*American Spelling Book*』(1783)이었는데, 현재까지 1억 부가 넘게 판매되었을 것이라고 추산되고 있다. 이어서 『영문법원론*A Grammatical Institute of the English Language*』(1784-5)과 『아메리칸 영어 사전*American Dictionary of the English Language*』(1828)을 펴내면서, 미국인들의 실용적인 화법의 추세를 철자와 문법으로 정리하여, 영국식 영어와 다른 미국 영어의 정체성을 확립하고자 했다. 그의 노력은 당대에는 사실상 그 차이가 구체적으로 존재하지 않았다고도 볼 수 있는 미국식 영어와 영국식 영어의 차이를 노정하는 데 기여했고, 이는 지금까지 알려져 있는 철자법의 차이로 굳어졌다. 웹스터가 만든 『아메리칸 영어

〈그림 3〉 노아 웹스터를 주제로 발행된 1958년 미국의 우표(미국인들에게 노아 웹스터는 한국의 한글학회와 같은 상징적 의미를 갖고 있다.)

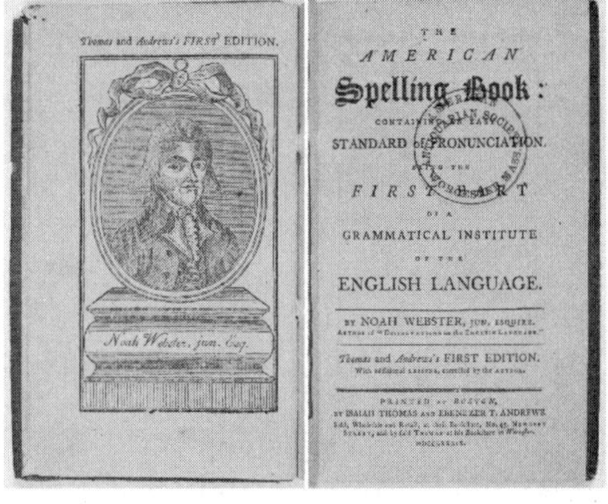

〈그림 4〉 노아 웹스터가 펴낸 미국어 철자교본(미국 독립 당시 미국인을 구성했던 다양한 인종과 출신 국가를 고려한다면, 통일된 발음과 철자가 이미 존재했을 가능성은 없다. 그런 의미에서 노아 웹스터의 철자교본은 미국식 영어의 정체성을 확립하기 위한 규범의 통일안이라고 할 수 있었다.)

사전』은 1843년 지앤드시메리엄 회사G&C Merriam Co.에 인수되어 『메리엄 웹스터 사전*Merriam-Webster's Dictionary*』으로 이름이 바뀌어 출판되었다. 이후 이 회사는 이미 1901년 미국으로 본사를 옮긴 브리태니커백과사전 회사에 1964년 인수되어 자회사가 되었다. 당시 이 두 회사의 결합은 영국에 기원을 둔 대표적인 백과사전 회사와, 미국의 정체성의 근본이 되었던 대표적인 미국 영어 사전 회사의 결합이라는 의미에서 큰 화제가 되기도 했다.

그런 맥락에서 『브리태니커 백과사전』이 1901년 미국으로 그 본사를 옮긴 것도 역시 특기할 만한 사건이었다. 스스로 특정 국가를 그 이름에서 표상하고 있는 『브리태니커 백과사전』은 본사를 미국으로 옮겼으면서도 그 이름을 바꾸지 않고 지금에 이르고 있다. 미국으로 옮긴 다음에도 상당 기간은 편집실이 런던에 있었기 때문에 이름을 유지할 수밖에 없었다고 볼 수 있으나, 실질적으로 백과사전의 틀을 거의 완전히 바꾸었던 14판 이후에도 그 이름을 그대로 쓴 까닭은, 브랜드의 일관 유지라는 비즈니스의 측면에서 요청된 것이지만, '브리태니커'라는 이름이 갖는 상징의 맥락을 유지하려는 전략이기도 했을 것이다.

'영어'라는 기표가 갖는 맥락은 이처럼 단일하지 않았다. 이후에도 영어는 영국을 벗어난 여러 나라에서 다양한 이유로 여러 가지 맥락에서 사용되었다. 미국과 같이 식민지였다가 독립한 나라도 있고, 여전히 영국 연방의 큰 틀 안에서 존재하고 있는 나라도 있다. 이들 속에서 '영어'는 끝없이 현지의 여러 문화와 결합하고, 또 새로운 정체성을 요구받기도 하면서 지금에 이르렀고, 이제는 철학 용어로서의 그리스어, 학술 용어로서의 라틴어, 외교 용어로서의 프랑스어가 견지해왔던 위상을 포괄하는, 지구촌의 새로운 보편어의 위상을 확보했다. 인터넷 시대를 맞아, 그런 가운데 영어의 주된 언중에게 주어지는, 보이지 않으나 실재하는, 지식에 대한 새로운 권력관계에 대해서도 이제는 관심을 기울일 때가 되었다. 위키피디어의 가장 방대한 데이터는 영어로 구축되어 있는데, 특정 표제어에 대하여 이 데이터를 가장 많이 사용하는 사람들이 원하거나, 그들의 입장에서 유리한 해석이 이제는 마이너리티에게 눈에 보이지 않는 정의로 작동할 가능성이 있기 때문이다.17

III. 영어권 백과사전의 형성

1. 베이컨의 지식 구조

근대적 백과사전의 태동을 이끈 프랜시스 베이컨은 지식과 학문 전체에 대해 포괄적이고 총체적인 저술을 계획했다. 그는 이를 위해서 학문의 분류에 대한 고찰인 『학문의 존엄에 관하여*De Augmentis Scientiarum*』(1623), 아리스토텔레스의 논리학*Organon*을 대신해서 과학 발전을 위한 방법론을 제시한 『신 오르가논*Novum Organon*』(1620), 자연 사실을 관찰·기록하는 자연사를 포괄하여, 그동안의 지식 체계를 본질적으로 개혁해보려는 의도로 『대혁신*Instauratio Magna*』(미완)을 기획했다. 플라톤의 철학에서 영향 받았음이 분명한 그의 지식의 분류체계는 이후 지식의 계몽성을 추구하던 유럽 각국의 많은 편찬자들

〈그림 5〉 근대 백과사전의 태동을 이끈 프랜시스 베이컨의 초상(1738)(네덜란드의 판화가 야코부스 후브라켄Jacobus Houbraken의 동판화이다.)

에게 영향을 미쳤다. 존 해리스John Harris의 『기술 사전*Lexicon Thechnicum*』(1704)은 왕립협회가 그간의 동향을 바탕으로 백과사전적 편찬에 대해 보여주었던 관심을 대표하는 업적이었으며, 섬세한 동판화와 잘 정리된 서지 목록이 특히 돋보였다. 특히, 과학과 기술 항목에 대한 그의 관심은 곧 이프라임 체임버스의 역작인 『백과사전』의 편찬을 이끌어내었다.

2. 근대 백과사전의 아버지 체임버스

예술과 과학에 대한 체임버스의 깊은 관심과 함께 그의 백과사전에서 채택한 상호 참조 등의 새로운 편찬 기술은 그를 근대적 백과사전의 아버지로 알리는 계기가 되었다. 체임버스의 『백과사전』은 곧 프랑스와 같은 인근 나라에도 알려졌다. 디드로와 달랑베르의 『백과전서』가 편찬된 것도 체임버스의 『백과사전』에서 모델을 찾은 것이었다. 한편 『브리태니커 백과사전』은 이전의 백과사전들이 보여주었던 알파벳 순 배열순서에 따라 단편화되었던 지식을 효과적인 주제별 배열과 조합하는 방식을 통해 당대의 여러 백과들하고 전혀 다른 새로운 백과사전의 출현을 예고했다.

비록 초판에 대한 비판이 없지는 않았으나 1777년부터 간행되기 시작한 두 번째 판부터 훨씬 뛰어나게 발전된 양상을 보임으로써 이후 2세기가 넘게 지속되는 『브리태니커 백과사전』의 명성을 획득하게 되었다. 얼마 지나지 않아 독일에서 『브로크하우스 백과사전*Brockhaus Encyclopedia*』(1796)이, 프랑스에서 『라루스 백과사전*Grand Larousse Encyclopedique*』(1866)이 출간되었지만, 영어권에서는 『브리태니커 백과사전』의 독주가 지속되었다.

3. 19세기 이후 영국의 백과사전

『브리태니커 백과사전』의 성공에 고무된 여러 '새' 백과사전들이 명멸하는 가운데, 몇몇 영어판 백과사전들이 상당 기간 주목을 받았다. 1808년에서 1830년 사이에 18권으로 간행된 『에든버러 백과사전*The Edinburgh Encyclopædia*』은 데이비드 브루스터David Brewster(1781-1868)가 편집하고 윌리엄 블랙우드William Blackwood(1776-1834)가 발행했다. 과학 항목에 특히 강점을 보였으며 대부분의 원고를 편집자가 작성했다.

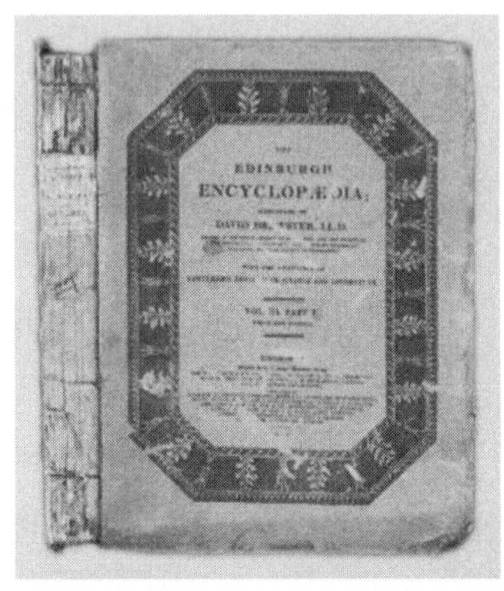

〈그림 6〉 과학 항목에 강점을 보였던 『에든버러 백과사전』

『체임버스 백과사전』의 편집자였던 에이브러햄 리스Abraham Lees(1743-1825)에 의해 편찬된 『새 백과사전*The New Cyclopaedia*』이 1802년부터 20년까지 본책 39권과 지도를 포함한 6권의 도감으로 간행되었고, 사무엘 테일러 콜러리지Samuel Taylor Coleridge(1772-1834)의 『메트로폴리타나 백과사전*Encyclopaedia Metropolitana*』이 1817년부터 45년까지 간행되기도 했다. 영국의 백과사전 시장이 확장되기는 했으나 많은 투자가 필요한 백과사전 편찬을 시도했다가 실패를 겪는 경우가 더 많았다. 어려운 가운데에서도 성공한 사례 중 하나로 원래의 체임버스 『백과사전』과는 전혀 연관이 없는 『체임버즈 백과사전*Chambers's Encyclopaedia*』이 『브리태니커 백과사전』에 대한 어린이들의 관심에 고무되어 1860년 출간되었는데, 사실 이 책은 독일의 『브로크하우스 백과사전』을 영어로 번역한 책이었다. 체임버스의 이름을 딴 『체임버스 백과사전』은 그보다 백년 쯤 뒤에 또 다른 발간 주체에 의해 개발되었다.

조지 뉴언즈George Newnes에서 1950년 간행된 『체임버스 백과사전』은 15권으로 되어 있고, 영국의 편집자와 필자들에 의해, 영국을 중심으로 한 많은 내용이 수록되어 있어 '영국의 브리태니커 백과사전'이라고 불리기도 했다. 이 역설적이면서도 중의적인 비유는, '브리태니커Britannica'라는 단어가 영어권 언중 사이에서 '백과사전'이라는 말의 대명사로 사용되었던 맥락에서 파생된 것으로 이해할 수 있을 것이다.

4. 미국의 백과사전

『브리태니커 백과사전』의 발행지가 1901년 미국으로 옮겨온 가운데, 『새 국제 백과사전*New International Encyclopaedia*』이 1902년부터 발행되기 시작했다. 이 백과사전은 영국의 『체임버스 백과사전』(1860)을 저본으로 이름을 여러 번 바꾸며 편찬된 미국판인 『국제 백과사전*International Cyclopedia*』(1884)의 후신이었다. 같은 해, 『아메리카나 백과사전*The Encyclopedia Americana*』이, 독일 『브로크하우스 백과사전』을 저본으로 1829년 출간되었던 영역본을 계승하여 13권으로 발행되었다. 1911년에는 20권으로

〈그림 7〉 1921년의 『아메리카나 백과사전』의 광고(1829년 독일의 『브로크하우스 백과사전』을 저본으로 편찬된 백과에 뿌리를 두고 있었지만, 2006년까지도 간행되었다.)

확장되었고, 이어서 1918년에서 20년 사이에 걸쳐 30권으로 개정되었다. 미국과 캐나다 등 북미 대륙의 지리와 역사에 대한 상세한 내용으로 주목을 받았던 이 백과사전의 마지막 인쇄본은 2006년에 간행되었다. 애초에는 독일의 백과사전을 저본으로 했음에도 불구하고, '아메리카나'라는 이름이 채택된 백과사전이 이렇게 오래 판매되었다는 사실은 미국인들에게 '브리태니커'라는 브랜드에 대한 양가적 감정이 존재하고 있음을 보여준다. 즉, 영국 기원의 백과사전을 소유하고 있다는 자랑스러움과 함께, 그 기원이 미국의 것이 아님에 대한 아쉬움 같은 감정 위에서 이 브랜드가 의미 있는 위치를 차지했었던 것이다.

『월드북 백과사전*The World book Encyclopedia*』은 주로 고등학교 학생들을 주된 독자로 설계된 학습용 백과사전이다. 1917년에 22권으로 초판이 간행되었다. 지리와 인물 항목에 특히 강점이 있었고, 경영학, 심리학부터 범죄학까지 폭넓은 주제를 포함하고 있었다. 항목간의 상호참조가 잘 설계되어 있어 학습에 도움을 주고 있다. 『월드북 백과사전』은 이후 1997년 한국에서 『웅진학습백과』로 번역 출간되기도 했다.[18]

〈그림 8〉 1922년 편찬된 『콤프턴 그림 백과사전』(1961년 브리태니커 백과사전 회사에 인수되었다.)

『콤프턴 그림백과사전*Compton's Pictured Encyclopedia*』은 프랭크 콤프턴Frank Compton (1874-1950)에 의해서 1922년 8권으로 편찬된 학생용 백과사전이다. 본문 페이지에 텍스트와 함께 그림을 넣어 인쇄한 첫 번째 백과사전이었기 때문에 이름에 '그림'이 들어갔다. 차츰 권수가 늘어 최종적으로 26권으로 발행되었으며, 교육과정의 변화에 따른 지속적인 개정작업으로 호평을 받았다. 『콤프턴 그림 백과사전』은 1961년 브리태니커백과사전 회사에 인수되어, 이후로는 “Compton’s by Britannica”라는 이름의 『브리태니커 백과사전』 시리즈의 하나로 발행되기 시작했다.

1950-51년에는 완전히 새롭게 미국에서 개발된 『콜리어 백과사전 *Collier's Encyclopedia*』 20권이 출간되었는데, 많은 삽화와 지도로 주목을 받았다. 예술, 인문과학, 사회과학, 식물학 등 중고등 학생과 대학생들의 학습에 유용한 내용들이 잘 반영되어 있어 좋은 평가를 받았다. 이 백과사전은 1962년에 24권으로 개정되었고, 1997년에 마지막으로 인쇄본을 제작했다. 마이크로소프트가 1998년에 『콜리어 백과사전』의 저작권을 인수하여, 기존에 갖고 있던 『엔카르타 백과사전*Microsoft Encarta Multimedia Encyclopedia*』의 데이터에 추가했다.

『옥스퍼드 학생 백과사전*The Oxford Junior Encyclopaedia*』(1948)은 『월드북』, 『콤프턴 그림백과사전』, 그리고 브리태니커에서 학생용으로 펴낸 『브리태니커 학생 백과사전*Britannica Junior Encyclopedia*』(1963)과는 달리 주제별로 출간되었다. 인류, 자연의 역사, 우주, 통신, 좋은 삶, 농업, 어업, 산업, 상업, 공학, 리크리에이션, 법과 사회, 가정 및 건강, 그리고 예술로 구성되었으며, 각 권 안에서는 알파벳 순으로 항목을 배열했고, 인덱스를 별권으로 두었다.

『컬럼비아 백과사전*Columbia Encyclopedia*』은 국제적 관점의 항목들을 쉽게 찾아볼 수 있도록 한 권으로 구성한 백과사전이다. 1935년에 초판이 나왔으며 1950년과 1963년에 전면적으로 개정되었고, 1975년에 컬럼비아 대학과의 협력을 통해 “새 컬럼비아 백과사전The New Columbia Encyclopedia”으로 이름을 바꾸어 출판되었다. 5만 항목으로 구성되었다.

이 백과사전들은 디지털 시대를 맞아 대부분 시디롬이나 온라인 백과사전으로 전환되었다. 또한 『엔카르타 백과사전』과 같이 주로 시디롬과 같은 디지털 매체 기반으로 개발된 경우도 있었다. 『엔카르타 백과사전』의 경우 29권으로 된 『새 백과사전*New Encyclopedia*』 데이터를 기반으로 마이크로소프트 사가 1993년 멀티미디어와 함께 시디롬으로 만들어 출시한 경우였다.

〈그림 9〉 처음부터 디지털 기반으로 개발된 『엔카르타 백과사전 CD』(1993) (브리태니커에서 1989년 개발한 『콤프턴 백과사전 CD』와 함께 초기 디지털 백과사전의 흐름을 이끌었다.)

5. 영어권 다른 나라의 백과사전들

『브리태니커 백과사전』과 같이, 영국의 식민지였거나 영연방 국가여서 영국과 미국 중심의 시각이 수용될 수 있거나, 많은 내용을 공유하는 경우에도 때로 독자적인 영어판 백과사전의 필요성이 대두되곤 한다. 이는 특히 해당 지역 정보가 부족할 경우인데, 『오스트레일리아 백과사전*The Australian Encyclopaedia*』를 대표적인 사례로 들 수 있겠다. 데이비드 앵거스David Angus(1855-1901)와 조지 로버트슨George Robertson(1860-1933)에 의해 1925-26년에 간행된 백과사전으로, 1912년 시드니의 사서였던 찰스 버티Charles Bertie(1875-1952)가 오스트레일리아 역사와 인물을 중심으로 편찬을 시작했고, 1차 세계 대전의 발발에 따라 잠시 중단되었다가 1917년 과학 항목을 포함하여 편찬 작업이 재개된 역사를 갖고 있다. 오스트레일리아의 인물, 지명, 지질학, 생물학, 역사 등에 중점을 두고 간행되어 오스트레일리아의 국민백과라고 불리고 있다. 1977년의 3판은 6권, 1983년의 4판은 12권, 1988년의 5판은 9권, 6판은 8권으로 간행되었으며, 1987년에 오스트레일리아지리학회가 인수해서 출간하고 있다.

또 다른 사례로 『인도 브리태니커 학생 사전*Students' Britannica India*』를 들 수 있다. 『브리태니커 학생 사전』과 다른 브리태니커의 사전들을 기반으로 브리태니커백과사전 회사의 인도 지사에서 2000년에 7권으로 펴낸 영어판 백과사전이다. 이 경우는 영어판임에도 불구하고 완전히 인도인의 관점에서 항목을 선정하고, 인도의 교육과정에 따른 항목들과 인도 고유의 문화, 인물, 지명, 역사 들을 추가했다.

IV. 『브리태니커 백과사전』[19]

1768년 12월, 스코틀랜드 에든버러에서 『브리태니커 백과사전』 초판의 첫 부분이 간행되었다. 독일의 『브로크하우스 백과사전』은 1796년에, 프랑스의 『라루스 백과사전』은 1866년에 초판이 간행되었으니, 현존하는 백과사전 가운데 가장 오랜 역사를 가진 셈이다. 이듬해인 1769년부터 갈색의 가죽장정으로 제본되어 출판된 『브리태니커 백과사전』 초판의 책등에는 금박으로 '브리태니

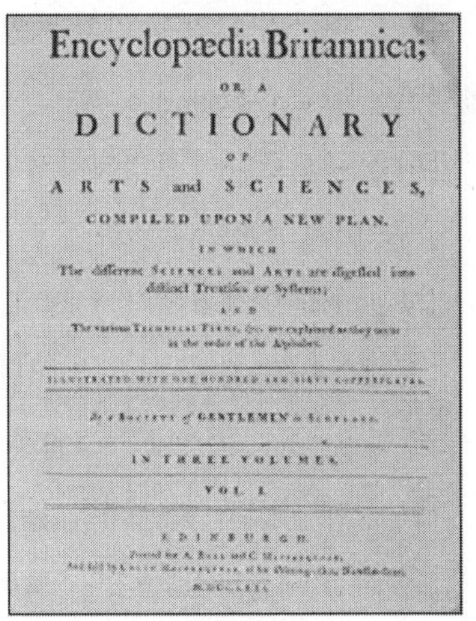
Encyclopædia Britannica;
OR, A
DICTIONARY
OF
ARTS and SCIENCES,
COMPILED UPON A NEW PLAN.
IN WHICH
The different SCIENCES and ARTS are digested into distinct Treatises or Systems;
AND
The various TECHNICAL TERMS, &c. are explained as they occur in the order of the Alphabet.
ILLUSTRATED WITH ONE HUNDRED AND SIXTY COPPERPLATES.
By a SOCIETY of GENTLEMEN in SCOTLAND.
IN THREE VOLUMES.
VOL. I.
EDINBURGH.

〈그림 10〉 1768년 발행된 『브리태니커 백과사전』 초판의 속표지("새롭고 완벽한 예술과 과학의 사전"임을 표방했다.)

커 백과사전Encyclopaedia Britannica'이라는 글씨가 압인되어 있고, 속표지에는 '브리태니커 백과사전: 새롭고 완벽한 예술과 과학의 사전*Encyclopaedia Britannica: Or, A New and Complete Dictionary of Arts and Sciences*'이라는 긴 이름이 인쇄되어 있었다. 초판이 겨우 3권에 불과했던 『브리태니커 백과사전』이었지만, 곧 영어권을 대표하는 백과사전으로 자리매김했고, 250년이 지난 지금까지 명맥을 유지하고 있는 데에는 남다른 비결이 있었을 법하다.

1. 『브리태니커 백과사전』의 역사

『브리태니커 백과사전』의 탄생은 스코틀랜드 에든버러에 있었던 스코틀랜드 신사협회Society of Gentlemen in Scotland의 몇몇 선각자들에 의해 이루어졌다. 앤드류 벨Andrew Bell(1726-1809)은 에든버러에서 태어나 평생 에든버러를 떠나지 않았던 인쇄 제판 기술자였는데, 인쇄소를 운영했던 콜린 맥파쿠하Colin Macfarquhar(1745?-1793?)와 함께 『브리태니커 백과사전』 초판 발행을 주도했다. 『브리태니커 백과사전』 초판 속표지에는 발행지가 에든버러이며, "앤드류 벨과 콜린 맥파쿠하에 의해 니콜슨 가에 있는 콜린 맥파쿠하의 인쇄소에서 인쇄하고 제책했다"고 밝히고 있다.

인쇄소의 도제를 거쳐 뛰어난 젊은 편집자로 인정받고 있던 윌리엄 스멜리William Smelie(1740-1795)에게 서신을 보내 백과사전의 편집을 맡아달라고 청한 사람도 벨이었다. 벨은 또한 초판에 수록된 세밀한 동판화 160장을 직접 제작하기도 했다. 브리태니커의 경영권을 벨과 분담했던 맥파쿠하가 제3판의 일부를 편집하고 1793년 세상을 떠난 후에는 벨이 브리태니커의 경영을 도맡았다.

스멜리는 에든버러 철학학회가 가장 정확하게 인쇄된 라틴어 도서에게 주는 상을 받기도 했을 만큼 유능한 인쇄공이자 안목 있는 편집자였으며, 1760년에 뉴턴 학회를 설립하고 1765년에는 식물학자 린네의 학설에 대한 논문으로 상을 받은 과학저술가이기도 했다. 200파운드를 받고 브리태니커의 편집을 맡게 된 스멜리는 당대 최신의 지식들을 편집하여 세 권의 백과사전으로 간행하는 어려운 과제를 성공적으로 완수했다. 스멜리는 에든버러 자연사박물관의 감독관을 지냈고, 명저 『자연사 철학 *The Philosophy of Natural History*』(1790)을 집필하기도 했다. 초판 전3권은 표지를 제외하고 2,677면이었으며, 앤드류 벨이 그린 동판화 160점이 수록되어 있었다.[20]

1777년에서 1784년 사이에 몇 권씩 나뉘어 간행된 제2판에서는 그 규모가 더 커졌다. 총 10권이며 8,595면 분량이었다. 기존 항목들이 길어졌을 뿐 아니라, 새 항목도 많이 추가되었다. 초판에서 표방했던 '예술과학사전'의 이름과 달리 인명 항목이 새롭게 반영되었고, 역사 지리 항목들이 늘어났다.

1788년에서 1797년 사이에 간행된 제3판은 제2판의 두 배에 가까운 18권으로 늘어났으며 1만 4,579면에 이르렀다. 이에 추가해 증보판 2권이 1801년에 간행되었는데, 20권에 달하는 충분한 정보량과 유려한 문체로 지식인들의 상찬을 받으면서 지금까지 전해지는 『브리태니커 백과사전』의 명성을 이루는 데 기여했다. 제3판을 편찬하던 가운데 초판의 발행인이었던 맥파쿠하가 타계했다.

1801년에서 1809년에 걸쳐 간행된 제4판은 20권이며 1만 6,033면 규모였는데, 제3판을 새로 개정 편집하면서 내용을 보충했다. 제5, 6판은 큰 특징이 없었으나 1815년에서 24년 사이에 발간된, 6권으로 된 제4,

5, 6판의 증보판은 백과사전을 위해 처음부터 기고한 글로 편집되었다는 점과 기고자의 이름을 밝혔다는 점에서 큰 의미가 있었다.

이 시기에 애처볼드 컨스터블Archibald Constable(1774-1827)이 『브리태니커 백과사전』의 소유권을 인수했으나 곧 사망하고, 아담 블랙Adam Black(1784-1874)이 1827년에 소유권을 사들였다. 제7판은 1830년부터 1842년 사이에 걸쳐 몇 권씩 나누어 출판되었으며, 1만 7,101면에 도판 506점이 수록되었다. 이와 함께 전체 색인을 특별부록으로 만들었는데, 이후 색인은 『브리태니커 백과사전』의 기본 구성으로 채택되었다.

1852년부터 60년에 걸쳐 간행된 제8판은 본책 21권에 부록 1권으로 구성되었으며 1만 7,957면이었고 도판 402점이 수록되었다. 항목은 대체로 그 전 판과 같았으나 전면적인 개정 작업이 반영되었다.

에든버러에서 편집된 마지막 판본인 제9판은 흔히 '학자들의 백과사전'이라는 별칭으로 알려졌는데, 영국뿐 아니라 70여 명의 미국 학자들, 60여 명의 유럽 학자들을 포함한 1,100여 명의 학자와 전문가들이 필자로 참여했기 때문이었다. 1875년에서 1889년에 걸쳐 간행되었으며, 본책 24권과 부록으로 구성되었다. 제9판이 발행된 이후, 미국의 출판업자인 호레이스 후퍼Horace Everett Hooper(1859-1922)와 월터 잭슨Walter M. Jackson(1863-1923)이 『브리태니커 백과사전』의 소유권을 사들이면서, 스코틀랜드에서 시작된 오랜 역사가 막을 내리고 미국으로 발행지를 옮겼다.[21]

미국으로 발행지를 옮긴 이듬해인 1902년에서 1903년에 걸쳐, 제9판에 증보판 11권을 더한 제10판이 발행되었다. 특히, 제10판에는 역사 분야의 최신 연구 성과들을 많이 반영했다. 『브리태니커 백과사전』의 역사상 손꼽히는 걸작중 하나라고 평가받는 제11판은 1910년에서 1911년에 걸쳐 29권으로 발행되었다. 케임브리지대학 출판사가 독자적으로 발행하면서 런던 편집실과 뉴욕 편집실을 운영했는데, 주로 런던 편집실에서 대부분의 작업이 이루어졌다.

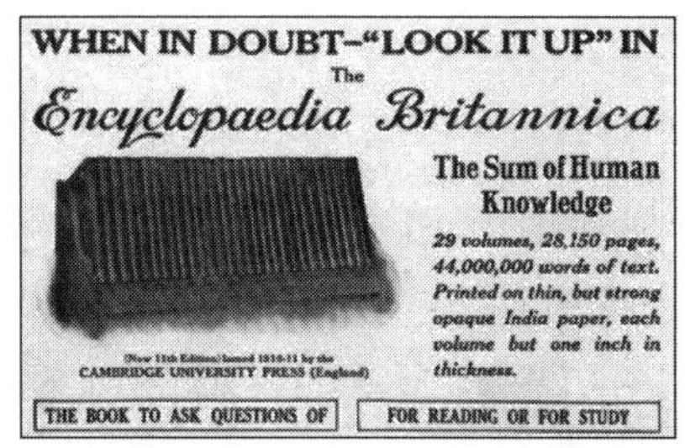

〈그림 11〉 1911년에 완간된 『브리태니커 백과사전』 11판의 광고("궁금한 것을 찾을 때뿐만 아니라 독서와 학습을 위해서도 필요한 책"임을 밝히고 있다.)

제10판은 많은 부분에서 그 전의 판본들과 차이를 보였는데, 분량이 많고 긴 항목들을 나누어서 작은 항목들을 많이 만들었기 때문에, 항목 숫자가 2배 이상으로 늘어 4만 항목에 이르렀을 뿐 아니라, 거의 모든 항목들을 새롭게 고쳐 쓰면서, 장중하고 유려한 『브리태니커 백과사전』식 산문 문체의 절정을 보여 주었다. 이 판본을 펴낸 후 시카고에 본사를 둔 시어즈로벅 회사Sears, Roebuck and Company가 1920년에 『브리태니커 백과사전』의 소유권을 사들였다.

런던과 뉴욕의 편집실에서 편집한 3권의 증보판이 추가된 제12판은 1922년에, 다시 새로운 증보판 3권이 추가된 제13판은 1926년에 간행되었다. 부록 1권과 지도 1권을 포함해 24권으로 구성된 제14판은 1929년 대공황 전날에 출간되었다.

제14판에서는 제11판 이래 이어 내려온 장중하고 유려한 문체를 간결하고 정확한 문체로 바꾸고, 학문적인 내용들도 대폭 줄이면서, 새롭게 나타난 과학적 사실들을 포함한 새 항목들을 많이 추가했다. 전 세계 3,500명에 이르는 각 분야의 석학들이 제14판의 필자로 동원되었다.

대공황의 여파로 판매 부수가 줄어들자, 시어즈로벅은 직접판매 시스템을 구축해 성과를 올리기 시작했고, 그에 맞추어 백과사전의 내용도 매년 새롭게 개정해 펴내기 시작했다. 1938년부터는 『브리태니커 연감

Britannica Book of the Year』을 발행했다.

1941년 시어즈로벅 회사는 시카고대학 부총장이었던 윌리엄 벤턴 William Burnett Benton(1900-1973)에게 『브리태니커 백과사전』의 모든 권리를 기증했다. 벤턴은 브리태니커백과사전 회사Encyclopaedia Britannica Inc.의 대표이사를 맡고, 본부를 시카고에 세웠다. 시카고대학 총장이었던 로버트 허친스Robert M. Hutchins(1899-1977)가 편집위원회 위원장을 맡았으며, 이때부터 20세기 내내 지속된 시카고대학과 『브리태니커 백과사전』의 긴밀한 협력 관계가 시작되었다.[22]

1952년에 브리태니커에서 출판한 『서양의 위대한 책들*Great Books of the Western World*』에서는 철학자 모티머 애들러Mortimer J. Adler(1902-2001)가 핵심 역할을 맡았다.[23] 이후 허친스에 이어 편집위원회의 위원장이 된 애들러를 비롯한 시카고학파의 협력으로 전면적으로 개정된 제15판이 1974년에 간행되었다. 세계 100여 개국 4,000여 필자가 기고한 역대 최대 규모의 제15판은 백과사전의 전통적인 두 가지 효용인 교육과 참조의 목적을 함께 만족시키는 이중 구조를 채택하고, 이 복합적인 지식의 집적물을 효과적으로 검색할 수 있는 두 가지 지식 검색 방식을 제시함으로써, 당대 최고의 백과사전으로 평가받았다. 제15판은 '마이크로피디아Micropaedia, 소항목사전', '매크로피디아Macropaedia, 대항목사전', '프로피디아Propaedia, 지식의 개요', '인덱스Index, 색인'로 이루어졌다. 제15판은 대대적인 개정작업을 통해 1985년에 다시 발간되었는데, 2,000여 개로 이루어졌던 매크로피디아의 항목들을 재구성해 760여 개의 항목으로 개편했으며, 인덱스를 마이크로피디아에서 분리해 따로 2권의 부록으로 만들면서 전32권으로 새롭게 개정했다.

이후 디지털 시대를 맞아 CD롬과 같은 새로운 매체에 탑재하기 위한 연구에 착수했고, 1989년부터 학생용 백과사전인 『콤프턴 백과사전 *Compton Encyclopedia*』을 필두로 CD롬과 온라인 판 백과사전 서비스를 시작했다. 1996년 스위스의 사업가인 제이콥 사프라Jacob Safra(1948-)가 벤턴 재단으로부터 브리태니커백과사전 회사를 인수하고, 디지털 분야의 투자를 확대하기 시작했으며, 2012년에는 전통적인 인쇄본 백과사전의 출간을 중단하고 디지털 백과와 교육 분야에 집중한다고 발표했다.

2. 『브리태니커 백과사전』의 특징

1) 일반 원칙

『브리태니커 백과사전』은 250년의 역사 속에서 내용과 구조, 형식 등 거의 모든 부분에서 지식을 담는 최신의 방법으로 백과사전의 변화를 주도해 왔다. 『브리태니커 백과사전』의 편찬에 있어 가장 큰 특징은, 채택된 항목은 반드시 '사실fact에 대한 정보'를 포함하고 있어야 한다는 점이다. 단순한 '어의적 풀이'는 다루어지지 않으며, 풀이에는 구체적 사실이 동반된다. 또한 당대의 어느 시점에서 그 개념이 보편적으로 확정되어야 항목으로 등재하며, 이에 대한 엄격한 세부 지침을 따로 유지한다. 또한 모든 항목의 문체는 단아하고 모범적인 산문체로 씌어진다. '사실'의 기술에 있어서는, 단편적인 사실의 나열이 아니라 가능한 모든 기록을 바탕으로 시대적 배경과 사건의 인과를 밝히도록 하여, 항목에 대한 입체적이고 심층적인 이해가 가능하도록 한다.

2) '참조'와 '학습'을 모두 만족시키는 거시구조

언어사전과 구분되어 백과사전이 갖추어야 할 이러한 일반 원칙과 함께 『브리태니커 백과사전』의 오랜 역사 동안, 초판 발행 당시의 기획자이며 편찬인이었던 앤드루 벨, 콜린 맥파쿠하, 윌리엄 스멜리의 편찬 이념이 대체로 유지되어 왔다. 당시 쉽게 정보를 찾아보기 위해 도입되어 크게 유행했던 알파벳 순 배열의 백과사전은, 대부분의 독자들에게 어떤 '사실'에 대한 단편적인 지식 밖에 제공하지 못한다는 결점을 갖고 있었다. 그들은 이러한 결점을 보완하기 위해서, 백과사전 전체를 45개의 중요한 주제로 구성하고, 해당 부분의 모든 페이지에 주제어 제목을 달아주어 구별이 쉽도록 했다. 또한 이 주제들을 대항목으로 보충하고, 그 사이사이에 많은 소항목들을 배치하여, 전체 주제에 대한 관련 항목을 늘렸다. 당시의 유행에 따라 알파벳 순으로 배열하였으나, 심층적인 주제와 간단한 지식들이 잘 어우러진 이러한 편집 원칙은 이후 영어권 국가 백과사전의 좋은 모델로 기능했다. '참조'와 '학습'을 병행하도록 한 이러한 편집 방식은 『브리태니커 백과사전』의 15판을 구성하는 방식에도 가장 깊은 철학으로 반영되었는데, 대항목과 소항목의 병행 구조이다.

백과사전 안에 수록된 많은 정보들 가운데에는, 제한된 '항목명'으로는 찾을 수 없는 정보들이 무수하게 존재한다. 세상의 모든 지식을 '항목명'이라는 주제어로 다루었지만, 8만 5,000여 개의 '항목명'에 포함되어 있지 않은 개념, 사물, 용어도 당연히 존재하기 때문이다. 독자들의 검색을 돕기 위해서 항목명을 많이 만드는 것도 한 방법이 될 수 있을 것이다. 그러나 섣불리 항목을 늘리는 것은 매우 위험하다. '항목명'의 수를 늘리기 위해서 해당 주제어 아래에서 체계를 갖추어야 할 지식이 단편적인 정보로 조각나게 되는 경우가 많기 때문이다. 특히, '교육'의 효용에서

'지식의 단편화'는 사고력의 증진을 위한 학습에는 치명적인 결함이다. 백과사전의 규모를 흔히 '항목명'의 숫자만을 근거로 평가하는 경우가 있는데, 이를 바람직한 기준이라 보기는 어렵다. 다른 유의미한 검색 방식이 없을 경우, 백과사전 본래의 효용을 도외시하는 까닭이 되기 때문이다. 이를 보충하기 위한 것이 주제별, 용어별 색인이다.

3) 『매크로피디어』와 『마이크로피디어』

『브리태니커 백과사전』 제15판은 '교육'과 '학습'의 효용을 골고루 만족시키기 위해, '깊이 알기knowledge in depth'를 위한 대항목 사전인 『매크로피디어*Macropaedia*』와 '얼른 알기ready reference'를 위한 소항목 사전인 『마이크로피디어*Micropaedia*』로 구성되어 있다. 『마이크로피디어』에 수록된 약 8만 5,000여 항목들은 『매크로피디어』에 수록된 760여 항목들의 주제어들을 포함하고 있다. 『마이크로피디어』와 『매크로피디어』에 동일한 항목명이 동시에 들어가 있다는 의미는 같은 주제어에 대한 내용이 한 곳에는 간략하게, 한 곳에는 깊이 있게 수록되어 있음을 말한다. 백과사전 안에 분산되어 있는 정보들을 찾아보는 1차 단위는 당연히 '항목명'이다. 백과사전의 모든 면에는 그 면에서 찾아볼 수 있는 항목명이 '면주'의 형태로 면의 윗부분에 표시되어 있기도 하다.

『매크로피디어』는 '심화학습knowledge in depth'의 기능을 위해 구성되었다. 거의 모든 항목은 당대의 석학이나 전문가의 기고로 구성된다. 제15판 전 32권 가운데 17권으로 구성되어 있으며, 760여 개의 항목이 2단 조판의 형태로 편집되었다.[24] 『매크로피디어』의 모든 항목에는 목차가 있고, 주요 개념을 여백주기로 넣으며, 참고문헌[25]을 밝히고, 필자명을 해당 부분 마다 약자로 밝힌다.[26] 국가의 경우 지도와 지도 색인이 포함된다. 이 모든 항목들은 '상호 참조cross reference'기능을 통해, 백과사전 전체의 관련 항목들과 연결되어 있다.

『마이크로피디어』는 '참조ready reference'의 기능을 위해 구성되었다. 인명, 지명, 각종 고유명사, 동식물, 기관 등 독자가 궁금해 할 만한 항목들로 구성한다. 『매크로피디어』에 수록된 주제어들도 개별항목으로 중복해 수록되어 있다. 즉, 어떤 궁금한 것에 대해, '간단히 요약한 정보를 알고 싶을 때 먼저 찾아보는 책'이라는 효용을 만족시키기 위한 백과사전이다. 한 항목의 길이는 한두 쪽을 넘지 않으며, 작은 항목의 경우에는 10행 정도인 경우도 있다. 사진이나 삽화도 공간의 절약을 위해, 대체로 단에 맞추어 작게 넣는다. 현재 12권에 85,000여 개의 항목이 3단 조판의 형태로 수록되어 있다.[27]

4) 『프로피디어』와 『인덱스』

특정 분야를 집중적으로 학습하기 위한, 또는 어떤 개념으로부터 출발해서 백과사전의 특정한 항목을 찾을 때 사용하도록 만든 지식의 갈래 체계이다. 『프로피디어』에 적용한 지식 분류 체계는 철학자 모티머 애들러와 시카고대학의 동료 학자들이 설계했다. 그들은 세상의 모든 지식을 열 개의 갈래로 나누고, 그 갈래에서 출발해서 세분된 지식의 영역을 탐색할 수 있도록 구성했다. 그 열 갈래는 다음과 같다.

> 물질과 에너지, 지구, 지구 위의 삶, 인간, 인간 사회, 예술, 기술, 종교, 인류의 역사, 지식의 갈래

각각의 갈래는 해당 분야의 학자가 기술한 서론, 해당 갈래의 하위 갈

래인 장division 및 항section으로 확장되며, 항의 하위 갈래의 끝에는 백과사전의 항목명 또는 색인 항목명으로 구성되어 있는 말단 정보들이 포함된다. 즉, 우주와 인간의 모든 지식을 큰 범주부터 조망하여 출발하여, 개별 항목까지 찾을 수 있도록 함으로써 일정한 관심 분야에 해당하는 정보를 체계적으로 학습할 수 있도록 구성한 지식의 안내 지도이다.[28]

깊이 있는 학습을 위한 『매크로피디어』와, 참조를 위한 『마이크로피디어』에는 수많은 항목들이 존재한다. 특히, 『매크로피디어』에는 체계적으로 서술된 단일 항목 안에 무수하게 많은 '사실' 들에 대한 정보가 숨어 있다. 『인덱스』는 이러한 정보들을 백과사전 전체적으로 조망하여, 독립적으로 추출한 색인 항목명 들을 통해 해당 정보를 새롭게 구성해서 참조할 수 있도록 하는 기능을 수행한다. 2권으로 구성되어 있으며, 40여만 개의 참조항목을 포함한 18만여 색인항목이 수록되어 있다.[29]

5) 『브리태니커 연감』과 보유, 개정

백과사전은 그 안에 수록되는 엄청난 규모의 지식들을 수집하고 편집하는 데 소요되는 기간 때문에, 몇 년간에 걸쳐서 편찬 작업이 진행된다. 백과사전에는 인명, 자연지명, 행정지명, 역사적 사실, 자연과학적 사실들과 개념들, 단체와 기관, 도표, 지도, 제도, 사상 등과 함께 이들 모두에 관련된 시간과 통계의 정보들이 수록되어 있다.

이 모든 '사실'들의 공통점은, 백과사전 편집자의 소망과는 달리, 시간이 지나면서 계속 변화한다는 점이다. 변화하는 것은 단순한 '사실'의 경우만이 아니다. 인간의 삶을 둘러싸고 있는 모든 것이 그렇듯, 백과사전에 수록된 지식이나 정보들도 서로 연관되어 있다. 어떤 한 '사실'이 변화하면, 그 '사실'에 관계된 다른 '사실'도 변화하고, 또 그 사실들이 서로 맺는 '관계'도 변화하며, 어떤 사실들이 다른 것에 비추어 상대적으로 갖고 있는 '중요성'도 변화한다.

『브리태니커 백과사전』은 1768년 첫 판을 선보인 후 평균 10~15여 년 간격으로 전면 개정된 새 판을 편찬해서 새 독자에게 보급했다. 이와 함께 1801년부터는 기존 독자에게 새로운 정보를 보충해 주는 증보판을 비정기적으로 간행했다. 매년 개정쇄printing를 내는 전통은 제14판을 낸 후인 1930년대 중반부터 시작되었다. 전체 분량의 15~20퍼센트 정도를 우선순위에 따라 개정해서 펴내는 것이 기본적인 지침이었다. 1938년부터는 한 해의 여러 소식을 종합한 『브리태니커 연감*Britannica Book of the Year*』을 매년 발행해서 기존 독자에게 보급하기 시작했다. 매년 전 세계 각국의 정보를 수집하여 만들어지는 이 연감에는, 그해의 주요 인물, 사망 인물, 각 분야별 동향, 각 국가별 동향, 각 국가별 통계, 분야별 비교 통계, 색인 등이 수록되어 있다. 본책 1권 분량이다.

V. 맺는 말

『브리태니커 백과사전』은 1768년 발간된 이후 250년 동안 간행되어 온, 세계에서 가장 오랫동안 신뢰를 받아 온 백과사전이다. 오랜 기간 신뢰를 받아왔다는 것은, 이 백과사전이 추구해 온 가치기준과 편찬 방식이 독자에게 끊임없이 인정받아왔음을 의미한다.[30] 이는 백과사전이 갖는 사회적 효용을 그 스스로 증거하고 있다고도 볼 수 있다. 영어로 된 백과사전을 논의할 때 『브리태니커 백과사전』을 중심에 놓지 않을 수 없는 까닭이다.

이 글에서는 그러나 『브리태니커 백과사전』의 소개에 앞서, 먼저 '영어'라는 언어에 주목하고자 했다. 계몽의 시대 이후, 지식 자체도 새로운 인식의 대상이었으나 그것을 수용하는 '언어'도 사실 다양한 근대적 변화의 한 가운데에서 중요한 변화를 견인하는 수단이었기 때문이다. 근대적 백과사전은 특히 근대 민족국가의 언어로 기록되면서 국가적 정체성을 형성하는데 한 역할을 해 왔다. 따라서 영어권 백과사전을 논의하기 위해서는 사전학적인 분석 위에 좀더 포괄적인 시대 변화에 대한 인식이 필요하다고 보았다. 하여 '영어'라는 기표가 당시 어떤 맥락 위에서 존재하는가를 라틴어에 대립된 지방어로서, 또 식민의 언어로서의 정체성과 함께 살펴보았다. 이를 바탕으로 주로 영어권에서 형성되었던 대표적인 백과사전들의 역사를 일람했다.

그 위에서, 『브리태니커 백과사전』이 백과사전의 대명사로 살아남을 수 있었던, 다른 백과들과의 가장 큰 구조적 장점을 살펴보았다. 1974년 간행되고 1985년에 증강된 15판은 『브리태니커 백과사전』의 철학이 구체화된 결정체로, 백과사전의 큰 효용인 '학습'과 '참조'를 위해 매크로피디어와 마이크로피디어 형태의 항목을 구분해서 편집하고, 프로피디어와 인덱스를 통해서 이 정보들을 다면적으로 검색 활용할 수 있도록 구조화되어 있는데, 이는 이제까지 발행된 문헌 가운데 가장 방대하고 체계적인 정보의 구조로 인정받고 있다. "우리는 이러한 총체적 작업에 참여했을 때 만나게 될 수많은 어려움을 잘 알고 있다. 독자를 만족시켰음을 알게 되었을 때에야 우리는 비로소 안도할 수 있을 것이다"[31]라는 『브리태니커 백과사전』 초판 서문의 마지막 진술은 지금 이 자리에서도 유효할 것이다.

■ **참고문헌**

강혜영, 「서양백과사전의 역사적 고찰」, 『도서관학논집』 13호, 1986.

김문영·박준식, 「한국의 현행 인쇄본 백과사전에 관한 분석적 연구」, 『한국 도서관·정보학회지』 34권 1호, 2000.

디드로, 드니, 이충훈 옮김, 『백과사전』, 서울: 도서출판b, 2014.

라이트, 알렉스, 김익현·김지연 역, 『분류의 역사』, 서울:디지털미디어리서치, 2010.

맥닐리, 이언 외, 채세진 옮김, 『지식의 재탄생』, 서울: 살림, 2009.

박준식·김문영, 「인쇄본 백과사전의 평가요소 분석」, 『한국문헌정보학회지』, 33권 2호, 1999.

쉬너, 래리, 김정란 옮김, 『예술의 탄생』, 서울: 들녘, 2007.

에코, 움베르토, 김광현 옮김, 『기호 개념과 역사』, 서울: 열린책들, 2000.

와인버거, 데이비드, 이진원 옮김, 『지식의 미래』, 서울: 웅진씽크빅, 2014.

푸코, 미셸, 이광래 역, 『말과 사물』, 서울: 민음사, 1987.

하트만 편, 서태길 외 공역, 『사전편찬의 원리와 실제』, 서울: 제이앤씨, 2008.

『브리태니커 세계 대백과사전』, 서울: 한국브리태니커회사, 1992.

Encyclopaedia Britannica, 1st edition, 1768. Preface.

Encyclopaedia Britannica Inc., 『*Encyclopaedia Britannica*』 15th edition, 2006.

中國大白科全書出版社, 『簡明不列顛百科全書』, 1985.

中華書局株式會社, 『簡明大英百科全書』, 1998-9.

---

1 "Utility ought to be the principal intention of every publication." *Encyclopaedia Britannica*, 1st edition, 1768. Preface.

2 하트만 편, 서태길 외 공역, 『사전편찬의 원리와 실제』, 서울: 제이앤씨, 2008, 3쪽.

3 하트만 편, 위의 책, 13쪽.

4 데이비드 와인버거, 이진원 옮김, 『지식의 미래』, 서울: 웅진씽크빅, 2014. 39쪽.

5 데이비드 와인버거, 위의 책, 343쪽.

6 『브리태니커 세계 대백과사전』, 서울 한국브리태니커회사, 1992.

7 푸코는 보르헤스의 소설에 나오는 중국의 한 백과사전에 대한 묘사에서 『말과 사물』 저술의 동기를 얻었다고 말하고 있다. 그의 책에 인용된 내용은 다음과 같다.

> "동물은 다음과 같이 분류된다. (a) 황제에게 속한 동물, (b) 향료로 처리하여 방부된 동물, (c) 사육동물, (d) 젖을 빠는 돼지, (e) 인어, (f) 전설상의 동물, (g) 주인 없는 개, (g) 이 분류에 포함되는 동물, (i) 광포한 동물, (j) 셀 수 없는 동물, (k) 낙타털과 같이 미세한 모필로 그려질 수 있는 동물, (l) 기타, (m) 주전자를 깨뜨리는 동물, (n) 멀리서 볼 때 파리같이 보이는 동물."

물론, 보르헤스 소설의 많은 내용이 상상의 소산이기는 하지만, 푸코가 지적한 것처럼 이는 어느 시대엔가 있을 수 있는 에피스테메, 즉 인식의 무의식적인 체계의 한 사례로 의미가 있다.

미셸 푸코, 이광래 역, 『말과 사물』, 서울: 민음사, 1987, 11쪽.

8 움베르토 에코, 김광현 옮김, 『기호 개념과 역사』, 서울: 열린책들, 2000, 167쪽.

9 드니 디드로, 이충훈 옮김, 『백과사전』, 서울: 도서출판b, 2014, 57쪽. 이 책은 디드로와 달랑베르의 『백과전서』 5권에 실린 '백과사전' 항목을 번역한 책이다. 이 항목은 디드로가 직접 쓴 것으로, 한국어로 번역된 분량이 200자 원고지로 거의 450매에 이르는 가장 긴 항목이었다.

10 이언 맥닐리·리사 울버턴, 채세진 옮김, 『지식의 재탄생』, 서울: 살림, 2009, 163쪽.

11 래리 쉬너, 김정란 옮김, 『예술의 탄생』, 서울: 들녘, 2007, 133쪽.

12 래리 쉬너, 위의 책, 128쪽.

13 알렉스 라이트, 김익현·김지연 역, 『분류의 역사』, 서울: 디지털미디어리서치, 2010, 217-218쪽.

14 앤드류 벨Andrew Bell(1726-1809), 콜린 맥파쿠하Colin Macfarquhar(1745?-1793?), 윌리엄 스멜리William Smelie(1740-1795)를 말한다. 이들은 스코틀랜드 에든버러에 있었던 스코틀랜드 신사협회Society of Gentlemen in Scotland의 회원이었다.

15 『브리태니커 백과사전』의 서문은 단 두 페이지에 불과하고, '백과사전Encyclopaedia' 라는 항목은 "See Cyclopaedia and Dictionary"라고 되어 있다. 할 말이 많았던 디드로와는 사뭇 다른 태도이다. 'Cyclopaedia' 항목은 "예술과 과학의 원을 의미하며, 'Dictionary'로 가보라는 안내가 있을 뿐이다. 'Dictionary' 항목은 또한 불과 10행 정도의 간단한 설명과 함께 '서문'으로 가보라고 안내되어 있다. 이로 미루어볼 때, 『브리태니커 백과사전』의 편찬자들은 디드로와 같이 지식의 구조에 대한 생각이 시대와 정면으로 대결해야 할 만큼 큰일이며, 따라서 이에 대한 입장을 자세하게 밝혀야 할 필요가 있다고 생각하지는 않았던 듯하다.

16 *Encyclopaedia Britannica*, 1st edition, 1768, Preface.

17 백과사전은, '지식의 집적'이라는 특성 때문에, 기본적으로 가치중립을 지향한다. 그러나 그 가치중립의 기준은 대체로 국가나 언어권과 같은 제한된 사회 안에서만 보편성을 갖게 될 수밖에 없다. 국가간 대립관계에 있는 특정 지명이나 역사적 사건들에 대한 기술은 나라마다 차이가 존재하기 마련이다. 즉, 백과사전을 누가 썼는지, 어느 국가에서 발행하는지, 어떤 언어로 기술되는지, 누가 주된 독자인지에 따라 '사실'의 기술, 원인과 결과 및 영향관계의 분석 등에 대해서는 많은 차이가 발생하게 된다. 이는 한 언어로 편찬된 백과사전이 다른 언어 또는 나라 판으로 옮겨져 만들어질 때에도 또한 유사하게 발생하는 문제이다. 어떤 표제어이든, 세계 공통의 함의를 가진 것은 사실상 존재하기 어렵다. 객관적 기술이 가능하리라 여겨지는 과학 분야의 항목이라 하더라도, 그 항목에서 서술하고 있는 것과 관련된 '사실'들과 관련된 사정들은 편찬 주체와 독자와 언어와 나라마다 다르기 마련이다.

18 같은 저본이라 하더라도 대상 독자와 문화권이 다른 까닭에 배열 방식을 바꾸게 되는 경우도 있다. 『월드북 백과사전*The World Book Encyclopedia*』과 이 책의 한국어판의 경우가 그 좋은 사례다. 원전은 초등학교에서 고등학생까지를 대상으로 하고 있는 학생용 백과사전이며 알파벳 순 배열을 택하고 있으나, 한국에서 이를 저본으로 발행된 『웅진학습백과사전』(1998)은 학습의 편의성을 높이기 위해서 학교 교과목에 따른 주제별 배열로 구성되었다.

19 브리태니커에 대한 이 장의 많은 부분은, 사실의 기술에 있어 큰 차이를 두기 어려우므로 장경식, 「브리태니커 백과사전의 구성과 특징」, 『한국사전학』 2008년 제11호. 및 장경식, 『브리태니커 백과사전』, 서울: 커뮤니케이션북스, 2013. 의 내용 중 연관내용을 요약 혹은 발췌하였다.

20 초판에는 한국에 대한 내용이 "코리아, 중국의 북동연안 북위 36도와 42도 사이에 있는 섬 혹은 반도Corea, an island or peninsula on the north-east coast of China, between 36° and 42°, lat."라고 수록되어 있으며, 지리 항목에 수록되어 있는 아시아 지도에는 한반도와 일본 사이의 바다를 "코리아해Sea of Corea"라고 표기하고 있다.

21 뿌리를 스코틀랜드에 두고, '영국Britain의 저작물'임을 그대로 이름에 새긴 '브리태니커Britannica'지만, 그 브리태니커의 소유권을 사들일 만큼 새로운 강대국으로 떠오르고 있던 미국의 힘은 강했다. 호레이스 후퍼는 미국식 자본주의의 대표적인 성공 사례라고 볼 수 있는 인물이다. 16세에 학업을 접고 서점 점원으로 사회생활을 시작한 그는, 1893년 시카고에서 사전의 광고판매 사업으로 크게 성공했다. 런던에서 『브리태니커 백과사전』 제9판을 발견한 후, 미국에서도 같은 방식으로 판매가 가능할 것이라 생각하고, 월터 잭슨, 제임스와 조지 클라크James & George Clark 형제와 함께 브리태니커의 미국 내 판권을 얻었다. 후퍼는 가격을 낮추고 할부 판매 제도를 만들어서 판매를 크게 성공시켰으며, 그 성과에 기대어 1901년 브리태니커에 대한 모든 권리를 인수했다. 이어서 제9판과 보유편을 결합한 제10판을 만들었고, 이후 완전히 새로 편집하여 브리태니커의 명품 중 하나로 인정받고 있는 제11판과 제12판을 발행했다. 프랭클린 후퍼Franklin Hooper(1862-1940)는 호

레이스 후퍼의 동생이었는데 1899년부터 브리태니커의 편집에 참여한 이후 제10판부터 제14판까지 미국 쪽 편집부장을 거쳐 편집장을 맡았으며, 1938년에는 최초로 『브리태니커 연감*Britannica Book of the Year*』을 펴냈다.

22 윌리엄 벤턴William Benton(1900-1973)은 미국에서 브리태니커 전통을 새로 쓴 인물이다. 예일대학에서 뛰어난 문장력으로 대학 신문 편집장을 지냈으며, 로버트 허친스Robert Hutchins(1899-1977)와 친구가 되었다. 광고업에 투신한 벤턴은 탁월한 경영으로 그의 광고회사를 세계 광고업계에서 6위에 오르는 큰 회사로 키운 후, 시카고대학 총장이 된 허친스의 강권으로 1937년 시카고대학의 부총장이 되었다. 당시 브리태니커는 통신판매회사였던 시어즈로벅 사Sears, Roebuck and Company가 소유하고 있었는데, 벤턴은 시어즈로벅 사의 회장인 로버트 우드Robert Wood를 설득하여 브리태니커를 시카고대학에 기증하도록 했다. 정작 대학 쪽에서 경영의 어려움을 들어 고사하자, 벤턴은 사재를 털어 브리태니커백과사전 회사를 인수하고, 시카고대학의 석학들을 편찬에 참여하게 하면서 수익을 시카고대학에 인세 형식으로 기탁하는 모델을 성사시켰다. 이후 시카고대학과 브리태니커의 긴밀한 관계가 20세기 내내 유지되었다.

벤턴은 이후 국무부 차관을 지냈으며, 유네스코 미국 대표와 코네티컷주의 상원의원을 지냈다. 브리태니커 회사의 사세가 확장되면서, 로버트 허친스와 함께 철학자이며 교육자였던 모티머 애들러와 협력하여 『서양의 위대한 책들*Great Books of the Western World*』과 같은 혁신적인 고전 선집을 발행했다. 동시에 브리태니커의 외국어판 협력 사업을 추진하여 스페인어, 포르투갈어, 프랑스어, 일본어 판 등을 발간하였고, 1961년에는 고등학생용인 『콤프턴 백과사전*Compton Encyclopedia*』을, 1964년에는 메리엄 웹스터*Merriam Webster* 사전 회사를 인수하여, 브리태니커를 미국 출판계의 가장 큰 기업으로 성장시켰다.

23 시카고대학의 법철학 교수였던 애들러는 『브리태니커 백과사전』 제15판의 기획을 맡아, '매크로피디어Macropedia'와 '마이크로피디어Micropedia'의 다중 정보 체계를 도입하고, 『서양의 위대한 책들』의 '신토피콘Syntopicon'와 같은 획기적인 주제 검색 방식인 '프로피디어Propedia'와 '인덱스Index' 시스템을 포함한 대작을 완성시켰다.

24 인쇄본 백과사전에서 어떤 항목의 '분량'은 대체로 그 정보의 상대적 중요도를 의미한다. 한국 관련 항목으로, '한국Korea'이 21쪽, '한국문학Korean literature' 6쪽, '한국전쟁The Korean war' 7쪽이 수록되어 있다. '한국'과 같은 권에 들어 있는 '일본' 항목은 53쪽, '일본문학'항목은 11쪽이며, '이탈리아' 항목은 82쪽, '이탈리아 문학'은 10쪽에 이른다. 반면 '이스라엘'은 16쪽, '레바논'은 11쪽에 불과하다. 이로 짐작해 보자면, 미국과 영국을 비롯한 영어권 국가에 한국의 이미지를 형성하는 주제어 중 '한국전쟁'이 현대 세계사에 준 영향이 상당하다는 것을 알 수 있으며, 또한 한국이 일본에 비해 상대적으로 절반 정도의 관심을 받고 있음도 알 수 있다. 백과사전에서 정보의 형평이라는 객관적 기준은 사실상 존재하지 않는다고 보아야 할 것이다. 있다면, 발행한 나라를 중심으로 그 관심의 폭에 따라 서술의 관점과 중요도가 달라진다고 추정할 수 있다. 이것이 백과사전을 다른 언어로 옮길

경우에, 모든 항목의 분량이 조절되고, 때로 전면적으로 내용이 다시 씌어져야 하는 이유이다.

25 백과사전의 참고문헌은 일반적인 논문에 수록되는 참고문헌과는 의미가 다르다. 논문에 수록되는 참고문헌이, 해당 논문을 집필하는 데 전거가 된 문헌을 밝히는 목록이라면, 백과사전에서의 참고문헌은 해당 항목을 읽은 독자들이 그 정보를 확장, 심화하는 데 도움을 주기 위해 필요한 관련 문헌의 목록을 말한다.

26 필자의 본디 이름과 약력은 따로 프로피디어권에 넣는다.

27 제15판 32권 가운데 12권을 구성하고 있으며, 8만 5천여 개의 항목이 3단 조판의 형태로 수록되어 있다. 『브리태니커 백과사전』의 외국어 판의 경우, 대체로 『마이크로피디어』에 수록된 내용을 저본으로 삼는 경우가 많다. 『마이크로피디어』에는 '한국Korea'이 1단, '북한Korea, North'이 4단, '남한Korea, South'이 4단, '한국문학Korean literature'이 1단 3분의 1 정도 분량으로 수록되어 있다. '일본Japan'은 9단이고, '일본문학Japanese literature'은 2단이다.

28 이와 유사한 체계로는 브리태니커에서 출간한 고전 명저 전집인 『서양의 위대한 책들*Great Books of the Western World*』을 들 수 있다. 이 전집에는 '신토피콘Syntopicon'이라는 안내 책자가 있어, 주제어에 따라 전집 가운데 해당 내용과 관련이 있는 면으로 바로 안내해 준다. 예컨대 '사랑'에 대한 고전 속의 언급을 알고 싶을 경우, 그 갈래를 따라가면 『로미오와 줄리엣*Romeo and Juliet*』에서 '사랑'에 대해 기술하고 있는 장면을 찾아볼 수 있다.
두 번째 갈래인 지구Earth의 경우를 예시한다.
이 구성은 구조를 보기 위해 실제 구성의 일부를 부분 발췌한 것이다. 편의상 원문을 번역해 수록한다.

제1부 서론 : 거대한 지구 -피터 윌리
　인간 존재의 터전으로서의 지구, 우주에서의 지구, 지구의 역사와 지구과학 등에 대한 지식과 정보가 어떻게 소용되는가에 대한, 개괄적인 글

제2부 지구
　1장. 지구의 성질, 구조, 조성
　　211항 행성 지구
　　　A. 지구의 궤도 운동
　　　　1. 지구의 공전과 자전
　　　　2. 지구의 자전과 관련된 힘과 동역학적 효과
　　　　　a. 코리올리 힘
　　　　　b. 원심력 효과
　　　　　…
　　212항 지구의 물리적 성질
　　　A. 지구의 중력장

1. ...
2. ...
3. 중력 자료의 해석 : 지구 내부에 대한 추정
   a. 지각평형설 : 지표면의 융기와...
   b. 중력이상
   ...

2장. 지구의 외피 : 기권과 수권

29 인덱스 작업은 백과사전 본 책과는 완전히 다른 공정을 거치는데, 모든 편집자들이 일정한 정보 단위를 통독하면서 단위 정보를 구분하고 그 정보의 주제어를 추출해 '색인항목명'의 목록을 만든다. 이 단위 정보는 주제어에 대해 일정 수준 이상의 정보를 제공해야 하는데, 왜냐하면 '인덱스'를 통해 그 단위 정보를 찾아간 독자가 그 노력에 값하는 충분한 정보를 얻을 수 있어야 하기 때문이다.

브리태니커 '인덱스'의 기준은 대단히 정밀하고 체계적이어서, UCLA의 문헌정보학 교수 로버트 콜리슨Robert L. Collison은 "색인항목의 세밀함과 요약성에서 놀라운 성취를 이룩했으며, 많은 상호참조를 이용해 관련 있는 항목끼리 연관성을 도모했고 편성과 배열에서도 고도의 기준을 확립시켰다"면서, 브리태니커가 이 모든 요소에서 완벽한 기준을 이룩해 더 이상의 발전이 불가능할 정도였다고 평가했다. 제15판의 『인덱스』는 2권으로 구성되어 있으며, 18만여 개의 참조항목을 포함한 40만여 색인항목이 수록되어 있다.

30 인쇄본 백과사전의 평가요소를 분석한 박준식·김문영(1999)에 의하면, 학자들에 의해 강조된 백과사전의 주요 평가요소는 아래와 같다.

1. 목적과 범위 : 편찬목적이 지식의 체계적 전달에 있는가, 단편적 정보제공에 있는가, 양자의 조합인가 등
2. 권위 : 편집진, 집필진, 출판사의 권위, 백과사전 출판의 역사와 계보, 후원기관의 명성 등
3. 접근성 : 항목 채택(대, 중, 소항목)의 적절성, 항목 형식과 배열방법, 색인, 상호참조의 형식과 다양성 등
4. 기술형식 : 표현의 명확성과 전체적인 일관성, 최신성의 유지와 연감과 같은 보유편의 발행 등
5. 형태적 특징 : 인쇄본, 시디롬과 같은 다매체 여부, 책의 물리적 형태의 견고성, 디자인과 시각자료의 풍부성, 삽도와 지도의 일치와 위치의 적절성 등.
6. 특징과 가격 : 개정의 정도, 경쟁사와의 가격 정도, 연감과 보유편의 가격 등.

31 *Encyclopaedia Britannica*, 1st edition, 1768, Preface.

『백과전서』
- 철학자들이 꿈꾼 지식의 나무 -

김미성

I. 머리말

『백과전서』[1]에 바쳐진 주목할 만한 한 연구에서 롤랑 바르트Roland Barthes는 『백과전서』가 형이상학적이고 추상적인 이론뿐만 아니라 실제적인 측면에서 인간 이성의 산물, 즉 "인간이 만들어낸 모든 것"을 총망라하여 "분류"해 담고 있음에 주목한다.

> 『백과전서』의 판화는 100여 년 전부터 세계에서 행해지고 있는 거대한 박람회들 중 하나와 비교하는 것이 가장 적절할 것이다. 그리고 그 시대에 『백과전서』의 삽화는 하나의 효시와도 같았다. […] 오늘날 브뤼셀이나 뉴욕의 박람회에 가듯이 『백과전서』의 도판에 접해야 한다. 제시된 사물은 글자 그대로 모든 분야에 걸쳐있다. 말하자면 그것은 인간이 만든 모든 영역을 망라하고 있다. 끌에서부터 조각상까지, 조화에서부터

> 선박까지 의류, 자동차, 도구, 무기, 기구, 가구, 인간이 나무, 금속, 유리 혹은 섬유에서 잘라낸 모든 것이 여기에 분류되어 있다.[2]

바르트의 지적처럼 우리나라에서 일반적으로 통용되는 『백과전서 혹은 학문, 기술, 직업에 관한 이성적 사전*Encyclopédie ou Dictionnaire raisonné des sciences, des arts et des métiers*』은 그 원제가 명확히 드러내듯이 형이상학적 지식뿐만 아니라 일상의 구체적 사항과 관련된 모든 인간 지식의 체계화를 목적으로 했다. 이 때문에 단턴의 언급처럼 『백과전서』를 처음 접하는 사람에게는 A부터 Z까지 알파벳 순서로 배열된 "정보의 잡동사니"를 포괄하는 이 기획이 왜 프랑스대혁명의 사상적 기초를 닦은 것으로 평가되며 "18세기에 그러한 격랑을 야기 시켰는지 의아"[3]하게 비춰질 수 있을 정도이다. 사실 「바늘 제조인」, 「스타킹 제조업자」, 「고래 기름」, 「천 세탁」 등 일상생활에 유용한 소소하고 잡다한 지식을 담은 항목들은 17세기 말부터 발간되기 시작한 몇몇 백과사전[4]의 특징이기도 했다. 형이상학적인 사상뿐만 아니라 "지상에서의 삶을 쾌적하게 만들 수 있는 것"[5]에 대한 명백한 관심을 표명한 『백과전서』의 지향점 역시 여기서 멀지 않았다. 이처럼 『백과전서』가 인류 역사에서 한 획을 그은 기념비적인 저작으로 평가받는 것은 이 출판물이 담고 있는 사상의 심오함이나 독창성, 혹은 프랑스대혁명을 잉태한 사상

〈그림 1〉 『백과전서』의 도판집에 수록된 「인쇄소」에 관한 도판

적 배경으로서의 이념적 과격함에 있다기보다는 현실에 발을 딛고 살고 있는 현재적 존재로서의 "인류를 우주 중심에 자리 잡게"[6] 했기 때문이었다. 『백과전서』의 제목에서 분명히 드러나듯이 이 저작은 과학과 기술에의 명백한 관심을 표명한다. 그러나 그렇다고 해서 『백과전서』에서 과학과 기술 역시 절대로 인간에 앞서는 가치가 될 수는 없었다. 『백과전서』에 포함되어 있는 「백과전서」 항목에서도 분명하게 나타난 것처럼 "인간은 거기에서부터 시작해야 하는 유일한 단어이며, 모든 것이 귀결"되어야 하는 중심점이었다. 그리고 그 결과 과학과 기술뿐만 아니라 정치, 경제, 종교, 도덕, 미학, 음악과 미술의 이론을 포괄하는 『백과전서』의 모든 관심사가 결국은 인간으로 수렴되었다.

이처럼 『백과전서』는 형이상학적인 것과 물질적인 것을 포괄하여 인간을 둘러싸고 있는 세상 만물을 인간의 이성으로 분류하고, 정리하고, 체계화하고자한 계몽주의 철학자들의 치열한 노력의 산물이었고 자신들의 이념을 펼쳐나가기 위한 일종의 "전쟁도구"였다. 그 결과 『백과전서』는 프랑스뿐만 아니라 전 유럽에 지대한 영향을 미치게 된다. "18세기의 진정한 정신적 혁명은 『백과전서』의 페이지들을 통해"[7] 이루어졌으며, 『백과전서』는 "지적 생활에서뿐만 아니라 프랑스와 유럽의 정치적이고 사회적인 생활에서도 결정적인 역할"을 했다. "18세기는 『백과전서』의 세기"[8]가 되었다.

이 글에서는 인간 이성의 힘을 믿고 인류의 진보를 확신했던 계몽주의의 기념비적 저작인 『백과전서』의 발간과정을 통해 이 출판물이 간행된 20여 년의 기간 동안 동시대인들에게 지녔던 의미와 영향력을 살펴보고, 그 오랜 기간에 걸쳐 이 지난한 작업이 끝을 맺을 수 있었던 동력에 대해 살펴보고자 한다. 더불어 드니 디드로Denis Diderot(1713-1784)가 집필한 『백과전서』의 「백과전서」 항목과 1750년의 「취지서Prospectus」, 그리고 달랑베르Jean le Rond d'Alembert(1717-1783)의 「서언Discours préliminaire」의 분석을 통해 『백과전서』를 이끌었던 두 명의 책임편집자가 이 저작을 어떻게 정의 내리고 있으며, 어떤 지향점을 향해 이끌어가려 했는지, 그들에게 『백과전서』의 집필과 편집 작업이 어떤 의미를 지니고 있었는지를 파악할 수 있을 것이다. 이를 통해 막연히 계몽주의의 지침서이자 프랑스 대혁명이라는 격랑과 소용돌이의 사상적 기반이 된 혁명적 저작으로 알려진 『백과전서』가 20여 년의 기간 동안 역경과 간헐적인 중단에도 불구하고 꾸준히 집필되고 발간될 수 있었으며, 당대의 전 유럽적인 베스트셀러가 될 수 있었던 원인을 파악함으로써 이 저작이 동시대인들에게 지녔던 포괄적 의미와 총체적 영향력을 파악할 수 있을 것이다.

II. 『백과전서』의 발간과정

잘 알려진 것처럼 1751년에서 1772년에 이르는 20여 년간의 방대한 기간에 걸쳐 완간된 『백과전서』는 도판부분을 제외하고 계산한다 하더라도 집필진만 디드로와 달랑베르를 비롯해 160여 명에 이른다.[9] 『백과전서』의 초판은 2절판in-folio의 텍스트 17권, 도판 11권, 부록 4권, 색인 2권, 도판 부록 1권의 총 35권으로 발간되었다. 17권의 텍스트는 두 부분으로 나누어 볼 수 있는데, 1권에서 7권의 첫 페이지에는 "문인협회에 의한 백과전서 혹은 학문, 기술, 직업에 관한 이성적 사전... 디드로씨에 의해서, 수학적인 부분은 달랑베르씨에 의해서 정리되고 출판됨Encyclopédie, ou Dictionnaire raisonné des sciences, des arts et des métiers, par une société des gens de lettres.

Mis en ordre et publié par M. Diderot... et quant à la partie mathématique par M. d'Alembert"이라고 설명되어 있다. 백과전서의 집필자들은 "문인협회"의 일원으로 지칭되었으며, 1742년 약관 24살의 나이에 과학 아카데미 회원으로 선출된 바 있는 달랑베르가 1746년 초 수학적이고 과학적인 부분의 책임을 담당하는 공동편집자로 합류함으로써 사전의 신뢰를 강화시켜 주었고, 나머지 부분의 편집과 정리는 디드로의 책임 하에 이루어졌다. 『백과전서』의 제1권에서 제7권은 1751년에서 1757년에 이르는 6년 동안 파리의 르 브르통Le Breton을 비롯해 브리아송Briasson, 다비드 에네David aîné, 뒤랑Durand 출판사 등 4곳에서 공동으로 간행되었다. 1765년 다시 간행되기 시작한 제8권에서 마지막 권인 제17권에 이르는 후반부는 "문인협회에 의한 백과전서 혹은 학문, 기술, 직업에 관한 이성적 사전 ***씨에 의해서 정리되고 출판됨Encyclopédie, ou Dictionnaire raisonné des sciences, des arts et des métiers, par une société des gens de lettres. Mis en ordre et publié par M.***"이라는 제목으로 공동 편집자였던 달랑베르의 이름이 삭제되고, 디드로의 이름은 감추어진 된 채 발간되었다. 스위스 뇌샤텔Neufchastel의 폴슈 에 세이으S. Faulche et Cie 출판사에서 간행된 것으로 기록되어 있기는 하지만 실제 인쇄는 비밀리에 파리에서 이루어졌다.

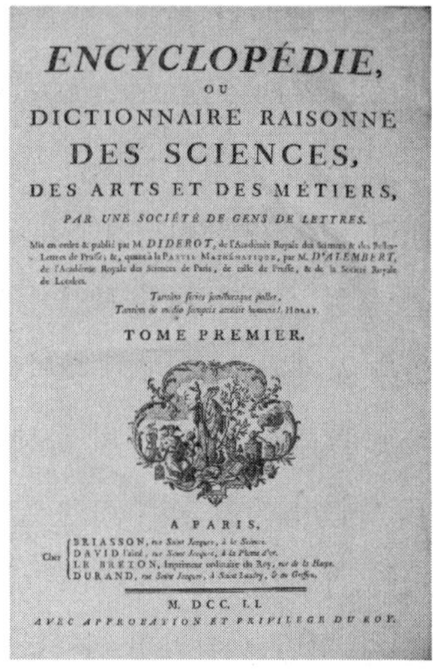
ENCYCLOPÉDIE,
OU
DICTIONNAIRE RAISONNÉ
DES SCIENCES,
DES ARTS ET DES MÉTIERS,
PAR UNE SOCIÉTÉ DE GENS DE LETTRES.
TOME PREMIER.
A PARIS,
M. DCC. LI.
AVEC APPROBATION ET PRIVILEGE DU ROY.

〈그림 2〉『백과전서』 제1권의 표지

20여 년에 이르는 방대하고 집요한 작업의 시작은 의외로 단순했다. 상업적 이득을 얻기 위한, 즉 "돈을 벌기 위한"10 한 출판업자의 시도가 그 출발점이 되었는데, "출판업의 역사에서 『백과전서』는 최초의 자본주의적인 기획"[11]이기도 했다. 『백과전서』의 발간에는 정치적이고 이념적인 측면뿐만 아니라 경제적인 측면 또한 중요한 역할을 했던 것이다. 『백과전서』의 발간은 책의 역사에서 "커다란 모험"이었다. 발간된 책의 "규모, 투자된 자금, 공동 집필자들의 명성과 숫자"[12]가 어마어마했기 때문이었다. 자크 프루스트는 책의 역사에서 『백과전서』가 지녔던 의미와 중요성을 다음과 같이 표현한다.

> 당시 『백과전서』는 실제로 발상의 새로움, 투입된 재정적이고 기술적인 수단의 풍부함, 그것이 공동 집필자들의 확보 혹은 구독 신청자의 확보에서 도달한 사람들의 범위, 점진적인 발전에 의해서 진정으로 혁명적인 기획이었다. 그리고 공동 집필자들은 전부 이데올로기적이거나 정치적인 질서에 속하는 것은 아니었던 수많은 위험을 뚫고 일을 확신하고 있었다. 이 모든 것이 출판업이라는 고유한 경제의 분야에서, 『백과전서』를 18세기 말 프랑스 자본주의의 가장 위대한 기획들과 대등하게 만든다.[13]

『백과전서』는 1727년 런던에서 발간된 체임버스Ephraïm Chambers의 『백과사전*Cyclopædia or an universal Dictionary of Arts and Sciences*』을 번역해 출간하려는 단순한 기획으로부터 출발했다.[14] 파리의 출판업자였던 르 브르통은 1745년 체임버스의 『백과사전』을 출간하고 유통할 수 있는 독점권을 획득했지만 혼자서는 비용의 증가를 감당할 수 없게 된 나머지 얼마 지나지 않아 뒤랑과 브리아송, 그리고 '형' 다비드라 불린 미셸 앙두안 다비드 같은 다른 출판업자들과 협력을 꾀하게 된다. 그들은 1747년 디드로와 달랑베르에게 이 일을 맡긴다. 그러나 단순히 체임버스의 사전을 번역하려던 계획은 곧 수정되어 새로운 사전을 기획하게 되면서 책임 편집을 맡은 디드로와 달랑베르뿐만 아니라 수많은 집필진이 이 작업에 합류하게 되었다. 체임버스의 사전을 번역하려는 최초의 의도를 수정하면서도 그들은 자신들이 내놓게 될 사전을 세상을 변화시키는 기폭제로 만들려는 야심을 가졌던 것은 아니었다. 『백과전서』의 성공은 자본주의 이념에 충실했던 출판사의 기획의 새로움이나 마케팅 전략에 일정부분 기대고 있었던 것이 사실이다. 하지만 『백과전서』가 18세기 책의 역사에서 기념비적인 저작으로 우뚝 서게 된 것은 무엇보다도 사상과 글쓰기의 자유를 믿었던, 인간의 이성과 진보를 신뢰했던 집필진의 공이었다. 자크 프루스트에 의하면 『백과전서』의 집필진은 우선 "경직된 과거의 구속에서 자유로운 학자와 기술자들"이었다. 그들은 "자신들의 고유한 영역에서 연구와 혁신을 가능한 한 멀리까지 밀고 나갈 준비"가 되어 있었던 사람들이며 그것을 통해 그들은 "19세기 초 산업혁명의 이론적이고 기술적인 토대를 준비"[15]했던 것이다.

하지만 한 가지 기억해야 할 점은 디드로를 비롯한 『백과전서』의 집필진들은 그들의 열정과 헌신에도 불구하고 기본적으로 이들 "출판업자들에게 급료를 받았다"[16]는 사실이다. 디드로가 그들이 원고료를 지불한 작품에 대해 일정한 권리를 요구할 수 있도록 한 출판업자들의 제안을 받아들였던 까닭이다. 그럼에도 불구하고 예전 세기의 전통에 아직도 충실했던 18세기에 '글쓰기'는 여전히 돈으로 거래될 수 없는 고귀한 작업이었고, 이에 따라 무보수로 집필에 참여한 많은 집필진이 존재했다. 이로 인해 출판업자들은 결과적으로 더 많은 이익을 남길 수 있었다는 점 또한 잊지 말아야 할 것이다. 그 결과 출판업자들이 『백과전서』의 발간을 위해 사용한 투자금에서 원고료의 비중은 상대적으로 미미했다. 30년 동안 디드로에게 지불된 고료만 하더라도 8만 리브르를 넘지 않았다. 이에 비해 상대적으로 많은 비용이 도판 제작에 사용되었으며, 도판집의 성공 또한 결과적으로 출판업자들의 이익증가에 기여하게 되었다.[17]

1751년 알파벳 A로 시작하는 단어들로 이루어진『백과전서』의 제1권이 발행되었을 때 책을 구입할 의사가 있는 사람들에게는 미리 예약금을 받고 예약판매를 했는데, 그 가격은 "낱권 당 280리브르"에 달했다. "당시 아주 숙련된 인쇄공이 일 년에 1,200리브르"를 벌었고 "보통의 노동자는 하루에 1리브르"를 벌었으며 "디드로가『백과전서』를 위해 일하고 일 년에 2,600리브르"[18]를 벌었다는 점을 떠올려 본다면『백과전서』의 가격이 얼마나 고가였는지 유추해 볼 수 있을 것이다. 거칠게 말해 노동자 한명이 일 년 동안 일해 벌어들일 수 있는 금액을 지불하고야『백과전서』한권을 손에 넣을 수 있었던 셈이다. 그리고 예약판매의 방식은 이후로도 꾸준히 지속되었다. 1772년 대장정이 마무리되었을 때 2,500,000리브르의 이익[19]을 남긴 것으로 알려져 있으며, "25년 동안 그것은 적어도 1,000명의 노동자들을 먹고 살게 만들어주었고, 공동편집자를 제외하고도 150명의 공저자에게 일감을 주었다. 4,000명의 구독신청자가 이 계획을 재정적으로 지탱해 주었다."[20] 이것은『백과전서』의 발간계획이 그 내용적인 측면에서뿐만 아니라 판매방식과 자금조달을 포함하는 상업적인 측면에서도 획기적이고 대담한 시도였음을 말해준다. 그리고 그 시도는 성공적이었다.

그러나『백과전서』의 성공은 수많은 역경을 딛고 일어선 끈기있고 치열한 노력의 산물이기도 했다. 1752년 알파벳 B와 C의 일부분을 포함하는『백과전서』의 제2권이 발행되었을 때 예수회와 장세니스트를 망라한 종교계, 의회와 정치권의 권력자들,『백과전서』의 성공을 시기한 많은 사람들이 『백과전서』의 폐기처분에 가담하거나 이에 동조했다. 시작은 종교계로부터 비롯되었다. 1751년 11월, 『백과전서』의 공동 집필자중 한 명인 프라드Jean-Martin de Prades 신부가 소르본 대학에 제출한 박사학위 논문이 통과되었다. 실제로 이 논문은 대체로 정통교리에 합치되었을 뿐만 아니라 많은 사람들의 이목을 끌거나 거대한 후폭풍을 가져오기에는 지나치게 평범한 것이기도 했다. 그러나 『백과전서』의 반대자들은 논문의 세부사항을 거론하며, 유물론과 무신론의 씨앗을 담고 있다는 혐의로 프라드 뿐만 아니라 소르본대학, 이어 『백과전서』를 맹렬히 공격한다. 그리고 그 결과 1752년 2월, 국정자문회의는 『백과전서』 제1권과 제2권의 폐기처분을 결정한다. 왕권의 위협, 풍속의 타락과 비종교적 성향이 지적되었다. 국정자문회의의 판결문은 다음과 같이 『백과전서』의 위험성을 지적했다.

> 폐하께서는 이 두 권의 책에 국왕의 권위를 무너뜨리고 오류, 풍속의 타락, 신성모독과 불신앙의 근거를 확립하고자 하는 여러 원칙이 포함되어 있음을 인정하셨다.[21]

〈그림 3〉 라투르Quentin de La Tour가 그린 퐁파두르 후작부인(몽테스키외의 『법의정신』, 볼테르의 『앙리아드』와 함께 『백과전서』의 1권이 꽂혀있는 것이 보인다.)

그러나 잘 알려진 것처럼 현재의 문화부장관에 해당하는 도서업무총괄장관이었던, 즉 왕권으로 출판물 검열의 책임을 맡고 있었던 크레티앵 기욤 드 라무아뇽

드 말제르브Chrétien Guillaume de Lamoignon de Malesherbes(1721-1794)는 역설적으로 『백과전서』가 살아남는데 지대한 공헌을 하게 된다. 그것은 첫 번째로는 사상과 자유의 옹호자이며, 계몽주의자들에게 호의적이었던 개인적인 성향으로 인해 "출판물의 통제가 사상의 자유로운 생성을 방해"해서는 안 된다는 신념에서 기인한 것이었다. 하지만 그것이 다는 아니었다. "금지된 출판물은 다른 곳에서 발행될 것이며, 여하튼 프랑스로 다시 들어오게 될 것이기 때문에 우리의 돈이 외국으로 빠져나가도록 내버려두기 보다는 나라 안에 붙잡아두는 편이 낫다"[22]는 것이 그의 현실적인 판단이기도 했던 것이다. 행정부의 고위 관료로서 세금의 상당부분을 부담하고 있었던 자본주의적 자영업자들 즉, 출판업자들의 이익을 무시할 수 없었을 것이다. 어쨌든 말제르브의 결정은 정치적이고 이념적인 측면과 경제적인 측면을 모두 고려한 것이었다. 『백과전서』의 폐기는 이미 발간된 1, 2권에 한정되어 적용하도록 완화되었으며, 발간 예정인 책들은 폐기처분의 대상에서 제외되었기 때문에 『백과전서』의 발간은 중단되지 않고 지속될 수 있었다. 기 발간된 『백과전서』를 압수해 폐기하는 과정에서도 말제르브와 당시의 국왕 루이15세의 연인이었던 퐁파두르 후작부인 등 권력층의 호의 속에 수색은 철저하게 이루어지는 않았다.[23] 심지어 권력층의 암묵적인 동의 속에서 다음 권의 발간이 속개되어 1753년 『백과전서』의 제3권이, 1756년 10월까지 나머지 세권이 연이어 발간되었고, 성공은 점점 확고해졌다. 『백과전서』의 발간과정에서 일어난 일련의 스캔들은 이른바 노이즈 마케팅으로 기능해 『백과전서』의 명성은 더 높아졌고, 예약 대기자는 증가했으며, 잠시의 소강상태 이후 지속적인 발간과 전 유럽적인 성공을 이루어내게 되었다.

그러나 1757년에 일어난 다미엥의 국왕시해 기도의 실패로 정국은 경색되었고, 사상 검열은 강화되었다. 이번에는 말제르브도 어찌할 수 없었다. 1759년 3월, 국정자문회의는 기 출간된 7권의 『백과전서』의 폐기와 보급의 중단, 진행 중인 인쇄의 중단을 명한다. 그 과정에서 『백과전서』 제7권에 실린 「제네바Genève」 항목이 불러일으킨 논란과 이에 따라 감내해야 했던 수많은 공격 이후 수학적이고 과학적인 항목만을 제한적으로 집필하던 달랑베르는 1758년에서 59년 경 『백과전서』에서 완전히 손을 뗀다. 달랑베르가 집필한 「제네바」 항목[24]에서 특히 문제가 되었던 부분을 일부 인용해 보면 다음과 같다.

> 그들에 따른다면 지옥은 […] 선과 정의로 가득 찬 이 존재가 우리의 죄를 영원한 고통으로 벌할 수 있다고 상상하는 것이며, 이것은 신을 모욕하는 일일 것이다. 그들은 […] 성서에 담겨있는 인류와 이성에 해를 끼치는 것처럼 보이는 모든 것을 결코 글자 그대로 해석해서는 안 된다고 주장하면서 자신들의 의견에 배치되는 성경의 단호한 구절들을 설명한다. […] 제네바의 교회 조직은 전적으로 장로회식이다. 한명의 주교도 없고 주교좌성당의 참사원은 말할 것도 없다. […] 한마디로 말해서 제네바의 몇몇 사제들은 완전한 소치니주의[25] 밖에는 다른 종교를 가지고 있지 않다. 그들은 신비라고 부를 수 있는 모든 것을 배척하고, 진정한 종교의 제1원칙은 절대로 이성에 어긋나는 것을 믿도록 제안하지 않는 것이다.[26]

당시 제네바 시에 미친 장 칼뱅Jean Calvin(1509-1564)의 영향과 그에 따른 개혁을 객관적이고 담담하게 기술한 달랑베르의 이 항목은 예수회와 장세니스트들의 공분을 샀고, 『백과전서』는 위기에 처한다. 당시 달랑베르가 프로테스탄티즘의 혐의를 받은 것은 아니었음에도 불구하고 16세기 초 제네바가 하층민들의 "폭동, 도박, 외설적인 춤, 음주, 불륜과 다른 범죄"로 유명한 도시였으며, 몇몇은 거리에서 "발가벗고 걸어 다니거나 음란하고 신성모독적인 노래"[27]를 불러대던, 환락과 무질서의 도시로 기억되었던 사실을 상기해 본다면 달랑베르의 기술이 내포하고 있는 위험성을 짐작할 수 있을 것이다.

『백과전서』는 검열되었고, 내용의 수정이 요구되었다. 이런 상황에서 다음 권의 발행은 중단될 수밖에 없었다. 종교계의 공격도 더 격렬해졌다. 교황 클레멘스 13세는 소유하고 있는 『백과전서』를 불태우지 않는 사람들에게는 파문을 결정했다. 1752년 보다 권력의 핵심부에 더 가까이 다가가 있었던 말제르브는 『백과전서』의 운명에 다시 한 번 커다란 역할을 한다. 여전히 디드로의 수중에 있던 『백과전서』의 육필원고를 압수하지 않을 수 없는 상황에서 말제르브는 디드로에게 이 사실을 알리고 프랑스에서 가장 안전한 장소, 바로 자신의 집에 원고를 옮겨놓았기 때문이었다. 이로써 『백과전서』는 위기에서 살아남을 수 있게 되었다.

이러한 격랑 속에서 달랑베르가 『백과전서』에서 완전히 손을 떼고 한동안 『백과전서』는 프랑스에서 발간이 불가능해졌다. 하지만 아이러니하게도 이 과정에서 『백과전서』의 전 유럽적 명성은 오히려 공고해졌고, 프랑스 국내에서 출간이 불가능해진 『백과전서』는 국외에서 수정되고, 편집되고, '표절'되어 발간이 지속되었다. 이후 재 발간되기 시작한 『백과전서』 후반부의 작업은 유일한 책임편집자가 된 디드로의 초인적 끈기와 열정에 힘입어 진행되었다. 후반부 10권의 텍스트는 스캔들을 최소화하기 위해 1759년 한꺼번에 발행되었고, 1772년 두 권의 도판집이 더해졌다. 20여 년에 걸친 『백과전서』의 대장정이 마무리되었을 때 이 전집은 2억 800백만여 개의 단어로 이루어진 71,818개의 항목과 2,885개의 도판을 포괄하는 어마어마한 규모였다.

III. 디드로와 달랑베르가 정의하는 『백과전서』

디드로가 집필한 『백과전서』의 「백과전서」 항목과 1750년의 「취지서」, 그리고 달랑베르의 「서언」은 『백과전서』의 책임편집자들이 사전에 대해 품고 있었던 방향과 지향점을 가장 잘 알려주는 글이다. 따라서 이 세편의 글의 분석을 통해 디드로와 달랑베르가 『백과전서』를 어떻게 정의했는지 온전히 파악할 수 있을 것이다. 「취지서」에서 디드로는 기존 백과사전의 불충분함을 지적한다. 그에 따르면 16세기의 백과사전들은 "시대에 뒤떨어졌고" 체임버스의 『백과사전』은 비교적 만족스럽기는 하지만 기술에 관한 부분에서는 "작업장"에서 직접 조사하지 않고 기존의 자료를 "모아놓은" 것으로 만족했기 때문이다. 디드로는 현시대에 맞는 백과사전의 필요성을 역설하면서, 특히 체임버스의 『백과사전』에서 부족하다고 판단된 기술과 직업에 관한 부분에 대규모의 보완이 이루어질 것임을 언급하고 있다.

그렇다면 『백과전서』는 어떤 목적을 가지고 기획되었는가? 『백과전서』 제1권의 첫머리에 놓인 「서언」은 2절판 사이즈의 초판에 실린 분량만 해도 45페이지에 이른다. 아마도 『백과전서』에서 가장 많이 읽히고 인용된 부분일 「서언」에서 달랑베르는 이 저작의 목표를 두 가지로 제시한다.

> 우리가 시작한 (그리고 우리가 끝마치기를 원하는) 작품은 두 가지 목표를 가진다. 『백과전서』로서 그것은 가능한 한 인간 지식의 질서와 연쇄를 설명해야 한다. 학문, 기술, 직업에 관한 이성적 사전으로서 그것은 인문학적인 것이든 기술적인 것이든 각각의 학문과 각각의 기술에

> 대해 그 기초가 되는 일반 원칙과 가장 본질적인 본체이자 실체인 세부 사항을 포함해야 한다. […] 발견들이 그것들 사이에 맺고 있는 연관에 대해 조금이라도 생각해 보면 과학과 기술은 서로 도움을 주고, 결과적으로 그것들을 이어주는 연쇄가 존재한다.[28]

프랑스에서 최초로 "encyclopédie"라는 단어가 인쇄되어 남아있는 작품은 1532년 발간된 프랑수아 라블레François Rabelais(1483 혹은 1494-1553)의 『팡타그뤼엘*Pantagruel*』의 제20장이다. "토마스트는 파뉘르주의 덕과 지식에 대해서 어떻게 말했는가?"라는 부제가 붙은 이 장에서 토마스트가 파뉘르주가 자신에게 "학문의 진정한 원천이며 심연le vrai puits et abîme d'encyclopédie"[29]을 열어주었다고 말하는 장면에서 사용된 "encyclopédie"라는 단어는 16세기 프랑스인들에게 백과사전은 모든 지식의 원천이자 뿌리라는 의미로 수용되었음을 보여준다. 두세기 뒤 디드로와 달랑베르에게 『백과전서』는 인간 지식의 "보편 목록"을 작성하는 것이며, 분산되어 흩어져 있는 모든 지식을 이어주는 "연쇄"의 역할로 이해되었다. 달랑베르는 「서언」에서 이렇게 표명한다.

> 따라서 『백과전서』의 저자들은 무엇을 해야 하는가? 우선, 우리가 한 것처럼 인간 지식의 중요 대상의 보편 목록을 작성하는 것이다.[30]

한편 디드로는 『백과전서』를 정의한 항목에서 다음과 같은 목표를 제시한다. 알파벳 E로 시작하는 이 항목은 1755년 발간된 『백과전서』 제5권에 담겨있다.

백과전서: 단수. 여성명사 (철학) 이 단어는 지식의 연쇄를 의미한다. 그것은 그리스어의 …에en를 의미하는 전치사 ἐν과 원cercle을 의미하는 명사 κύκλος, 지식connaissance을 의미하는 명사 παιδεία로 이루어졌다. 실제로 『백과전서』의 목표는 지구의 표면에 흩어져있는 지식을 모으고, 우리가 더불어 살아가는 사람들에게 지식의 보편 체계를 드러내고, 후대의 사람들에게 지식을 전하는 것이다. 이것은 지난 세기의 작업이 다가올 세기에 쓸모없는 것이 되기 않기 위해서이며, 더 많은 학식을 갖춘 우리의 자손이 동시에 더 많은 덕을 갖추고 더 행복해지기 위해서이며, 우리가 죽기 전에 인류에 커다란 공헌을 하기 위해서이다.[31]

디드로와 달랑베르 모두 『백과전서』의 가장 중요한 목표와 특징으로 흩어져 있는 지식의 체계화를 꼽고 있음을 알 수 있다. 정돈되어 있지 않기 때문에 "여기저기 흩어져 화염을 만들 수 없는 숯처럼" 유용하지 않은 여러 지식을 체계화해서 후대에 전하고, 지식을 '유용하게 하는 것'이 『백과전서』의 목표였던 것이다. 일목요연하게 정리되고 문자로 체계화된 지식만이 가치를 부여받을 수 있다는 것이 그들의 믿음이었다. 그리고 그들의 목표는 "산술에서 기하학까지, 천문학에서 의학까지, 식물학에서 동물학까지, 법학에서 경제학까지, 성사聖史, histoire sainte에서 신화학까지, 건축학에서 지리학까지, 문법에서 철학까지, 정치학에서 형이상학까지, 종교에서 도덕까지, 농업과 수공업 혹은 산업의 기술과 기계의 총체를 소홀히 하지 않고"[32], 즉 한 부분의 누락도 없이 인류의 모든 지식을 집대성하고자 하는 야심찬 것이었다. 그리고 이 작업은 프랜시스 베이컨이 제안한 "지식의 나무"에서 영감을 받아 채택한 체계에 따라 지식을 분류하고 범주화하는 것으로부터 시작했다.

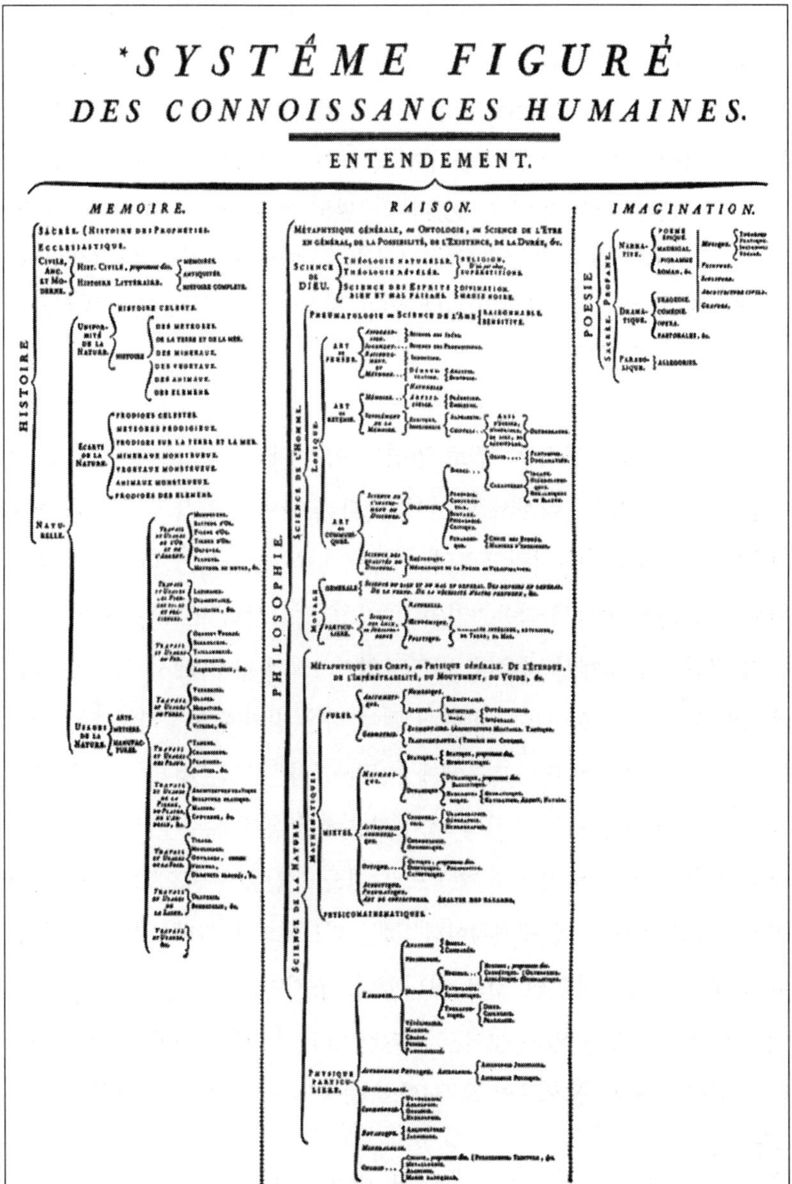

*SYSTÊME FIGURÉ
DES CONNOISSANCES HUMAINES.

ENTENDEMENT.

MEMOIRE. RAISON. IMAGINATION.

HISTOIRE

PHILOSOPHIE.

POESIE

〈그림 4〉 디드로와 달랑베르가 제시한 "인간 지식의 도형적 체계", 즉 "지식의 나무"

> 우리는 […] 체계적이고 잘 정돈된 『백과전서』의 실현을 위해 우리가 해야 할 첫걸음은 모든 과학과 예술의 계통수系統樹를 만드는 것이라고 느꼈다. 그 나무는 우리가 가진 지식의 각각의 가지의 근원과 그것들이 서로 간에, 그리고 공통의 줄기와 맺고 있는 관계를 표시하는 것이었다 […]. 그것은 쉬운 일이 아니었다. 2절판의 여러 권의 책에 담아야 마땅한, 그리고 언젠가 인간의 모든 지식을 포함해야 하는 저작의 초안을 한 페이지 안에 함축하는 것이었다. 인간 지식의 이 나무는 여러 방식으로 만들어질 수 있었다 […].[33]

"인간 지식의 도형적 체계"로 명명된 이 체계는 디드로에 의해 두 번 언급되는데 한번은 「취지서」에서이며, 다른 한번은 약간의 수정을 거쳐 『백과전서』 제1권에 달랑베르의 「서언」 다음에 놓여 있다. 이 체계에 따르면 모든 예술과 과학은 "기억", "이성", "상상력"이라는 세 가지 인간의 정신적 능력에서 나온다. 디드로의 "지식의 나무"에서 철학은 기둥에 해당하는 반면 신학은 철학에서 뻗어 나온 잔가지에 불과하다는 점은 눈여겨보아야 할 것이다. 그들에게 "인간이 아는 모든 것은 인간을 둘러싸고 있는 세상과 자기 자신의 뇌의 작용에서 유래하는 것"[34]이다. 이에 따라 그들은 "인간을 세상의 중심으로 이끌고 신을 주변으로 밀어내면서 인식론적인 세계"[35]를 재배치한다. 물론 디드로와 달랑베르가 신학의 권위를 공식적으로 부인한 것은 아니었다. 하지만 그들은 지식이 인간의 이성에 뿌리를 두고 있는 것이지 바티칸이나 성경에서 나오는 것이 아니라는 점을 분명히 함으로써 오랜 세월 통용되어 온 학문의 권위를 전복시켰다.

이미 언급한 것처럼 디드로가 제시한 "지식의 나무"는 기억, 이성, 상상력이라는 인간의 이해력을 이루는 세 가지 기본적인 지적 능력에 근거해 분류되어 있다. 이 분류는 하위단위로 이어지고, 하위단위는 다시 더 작은 하위단위로 이어진다. 기억의 범주를 이루는 것은 역사이다. 역사는 신성사, 시민사, 자연사의 세 가지 하위단위를 갖는데 신성사는 교회사와 예언의 역사를, 시민사는 시민사와 문학사를, 자연사는 자연의 규칙성, 자연의 불규칙성, 자연의 용도를 포함한다. 자연의 규칙성과 자연의 불규칙성에는 천체와 동·식물, 자연의 용도에는 천연자원을 이용하는 방법, 즉 기술과 직업에 관한 내용이 포함되어 있다. 이성의 범주는 신에 대한 과학, 인간에 대한 과학, 자연에 대한 과학으로 나뉘는데 인간에 대한 과학에는 논리학과 윤리학 등의 철학이, 자연에 대한 과학에는 수학과 물리학 등이 포함된다. 즉, 신학과 철학, 자연과학이 대등한 위치를 점하고 있으며, 철학은 이제 하늘이 아니라 지상에서 인간을 중심으로 전개되었다. 시로 대표되는 상상력의 범주는 서사시와 소설 등을 포함하는 문학, 음악, 회화, 조각, 판화, 비극, 희극, 오페라 등을 망라한다. 그리고 지식에 대한 그들의 정의는 예수회, 장세니스트를 비롯한 종교계와의 충돌을 피할 수 없는 것으로 만들었다.

> 우주는 입을 다물고, 침묵과 밤이 우주를 지배한다. 사물의 존재를 흥미롭게 만드는 것은 인간의 현존이다.[36]

이처럼 디드로와 달랑베르의 세편의 글은 그들이 정통교리에서 벗어나지 않고 있음을 대외적으로 표방하면서도 『백과전서』가 지식의 집적체이며, 인간중심의 철학에 기반하고 있다는 사실을 명시하고 있다.

IV. 맺음말

『백과전서』에 포함된 구체적 항목을 분석한 결과 "디드로와 달랑베르는 유감스럽게도 왕권, 의회와 예수회 수도사들 등 전통적 권력이 붕괴되도록 방치한 정치, 사회적 구조를 무너뜨리는 것을 명백하게 최우선 목표로 정한 것"[37]은 아니었다는 결론에 도달하게 된다. 사실 『백과전서』의 표제 중 과학과 기술에 관련된 많은 항목이 혁명적인 사상이 끼어들 수 없는 종류의 것이기도 했고, 당국과 정통파 신학자들의 감시와 검열에 수시로 노출되어 있었던 까닭에 실제로 "정치나 종교에 관한 주제를 다루고 있는 항목을 살펴보아도 거기에는 중립적이고, 신중하며, 공손하기까지 한 내용"[38]이 대부분이기도 했다. 심지어 『백과전서』에는 "진전된 자본주의의 형태"[39]가 강조되어 담겨있지도 않았다. 대혁명이 일어난 18세기 말과는 달리 『백과전서』의 항목들이 집필된 18세기 중엽만 하더라도 정치적이고 사회적인 사안에 대해 공개적으로 문제를 제기하는 것은 불가능했기 때문이었다. 뿐만 아니라 2절판의 큰 부피를 가진 이 책은 운반 등 현실적인 제약으로 파리에서 인쇄되어야만 했고[40], 이 사업에 많은 자금을 투자한 출판업자들의 이익을 심각하게 해칠 수 없었다는 점도 고려되어야 했다. 따라서 『백과전서』의 표현은 직접적이고 공격적이기보다는 우회적이거나 은밀한 조롱의 색채를 띠고 있었다.[41]

그들이 목표로 한 것은 "과학의 승리와 인류의 무한한 진보에 대한 신뢰에 입각한 지상의 행복"[42]이었다. 자크 프루스트는 『백과전서』는 "대혁명 기간을 통틀어 자유주의 정책의 상징이었지만 온건했고 사실상 전혀 혁명적이 아니었다"[43]고 적시한바 있다.

> 인류를 계몽하는 것은 환상, 미신, 잘못된 생각으로부터 인류를 해방시키는 것이고, 세상에 대한 지식과 명철한 이해에 접근하게 하는 것이다. 성경 이래로 어떤 책도 그런 목표를 가진 적이 없었다.[44]

즉, 『백과전서』의 목표는 "인류의 운명이란 하늘의 일에 관심을 갖는 것이 아니라 이성과 지성에 의해 이 지상에서, 또 이 세상을 위해 진보하는 것에 있음"[45]을 분명히 하는 것이었다. 그리고 『백과전서』가 지닌 급진성은 "프랑스 대혁명이나 산업혁명에 대한 예언적인 전망에서가 아니라 이성에 의해, 오직 이성에 의해서만 결정된 새로운 경계를 따라서 지식의 세계의 지도를 다시 그리려는 시도"[46]에서 도출되었다. 디드로와 『백과전서』의 집필진들에게 있어 세상은 인간의 이성으로 "완벽히 해독할 수 있는 펼쳐진 책"[47]이었고, 『백과전서』는 인간의 이성으로 이해된 세상을 일관된 체계 속에 위치시키고자 한 노력의 결실이었다. 『백과전서』는 문자로 설명해낸 인간 이성의 집대성이었던 것이다.

> 『백과전서』의 이야기는 어떻게 자유와 평등의 원칙이 사회 질서 속에 널리 퍼져 제도 속에 구체화되고 세계에 대한 새로운 전망에 통합되어 종이 위에서 표현될 수 있는가를 보여준다.[48]

프랑스 최초의 본격적인 백과사전이자 가장 중요한 백과사전이기도 한 『백과전서』는 사상의 자유를 지지하고 인간의 이성을 세상의 중심에 놓고자 했던 18세기 지식인들이 이루어낸 인간 지식의 총결산이다. 그리고 "18세기 최고의 베스트셀러"[49]로 자리매김 했던[50] 이 저작은 18세기 프랑스인들, 넓게는 유럽인들의 일상에 스며들어 기존에 믿어왔던 견고한 세상의 질서에 균열을 가져왔다. 이러한 『백과전서』의 출간은 1789년의 대혁명과 그 이후의 역사적 격랑에 지대한 영향을 미쳤던 문자의 힘을 보여준다고 할 수 있을 것이다.

■ 참고문헌

로버트 단턴, 『고양이 대학살-프랑스 문화사 속의 다른 이야기들』, 조한욱 역, 문학과 지성사, 1996.

다니엘 모르네, 『프랑스 혁명의 지적 기원』, 곽광수 외 역, 일월서각, 1995.

마들렌 피노, 『백과전서』, 이은주 역, 한길사, 1999.

알베르 소불, 『프랑스 혁명: 1789-1799』, 전풍자 역, 종로서적, 1981.

이영목, 「디드로의 『백과전서』 기사 : 「정치 권력」」, 『프랑스고전문학연구』 3, 2000.2.

차하순, 「『백과전서』에 나타난 사회사상」, 『역사학보』, 제53·54집, 1972.

AUDIDIÈRE, Sophie, BOURDIN, Jean-Claude & DUFLO, Colas, *L'Encyclopédie du Rêve de D'Alembert de Diderot*, CNRS éditions, 2006.

BARTHES, Roland, MAUZI, Robert & SEGUIN, Jean-Pierre, *L'Univers de l'Encyclopédie*, Paris, Les Libraires Associés, 1964.

BENREKASSA, Georges, «De l'*Encyclopédie* aux encyclopédies : proposer et communiquer un état de savoir», *Recherches sur Diderot et sur l'Encyclopédie*, N°18-19, octobre 1995.

DARNTON, Robert, *The Business of Enlightenment. A Publishing History of the Encyclopédie*, 1775-1800, Cambridge, Mass., et London, Harvard University Press, 1979.

__________, *L'aventure de l'Encyclopédie 1775-1800*, Paris, Seuil. 1992.

DIDEROT, Denis, *Oeuvres*, éd. par Laurent Versini, t. I, Robert Laffont,

1994.

_________, *L'Encyclopédie: Anthologie de 50 articles fondamentaux*, Fayard/Mille et une nuits, 2013.

DIDEROT, Denis & D'ALEMBERT, Jean, *L'Encyclopédie ou dictionnaire raisonné des sciences, des arts et des métiers : Textes choisis*, éditions sociales, 1984.

DOIG, Kathleen, «*L'Encyclopédie méthodique* et l'organisations des connaissances», *Recherches sur Diderot et sur l'Encyclopédie*, N°12, avril 1992.

HUBERT, René, *Les sciences sociales dans l'Encyclopédie. La philosophie de l'histoire et le problème des origines sociales*, Paris, F. Alcan, 1923.

KAFKER, Frank A., «Les encyclodédistes et le Paris du dix-huitième siècle», *Recherches sur Diderot et sur l'Encyclopédie*, N°10, avril 1991.

LOUGH, John, *The 'Encyclopédie'*, London, Prentice Hall Press, 1971.

_________, «Le prospectus d'une nouvelle édition de l'*Encyclopédie*», *Recherches sur Diderot et sur l'Encyclopédie*, N°4, avril 1988.

MARTIN H.-J. et CHARTIER, R. (sous la direction de), *Histoire de l'édition française*, T.II : *Le livre triomphant*, 1660-1830, Paris, Promodis, 1984.

MOREAU, François, *Le roman vrai de l'Encyclopédie*, Gallimard, 1990.

MORTIER, Roland, «Diderot et *l'Encyclopédie*», *Recherches sur Diderot et sur l'Encyclopédie*, N°18-19, octobre 1995.

PONS, Alain, «Encyclopédisme», in *La science classique. XVIème-XVIIIème siècle, Dictionnaire critique*, Paris, Flammarion, 1998.

PROUST, Jacques, *Diderot et l'Encyclopédie*, Paris, Albin Michel, 1995.

PUAUX, F., *Histoire de la Réformation Française*, Paris, Michel Lévy, 1860.

RABELAIS, François, *Pantagruel*, Paris, Éditions Gallimard et Librairie Général Française, 1964.

SOBOUL, Albert, *La Révolution française*, Paris, Gallimard, 1984.

TEGA, Walter, «La «folie» de l'ordre alphabétique et l'«enchaînement» des sciences, L'*Encyclopédie* comme système entre le XVIIIe siècle et le XXe siècle», *Recherches sur Diderot et sur l'Encyclopédie*, N°18-19, octobre 1995.

TORREY, Norman, L., «L'*Encyclopédie* de Diderot: "une grande aventure" dans le domaine de l'édition», *R.H.L.F.*, juillet-septembre 1951.

---

1 이 글에서 『백과전서』로 옮긴 프랑스어 단어와 '백과사전'으로 옮긴 프랑스어 단어는 'encyclopédie'로 동일하다. 하지만 디드로와 달랑베르의 책임 편집에 의해 완성된 백과사전은 『백과전서』로, 이외의 경우는 백과사전으로 표기하였다. 우리나라에서 디드로와 달랑베르의 백과사전은 『백과전서』라는 독점적 명칭으로 불리는 것이 일반적이기 때문이다. 그만큼 이 작품이 백과사전의 역사에서 중요한 위치를 점한다는 반증이라 할 것이다.

2 BARTHES, Roland, «Image, raison, déraison», dans *L'Univers de l'Encyclopédie, 130 planches de l'Encyclopédie de Diderot et d'Alembert*, Libraires associés, 1964, p. 11.

3 로버트 단턴, 『고양이 대학살-프랑스 문화사 속의 다른 이야기들』, 조한욱 역, 문학과 지성사, 1996, 270쪽.

4 1694년 발간된 토마 코르네이유Thoma Corneille의 『기술과 과학 사전*Dictionnaire des arts et des sciences*』, 1718년부터 수차례 개정판을 발간한 노엘 쇼멜Noël Chomel의 『경제사전*Dictionnaire oeconomique*』, 그리고 1727년 영국에서 발간된 체임버스의 『백과사전*Cyclopoedia*』 등을 대표적으로 언급할 수 있다. 즉, 『백과전서』는 이전에 발행된 사전들과 비교해 훨씬 방대한 규모를 자랑하기는 했지만, 최초의 시도는 아니었던 셈이다.

5 MOREAU, François, *Le roman vrai de l'Encyclopédie*, Gallimard, 1990, p. 23.

6 마들렌 피노, 『백과전서』, 이은주 역, 한길사, 1999, 56쪽.

7 *Ibid.*, p. 57.

8 PONS, Alain, «Encyclopédisme», in *La science classique. XVIème-XVIIIème siècle, Dictionnaire critique*, Paris, Flammarion, 1998, p. 478.

9 자크 프루스트는 『백과전서』의 공저자의 리스트를 알파벳 순서로 분류하고, 그들의 이력과 특기사항, 집필항목에 관해 정리한바 있다. 다음을 참조할 것. PROUST, Jacques, *Diderot et l'Encyclopédie*, Albin Michel, 1995, pp. 511-529.

10 GOUJARD, Philippe, «Introduction complémentaire» in DIDEROT, Denis & D'ALEMBERT, Jean, *L'Encyclopédie ou dictionnaire raisonné des sciences, des arts et des métiers : Textes choisis*, éditions sociales, 1984, p. 29.

11 "L'*Encyclopédie* fut [...] la première entreprise capitaliste dans l'histoire de la librairie." *IbId*.

12 TORREY, Norman, L., «L'*Encyclopédie* de Diderot: "une grande aventure" dans le domaine de l'édition», *R.H.L.F.*, juillet-septembre 1951. PROUST, Jacques, *Diderot et l'Encyclopédie*, Albin Michel, 1995, p. 45에서 재인용.

13 PROUST, Jacques, *op. cit.*, p. 45.

14 체임버스의 『백과사전』은 2절판의 책 2권과 30개의 도판을 포함하는 규모였다. 따라서 이 저작을 번역하려는 최초의 시도는 출판의 역사와 18세기 프랑스의 지적 역사를 뒤흔들만한 야심찬 기획은 아니었던 셈이다.

15 PROUST, Jacques, *op. cit.*, p. 37.

16 GOUJARD, Philippe, *op. cit.*, p. 34.

17 PROUST, Jacques, *op. cit.*, pp. 58-59 참고할 것.

18 GOUJARD, Philippe, *op. cit.*, p. 30.

19 DARNTON, Robert, *L'aventure de l'Encyclopédie 1775-1800*, Seuil. 1992, p. 41.

20 MOREAU, François, *op. cit.*, 1990, p. 104. 모로는 자크 프루스트와 달리 공저자의 숫자를 150명으로 기록한다. 하지만 『백과전서』의 공저자의 수는 프루스트의 조사에 따라 약 160명으로 산정하는 것이 일반적이다.

21 Arrêt du Conseil d'État du 7 février 1752.

22 MOREAU, François, *op. cit.*, p. 125.

23 실제로 1749년 『맹인에 관한 편지*La Lettre sur les aveugles*』에 나타난 무신론적 성향이 문제시되어 디드로가 뱅센 감옥에 투옥되었을 때, 출판업자들은 자신들이 그때까지 쏟아 부은 막대한 투자금을 회수하기 위해 『백과전서』의 발간작업이 계속될 수 있도록 탄원서를 제출하고, 이 탄원서는 디드로의 석방에 적지 않은 역할을 하게 된다. 그들은 자신들이 이미 이 사업에 80,000리브르를 투자했으며, 총 250,000리브르를 쏟아 붓게 될 것이라고 언급한다. PROUST, Jacques, *op. cit.*, p. 51 참고할 것.

24 이 항목은 일반적인 백과사전의 한 항목으로 보기에는 지나치게 긴 분량 때문에 주목을 끌기도 했다. 하지만 『백과전서』에서 가장 긴 항목은 다음 장에서 분석하게 될 「백과전서」 항목이다.

25 이탈리아의 신학자 소치니Fausto Paolo Sozzini(1539-1604)가 주장한 이단적 학파로 속죄贖罪와 삼위일체설을 부정한다.

26 D'ALEMBERT, Jean Le Rond, 「제네바」 항목. 이 글에서는 『백과전서』에 실린 글의 철자법을 현대화하지 않고 발간 당시의 철자법을 그대로 인용했다.

27 PUAUX, F., *Histoire de la Réformation Française*, Paris, Michel Lévy, 1860, p. 130.

28 D'ALEMBERT, Jean le Rond, 「서언」.

29 "En quoy je vous puisse asseurer qu'il m'a ouvert le vrays pays et abisme de encyclopédie, [...]." RABELAIS, François, *Pantagruel*, Paris, Éditions Gallimard et Librairie Général Française, 1964, p. 287.

30 D'ALEMBERT, Jean le Rond, 「서언」.

31 DIDEROT, Denis, 「백과전서」 항목.

32 VÉRAIN, Jérôme, «J'encyclopédise comme un forçat», in DIDEROT, Denis, *L'Encyclopédie : 50 articles fondamentaux*, Paris, Éditions Mille et Une Nuits, 2013, pp. 124-125.

33 DIDEROT, Denis, 「취지서」.

34 DARNTON, Robert, *op. cit.*, p. 30.

35 *Ibid.*

36 DIDEROT, Denis, 「백과전서」 항목.

37 HUBERT, René, *Les sciences sociales dans l'Encyclopédie. La philosophie de l'histoire et le problème des origines sociales*, Paris F. Alcan, 1923, p. 3. 위베르 이외에도 후대의 알베르 소불, 자크 프루스트, 로버트 단턴 등이 공통적으로 이런 의견을 표명한다. 참고문헌 볼 것.

38 다니엘 모르네, 『프랑스 혁명의 지적 기원』, 곽광수 외 역, 일월서각, 1995, 88쪽.

39 DARNTON, Robert, *op. cit.*, p. 32.

40 실제로 「제네바」 항목이 문제되었을 때 달랑베르는 더 많은 표현의 자유를 위해 프랑스가 아닌 국외에서 『백과전서』를 출판하고 싶어 했지만 디드로는 이에 찬성하지 않았고, 이러한 의견의 차이는 달랑베르가 『백과전서』와 멀어지는 한 이유가 되기도 했다.

41 이에 관한 수많은 예 중에서 다니엘 모르네가 인용한 다음의 구절은 『백과전서』에서 사용된 은밀한 비판의 기법을 잘 보여줄 수 있을 것이다. "진정한 기독교도라면 자식의 죽음을 기뻐해야 한다. 왜냐하면 죽음은 갓 태어난 아기에게 영원한 천국을 보장해주기 때문이다. […] 아, 우리의 종교는 얼마나 끔찍하고도 위안이 되는가!" 다니엘 모르네, *op. cit.*, p. 90 참고할 것.

42 알베르 소불, 『프랑스 혁명: 1789-1799』, 전풍자 역, 종로서적, 1981, 27쪽.

43 PROUST, Jacques, *op. cit.*, p. 38.

44 MOREAU, François, *op. cit.*, p. 62.

45 다니엘 모르네, *op. cit.*, pp. 88-89.

46 DARNTON, Robert, *op. cit.*, pp. 32-33.

47 MOREAU, François, *op. cit.*, p. 99.

48 DARNTON, Robert, *op. cit.*, p. 65.

49 *Ibid.*, p. 29.

50 1789년 이전 모든 출판사에서 발간된 『백과전서』의 총합은 약 24,000부에 이른다. 그것들 중 적어도 11,500부가 프랑스 독자들의 손에 닿았다. DARNTON, Robert, *L'aventure de l'Encyclopédie 1775-1800*, Paris, Seuil. 1992, pp. 62-63 참고할 것.

독일 백과사전의 계보

최경은

I. 고대와 중세 - 교양 프로그램에서 학술 정전으로

기원전 5세기 경의 교양운동인 소피스트주의에서 본질적으로 자유인들의 음악 교육에 대한 용어로서 그리스어 'egkyklios paideia'라는 용어가 생겨났다. 이 용어는 '대략의', '원형으로 순환하는', '일반적인 학설 혹은 교양' 등을 의미했다. 플라톤은 트리비움(문법, 수사학, 변증법)과 콰드리비움(산술, 기하학, 음악, 천문학)으로 구성된 자유예술artes liberales로 이 개념을 확장했다. 라틴어 상응어인 orbis doctrinae, orbis disciplinarum 등은 중세에 널리 사용되었던 용어였다. 고대에 교양의 정전을 가리켰던 용어가 중세에는 학문의 정전을 표시하는 용어로 변하였다. '정해진 형태로 된 학문의 영역'이라는 의미의 백과사전은 19세기에 이르기까지 거기에 서술된 텍스트 종류도 백과사전의 그런 의미에 맞게 발전되었다.

'학문과 예술의 근본 원리' 혹은 '영역'이라는 의미에서 중세의 어휘인 '백과사전encyclopaedia'은 포괄적인 지식 모음이라는 사고를 구체화시켜 주

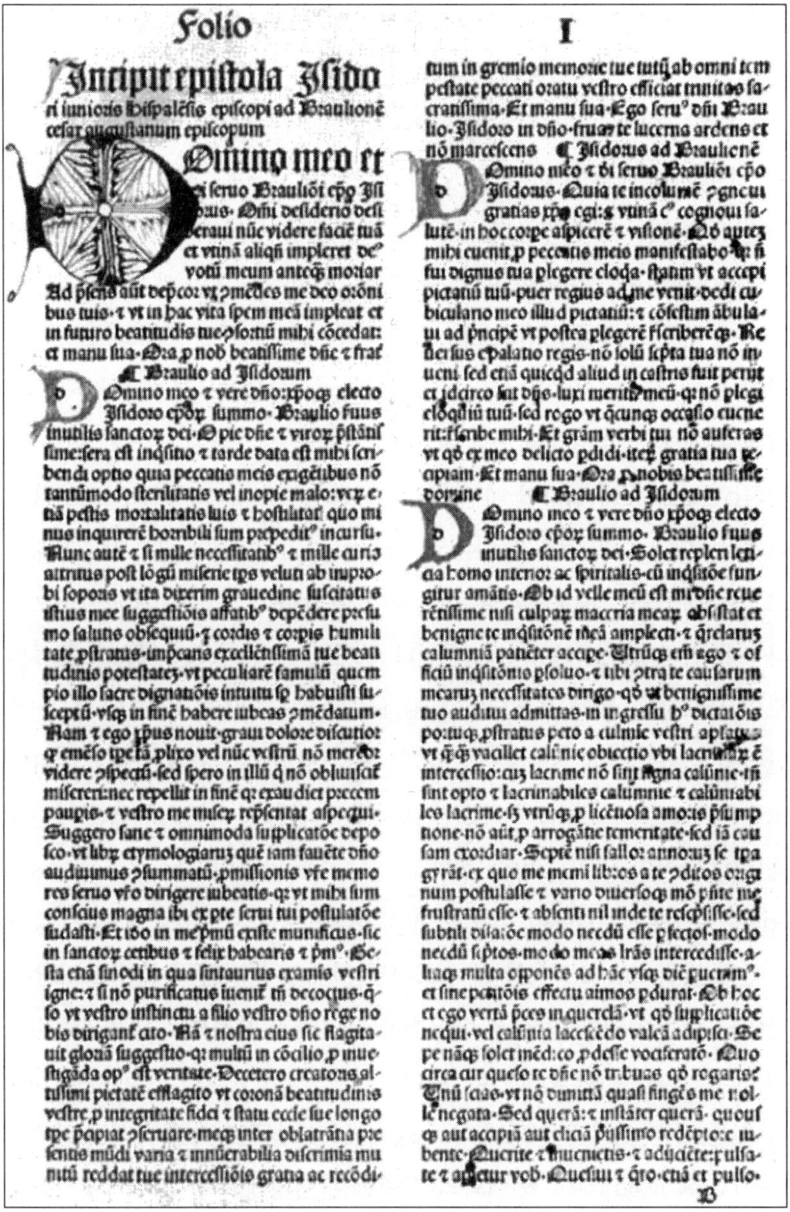
Folio I

Incipit epistola Isidori iunioris Hispalensis episcopi ad Braulionem cesaraugustanum episcopum

Braulio ad Isidorum

Isidorus ad Braulionem

Braulio ad Isidorum

〈그림 1〉 요한 아메르바흐가 1489년 바젤에서 인쇄한
세비야의 이시도루스의 『어원』

었던 몇몇 주요 작품들의 영향 하에서 그 개념을 점차 확정하게 되었다. 이들 작품 중 가장 뛰어난 작품이 세비야의 이시도루스Isodore of Seville (560-636)의 『어원*Etymologiae*』, 정확히는 Etymologiarum sive originum libri XX인데, 번역하면 '20권으로 구성된 뿌리와 원천에 대해'이다. '뿌리와 원천'은 방법론을 의미한다. 즉, 이시도루스는 용어와 용어의 소리에서 출발하여 용어를 성립사적으로 해석했고, 동시에 단어와 개념, 다시 말해 표현과 내용이 형이상학적으로, 자의적이 아니게 서로 연결되어 있다는 것이 전제되었다. 용어의 토론은 용어의 순서 문제로까지 확장되었다. 그 때문에 사전 유형학적으로 보면 이시도루스의 『어원』은 라틴어의 명칭론Onomasiologie에 입각한 사전으로 분류될 수 있다. 후에 20권으로 나누어져서 『어원』이라 불리게 되는 이 작품은 거의 1천편의 필사본이 전래되고 있는데, 개별 테마를 다룬 단편들이 여러 종류의 특수 백과사전으로 나누어 전래되기도 하였다. 단편이나 전체로서 이 작품은 텍스트 종류의 모범으로 오래 동안 사용되었고(Mittelstraβ, 1980), 인식론적 기본 사고, 즉 단어의 역사를 통해 사물을 인식하게 되는 방법론이 확산되었다. 슈바이크아르트Schweickard(1985)에 따르면 영향력이 엄청난 이시도루스의 어원론 개념이 단어의 의미론적인 '힘 라틴어로 'vis''에 맞추었다는 것이다. vis가 origo, 즉 (용인된) 단어 어원과 일치한다면 - 이시도루스의 경우 항상 신학적 관점으로 보고 있는데 - 표시된 사태의 본질적 특성이 드러난다. 단어의 어원에 대한 인식은 단어뿐만 아니라 일차적으로 사물의 '원래' 의미의 인식을 위한 전제이다. 단어들의 '진정한 핵심'으로서 어원étymon을 찾는 것은 이미 윈슬로 호머Winslow Homer 이래로 진지한 유희로 알려져 있다(Alpers, 1990:27 이하). 언어와의 강력한 관련성에도 불구하고 이시도루스의 『어원』은 백과사전으로 분류될 수 있다. 왜냐하면 의미 해명의 방식이 사물에 관련된 지식에 놓여 있고, 어원은 목적을 위한 수단에 지나지 않기 때문이다.

『어원』은 20권의 책 중 한 권만이 알파벳 순으로 정렬되어 있다. 나머지 책들은 주제 뭉치 외에 어떤 체계적인 순서도 갖고 있지 않으며, 소재를 짜깁기하는 방식으로 정렬하고 있다. 특정한 기준에 따르지 않는 이런 순서는 독자들이 어떤 주제와 그에 관련된 항목을 찾는데 불편함을 준다. 알파벳은 사용자에게 유익한 체계이며, 독자가 관련 주제를 쉽게 찾을 수 있지만, 주제에 대한 내용적인 체계화는 수행될 수 없었다.

그에 반해 내용을 중심으로 집필된 구성은 근대 초기에 이르기까지 신학적 혹은 철학적 근거가 제공되고 있다. 후자는 일반적으로 아리스토텔레스와 연결시키고 있다. 예컨대, 1200년 경 전형적인 백과사전은 창조주에 대한 장章으로 시작되며, 창조의 주요 부분과 그것의 성서적으로 유도될 수 있는 하부 구조(인간, 자연 등)를 기술하며 마지막 부분에서는 예술과 그 유사한 것을 기술하고 있다(Meyer, 1991:320 이하). 라이문두스 룰루스Raimundus Lullus는 14세기 초에 신학적으로 근거를 둔, 다시 말해 신의 특성에서 유도된 범주 시스템을 고안했다. 룰루의 시스템은 다음과 같이 6곱하기 9범주 개념들로 구성되었다.

1) 절대적 개념 (신적인 직함, 도덕 개념들)
2) 상대적 개념 (논리학의 영역)
3) 질문 (누가, 언제, 무엇을 등)
4) 객체 (신학적-인류학적 기본 개념)
5) 천신天神명 (미덕)
6) 악습 (악덕)

(Schmidt-Biggemann 1995, 8; Gardt 1999, 140 룰루 시스템의 그래픽 묘사 참조)

또 다른 정렬 모델은 사물의 관계를 수사학적인 근거가 뒷받침된 결론으로(Leinsle, 1995:100) 이끄는 배어법Topik과 자유예술의 전문분야 체제이다. 이것은 트리비움의 언어적 분야와 콰드리비움의 수학적-사실적 분야로 구성되었다. 배어配語법의 모델은 자유예술의 모델, 특히 철학적이고 형이상학적인 모델보다 어느 정도 언어와 더 가깝다. 이 모든 실증적인 정렬 모델에 대해서 언어 지식과 사물 지식이 결합된 자유예술의 모델은 주지하다시피 가장 널리 유포된 모델이다. 이것은 8세기 이래 서구 중세 교양의 기본 토대가 되었다.

알파벳 분류는 신학적 혹은 철학적으로 수고를 들여야만 근거를 댈 수 있다. 그러나 어떤 체계적-위계적 조직도 인식될 수 없는 용어, 그럼에도 불구하고 사전학적 구성으로 의도될 수 있는 용어의 경우 알파벳 분류가 유용하다. 예컨대 광물, 동물, 식물 용어가 그런 경우이며 부분적으론 선별된 금석문이나 눌러 만든 식물표본으로 수집된 것을 표기하는 용어 등이 린네종[1]과 같은 분류 이전에는 알파벳의 도움만으로 개괄될 수 있었다. 이런 맥락에서 이미 알베르투스 마그누스Albertus Magnus(1200-1280)는 사용자의 입장에서 알파벳의 편리함을 선전하기에 이른다.

근대에 형성된 언어관련 참고서와 알파벳 정렬의 관계는 결코 우연히 성립된 것은 아니었다. 마이어Meyer(1991:322 이하)에 따르면 알파벳 어휘목록이 1200년 경 이미 사물-백과사전의 모범이 되었다. 이미 초창기에 색인, 즉 타불래 알파베티캐tabulae alphabeticae, 알파벳으로 정렬된 표에 따른 오르도 레룸ordo rerum, 사물의 배열에 따라 서술이 보완되었다.

색인 제작 기술을 통해 13세기에 변화가 발생한다. 사람들은 후에 텍스트에 색인을 첨부한다는 사실을 알게 되고, 텍스트 자체의 구조를 점점 바꾸기 시작한다. 색인 어휘는 이미 쓰는 순간에 그 어떤 방식으로 강조되며, 표제어로 자리를 잡게 된다. 이렇게 해서 사전 항목과 닮은 부분 텍스트가 성립되었다. 마이어(1991:334)는 이것을 "장에서 항목으로 가는 변이"라고 명명했다. 이런 정보 기술적인 변화는 긴 독서나 시간을 많이 소비하는 찾기 작업 없이 개별 특수질문에 대한 정보만을 원하는 수용자의 관심에 호응한다. 이런 관심이 점차 늘어나고 관련 지식이나 출판된 지식이 점점 더 풍부해진 것은 분명한 사실이다. 인쇄술의 도입과 18세기 말에 일어난 소위 독서 혁명은 알고자 하는 정보에 대한 관심을 한층 더 증가시켜 주었음이 분명하다.

근대 초기에 학자들은 '상승하는 지식 물결'에 직면하게 되었는데, 특히 이런 지식의 물결은 서적인쇄술의 발명 이래 출판물의 증가하는 수량과 같이 르네상스 시대 정신적 지평의 확대에 기인되었다. 이런 상황에서 완전성이라는 목표는 점점 더 멀어지게 되었고, 정렬하는 관계라는 목표는 범위를 통해 상징화됨으로써, 백과사전식 아이디어의 핵심으로 되었다. 인문주의적 16세기의 세 가지 기본적인, 그리고 드물지 않게 결합되는 배열 모델은 전체적으로 고대의 분류를 따랐다. 첫째, 일곱 가지 자유예술Artes liberales 시스템이 중세에 덧붙여진 기술예술Artes mechanicae 시스템과 결합하였다. 둘째, 이론적 철학, 실용적 철학, 시학적 철학으로 나누는 아리스토텔레스의 구분, 셋째, 논리학, 윤리학, 물리학이라는 스토아학파와 신플라톤주의의 도식이 그것이다.

고대에서 인문주의까지 가능한 한 완벽한 지식의 수집이 추구되었고, 중세와 르네상스 이래 강력해진 배열의 목표가 이런 지식을 점점 더 중요하게 만들었다고 단언될 수 있다. 이런 두 가지 의도, 즉 지식의 완벽한 수집과 체계적인 배열은 오늘날까지 백과사전 텍스트에 적용되는 기본적 특성이다.

II. 바로크와 초기 계몽주의 - 학자 공동체를 위한 시스템

바로크와 30년 전쟁 시기(1618-1648)에 철학과 신학에서 전래되었던 고대의 정렬 모델이 확정되었지만, 시스템은 점점 복잡해졌다. 서술된 표가 점점 커지고 철학 외에도 신학이 동등한 자격으로 등장했다. 신학은 종파 투쟁의 시기에 이르면 더 이상 일반적인 형이상학에 머물지 않았다. 동시에 학문적 지식의 모음과 더불어 개별 학문들도 독자적인 영역을 구축하게 되었다. 지식의 통일에 대한 상상이 신성로마제국의 권력처럼 몰락해갔다.

이제 단어들이 사물의 순서를 이상적인 방식으로 충실히 모사하거나 필요한 경우 분명하게 언어에 영향을 미칠 수 있는 언어 이론적 전제가 추가되었다. 이제 지식의 일목요연함이 불가능해졌고, 언어기호의 명백함에 대한 이상을 갖게 되었다. 이 두 가지는 단순한 배열에 대한 소망을 강화시켰고 그럼으로써, 특히 알파벳 순서로의 경향을 강화시켰다(Schmidt-Biggemann, 1995).

이 당시 가장 유명한 백과사전은 요한 하인리히 알슈테트Johann Heinrich Alsted(1588-1638)가 펴낸 백과사전이었다. 그는 학문을 네 가지 그룹으로 구분하였으며, 백과사전이란 개념을 자유예술과 철학이란 협의의 영역을 넘어 '가르쳐질 수 있는 모든 것'에 이르는 것으로 보고, 이것을 실용적으로 확장시켰다. 그의 시스템은 마이어의 연구서Meier(1995:40)에 그래픽으로 서술되어 있다.

지식의 증가에 소위 신문백과사전Zeitungslexika이 등장하였는데, 이것은 17세기 초 이래 확산된 신문에서 이해하기 어려운 표현들을 설명해주는 사전이다. 예를 들면 외래어, 지리적 명칭, 정치적 명칭이나 고유명사 등을 설명해 주고 있다. 이런 기능을 갖춘 최초의 외래어 색인은 슈틸러의 신문백과사전Stieler(1695/1969)이다. 이 신문백과사전은 공공의 토론에 참여하기 위해 어느 정도의 도움을 제공하지만, 학자 공동체의 지식에만 관련되어 있지는 않았다.

백과사전에서는 언어가 '사물의 거울speculum rerum'로 간주되었을 뿐, 자율적인 개념적 시스템으로는 간주되지 않았다. 예컨대 소수의 기본 범주에서 나온 보편언어를 구축하려는 요한 아모스 코메니우스Johann Amos Comenius(1592-1670), 르네 데카르트René Descartes(1596-1650), 요한 아이힘 베허Johann Joachim Becher(1635-1682), 고트프리트 빌헬름 라이프니츠Gottfried Wilhelm Leibniz(1646-1716) 등의 시도도 이것과 관련된다. 보편언어Universalsprache란 단어-사물-관계에서 명백함이란 관점에서 실재 언어의 부족에 얽매이지 않고 명명의 어려움을 해소(라이프니츠, 데카르트)하거나 인간 상호 간 이해와 조화(코메니우스)를 생산해낼 수도 있는 언어를 의미한다. 보편언어를 진리탐구 과정에서 정립하려는 룰루스의 '결합 기술Ars combinatoria'과 같은 중세의 체계화 노력들이 다시 유행하게 되었다. 이런 체계화 노력은 백과사전과 보편언어의 구축뿐만 아니라 언어사용의 실용적 측면, 다시 말해 문체론이나 동의어 사전에 영향을 미쳤다.

프랜시스 베이컨Francis Bacon(1561-1626)에서 라이프니츠와 임마뉴엘 칸트Immanuel Kant(1724-1804)를 거쳐 게오르크 빌헬름 프리드리히 헤겔Hegel, Georg Wilhelm Friedrich(1770-1831)에 이르기까지 백과사전에 대한 철학적 아이디어는 아주 독창적으로 발전되었다. 보편언어와 일반적 학술 언어의 구축을 위한 라이프니츠의 노력은 모든 학문의 개념과 사항들이 몇 안 되는 기본 기호들의 잘 짜인 논리적 결합을 통해 표현될 수 있어야만 한다는 사실에서 출발한다. 알슈테트의 백과사전과 같은 백과사전적 작품들과의 비판적 관계에서 라이프니츠는 자연 연구, 역사, 지리학을 포함하는 것 외에도 아주 중요한 단어나 기호의 설명과 그것들의 사용도 백과사전에 넣을 것을 요구했다. 학문 도처에 만행하고 있는 무질서를 극복하고 '끔찍할 정도로 많은 양의 서적'(Dierse, 1977:35)의 주인이 되는 것이 중요했다. 이런 무질서는 어떤 서적도 자신의 소유로 볼 수 없는 상인의 재고 창고에 비유된다.

라이프니츠는 백과사전에 맞는 여러 가지 질서의 모델에 대해 토론했고, 결국 학술 용어의 배열이라는 또 다른 요소를 첨부했다. 용어들의 체계적 목록을 포함한 문법이 여기서 핵심 요소가 되는데, 왜냐하면 이것이 백과사전의 배열을 지지하고 있는 원칙이기 때문이다.

용어와 언어사전으로 구성된 백과사전이란 라이프니츠의 아이디어는 구체화되지 못했는데, 오늘날 일반적으로 인정되고 있는 것처럼 학술 언어, 특히 그 개념적 체계는 전혀 중요하지 않고 단지 비학술적 언어 형태로 등급을 나누어 구분하고 있기 때문이다. 요한 레온하르트 프리쉬Johann Leonhard Frisch(1666-1743)는 이 아이디어에 흥미를 가졌다. 그의 결과는 라이프니츠의 계획에서 멀어질 뿐만 아니라 역사적으로 성장한 전문 언어의 용어 문제도 보여주었다. 언어의 관점에서 세계를 체계적으로 설명하려고 노력한 시도들은 이로써 최초로 좌절된 것처럼 보였다.

언어와 관련되어 있는 알파벳 배열과 사물과 관련되어 있는 체계적 배열이라는 두 가지 전통 노선의 기능적 세분화가 초기 계몽주의부터 시작되었고 언어지식과 세계지식의 구분이 어느 정도 도입되었다.

그럼 여기서 17세기 가장 성공한 사전편찬자라고 말할 수 있는 코메니우스에 대해 자세히 살펴보자. 언어사전이나 백과사전의 역사에서 코메니우스가 기여한 공로는 대단히 크다. 그가 펴낸 두 권의 사전, 『열려진 황금의 언어문門 *Janua lguarum reserata aurea*』(1631)과 『그림으로 본 가시적 세계*Orbis sensualium pictus*』(1653)는 언어사전인 동시에 백과사전이다. 코메니우스는 이 두 사전으로 시대와 유럽을 망라하여 가장 많은 영향을 미친 사전편찬학자가 되었다. 위의 두 사전은 아동과 청소년을 독자층으로 했음에도 불구하고 높이 평가되어야 할 것이다. 여기서는, 특히 코메니우스가 사전편찬의 역사에서 얼마나 중요한 업적을 남겼는지 여러 관점에서 추적해 보자.

(2)

Invitatio.	Einleitung.

M. Veni, Puer! diſce Sapere.	L. Komm her/ Knab! lerne Weißheit.
P. Quid hoc eſt, Sapere?	S. Was iſt das/ Weißheit?
M. Omnia, quæ *neceſſaria*, rectè *intelligere*, rectè *agere*, rectè *eloqui*.	L. Alles/ was nöhtig iſt/ recht verſtehen/ recht thun/ recht ausreden.
P. Quis me hoc docebit?	S. Wer wird mich das lehren?
M. Ego, cum DEO.	L. Ich/ mit GOtt.
P. Quomodo?	S. Welcher geſtalt?
	M. Du-

〈그림 2〉 1658년 판 『그림으로 본 가시적 세계』의 서문 부분

1. 정보 전달의 방법

코메니우스는 반종교개혁에 의해 핍박을 받았던 프로테스탄트 교회인 보헤미아 형제회Brüder-Unität의 주교였다. 코메니우스는 신학적 동기와 인간성의 보편적인 개혁이라는 의미에서 종교적이며 합리적인 백과사전 시스

템을 구상했다. 그 시스템은 사물에 담겨져 있는 창조의 조화로움을 인식하고 그럼으로써 창조자를 인식하게 되는 것을 목표로 한 판소피[2] 운동의 일환이었다(Leinsle, 1995:112 이하; Gardt, 1999:144). 코메니우스는 당대 모든 백과사전편찬자와 언어사전편찬자처럼 일반적으로 인정되는 정렬로는 더 이상 귀속되지 않는 세계의 서술에 대한 해결책을 찾으려 했다. 그는 특히 알슈테트의 문하에서 연구를 했으며 그의 백과사전 이론과 카드 목록 작성방법을 배웠다. 그렇지만 그는 이런 것들이 아동 교육을 위해 사용될 경우에만 '좀 더 나은 것'에 도달될 수 있음을 깨달았다. 그 때문에 판소피의 시스템은 세계 질서의 상상적 모사가 백과사전이어야 할 뿐만 아니라, 동시에 새로운 배열을 도입하여 보통명사를 교육하려는 시도였다. 코메니우스는 종종 가르치는 사람을 분명하게 설정하였는데, 이것은 현실, 사고, 언어 내지는 사고, 언어, 행동의 조화로운 협력에서 출발하고, 이 세 단위를 거의 현대에서 느끼는 방식으로 서로 연결시키는 배열이다(Gardt, 1994:222-226). 비록 코메니우스가 그 당시에는 특별한 언어에 대해 사물의 우선권을 포기하지 않았을 지라도, 그는 언어의 인식론적인 중심 역할을 언급했다. 이시도루스의 경우와는 다르게 그는 언어에 중점을 두었다(Hüllen, 1992:158).

『열려진 황금의 언어 문』의 머리말에는 통합적인 학습 목표가 다음과 같이 표현되어 있다.

> 모든 사물의 차이가 무엇인지, 그리고 그 사물들이 올바른 (고유의) 이름을 어떻게 부여하는 지 [학습하고], 모든 사물의 차이가 무엇인지 그리고 그 사물들이 올바른 (고유의) 이름을 어떻게 표시하는지 [학습한다](Gardt 1994, 222에서 재인용).

용어는 정확한 의미론적 규정을 요구한다. 확고하게 연결된 시스템이 용어의 도움으로 성립되며 거기선 사물과 개념들이 대칭적으로 다루어진다. 고전주의적 정의 도식의 사용은 코메니우스 시스템의 또 다른 본질적 특징과 부합한다. 그 시스템에 따르면 복합적인 크기는 단순한 크기에서 발전되어 구성된다. 신의 배열은 소위 '원래 아주 단순하다.' 사람들은 유사성을 통해 기본적인 배열 원칙에서 복합적인 관계로 연결하는 것을 배워야만 한다. 코메니우스의 시스템은 이런 기본 원칙을 전달하고 있다. 종종 그는 자신의 책들을 '문, 대문, 출입구, 현관'이라고 명명하고 있으며(Dieterich, 1995:63) 그에 상응하게 자신의 사전들도 명명 시스템을 완벽하게 묘사하는 게 아니라, 기본 특징들을 범례적으로 중개해 주어야 한다.

2. 백과사전의 개념을 교육적 방향으로 설정

코메니우스에겐 개별 학문분과의 분류보다도 지식 전달의 문제, 즉 백과사전적 서적이 어떤 방식으로 서술되어야 하는가라는 질문이 더 중요했다. 소재의 누적보다는 사물의 기본 정보에 범례적으로 집중해야 한다는 것이다. 사물에는 모든 피조물들의 신적 조화로움이 가시화 되어 존재한다는 것이다.

판소피적인 백과사전의 범례적 원칙은 교육적이며 동시에 당대 다른 백과사전 프로그램보다 언어에 더 가깝다. 『사물의 문*Janua rerum*』 서문에서 코메니우스는 자신이 중개를 독자 중심으로 구성할 것이라고 썼다. 판소피적인 형이상학의 범주들은 인간의 인식능력이나 학습능력의 경우, 즉 인간적인 사고에서 서술되며, 그것은 신의 특성에 유사하다. 라인슬레 Leinsle(1995:116)에 따르면 코메니우스의 경우 세계의 사물들은 정렬된 것이 아니라, 사물의 이해와 거기서 도래하는 정신의 표상에서 나타난 신의 활동이다. 학식 있는 독자들을 위한 저서인 『사물의 문』(1681/1968, 25)에서 '사물Ding'은 '사고하다denken'로부터, '사건Sache'은 '말하다sagen'로부터 파생되어 나온다. 정신의 표상은 개별 언어가 표현하지 못하는 보편적인 인지구조Intellectûs structura를 형성하고 있다.

이미 언급한 두 편의 성공한 사전들은 명칭에 따라onomasiologisch, 즉 사물에서 출발하여 의미적 설명과 함께 모국어 용어를 기재하고 있다. 언어 이론과 백과사전 이론의 전제로부터 코메니우스의 경우 단지 명칭에 따른 처리만이 문제가 된다. 왜냐하면 여기서는 언어와 세계에 대한 동시대적이며 대칭적인 배열만이 어휘 수단을 통해 가능하기 때문이다.

『열려진 황금의 언어 문』과 『그림으로 본 가시적 세계』는 후자가 사물을 대표하는 정신적 단위를 위해 추가로 그림을 사용한데서 차이가 난다. 『그림으로 본 가시적 세계』는 코메니우스의 구상에 따라 라틴어와 독일어로 서술된 2언어 사전이 되었다. 여기서 특이한 것은 〈그림 3〉처럼 라틴어는 안티크바로 독일어는 프락투어로 각각 인쇄되었다는 점이다.[3]

각 페이지의 상단에는 〈그림 3〉처럼 일종의 제목 혹은 상위개념이 기재되어 있다. 페이지의 위 3분의 1은 상위개념이 그림으로 묘사되어 있는 목판화가 나온다. 세계는 예를 들면 나라, 하천, 하늘, 동물, 인간 등을 보여준다. 그림에서 개별 요소들에 번호가 매겨져 있다. 그림 밑에는 텍스트가 2단으로 나누어져 인쇄되어 있는데, 왼쪽에는 라틴어, 오른쪽에는 그에 상응하는 독일어가 나온다. 텍스트는 그림의 내용을 서술하는 단순하게 구성된 문장들, 예를 들면 '화물선Lastschiff'의 의미는 "그 배는 노가 아니라 바람에 의해 앞으로 진전해 나간다Das Schiff wird fortgetrieben/ nicht durch Rudeln/ sondern von Winden"로 시작된다. 몇몇 단어 뒤에 기재된 번

(182)

LXXXIX.

Navis oneraria. Das Lastschiff.

Navigium, 1	Das Schiff 1
impellitur,	wird fortgetrieben/
non remis,	nicht durch Rudeln/
sed solâ vi ventorum.	sondern von den Winden.
In illo	In demselben
erigitur	wird aufgestellet
Malus, 2	der Mastbaum/ 2
undiq;	ringsum
ad *Oras* Navis	an den Bort des Schiffs
funibus 3 firmatus;	mit Seilen 3 befästet;
cui annectuntur	an welchen gehängt werden
Antennæ, 4	die Segelstangen/ 4
his, *Vela*, 5	an diese/ die Segel/ 5
quæ ad Ventum	welche gegen dem Wind
	expan-

〈그림 3〉『그림으로 본 가시적 세계』의 'Schiff배' 항목

호는 그림에서 그에 상응하는 부분에 같은 번호로 표기해 놓고 있다. 이런 방법으로 그림으로 표현된 사물과 단어가 서로 짝을 이루게 되며 거기서 더 나아가 창조의 순서에 따라 상호 연관성을 기술한다. 이와 같이 상위개념들의 알파벳 색인은 단어와 관련시켜 다르게 찾는 방법도 가능하도록 구성되어 있다.

『그림으로 본 가시적 세계』는 한 가지 사물의 서술이나 명칭이 아니라, 좀 더 복합적으로 하나의 사항과 이와 관련된 단어영역을 서술하고 있기 때문에 한 가지 사항은 서술 내부에서 요소나 그것의 명칭으로 세분화된다. 그림과 언어가 한 사항의 관계를 인지한 상태에서 상호 관계가 성립된다. 이런 방식의 설명은 그 당시 지식 전달의 방법을 기술해 왔던 역사에서 여전히 적합하지 않은 것으로 평가되었다. 그러나 이러한 기술방식은 오늘날 하이퍼미디어 기술과 비교해도 결코 뒤떨어지지 않는 혁신적 시도라 할 수 있으며, 현대 의미론의 범주에서 소위 프레임과 스크립트라는 병행적 서술을 상기시켜 준다.

서술 원칙은 『그림으로 본 가시적 세계』의 개정판에서도 유지되고 있다. 그 보기로서 다음과 같은 문장이 인용될 수 있다.

> 새로운 『그림으로 본 가시적 세계』는 청소년을 독자로 하고 있으며, 자연, 예술, 인간의 삶 등의 배경이 322점의 석판화로 그려진다. 독일어, 라틴어, 프랑스어, 영어로 정확한 설명을 첨부하였으며, 코메니우스의 초기 판본에 따라 개정되고 현재의 시대적 요구에 따라서 J.E. 로이트링겐Reutlingen에 의해 1835년 수정되었다(Gailer/Göbels, 1835/1979).

개정판에서는 상위개념의 숫자가 증가하였으며, 그것들의 배열도 변하였다. '세계die Welt'가 첫 항목이며, '죽음과 장례der Tod und das Begräbnis'가 마지막 항목이다. 기술적인 발명품도 새로운 개념으로 수용되었는데, 예컨대 '전신술die Telgraphie' 같은 것이다. 설명하는 텍스트는 좀 더 길어졌고 문장도 복잡해졌으며 그림은 목판화에서 동판화로 바뀌어 좀 더 세밀해졌지만, 번호를 통한 대응 관계 표시는 없어졌다.

필츠Pilz(1967)의 연구는 모든 시대를 망라하는 이 성공적인 사전의 출판 역사를 추적하고 있다. 그에 따르면 1653년에 출판된 오리지널 라틴어본에서 시작하여 1965년까지 244번에 걸쳐 유럽의 거의 모든 언어로 개정판을 인쇄하였다. 최초의 라틴어-독일어본은 코메니우스 자신에 의해 1658년 출간되었고, 1년 후 라틴어-영어본이 나왔다. 1662년에 발간된 최초의 네 가지 언어 판본은 라틴어, 독일어, 이탈리아어, 프랑스어로 인쇄되었다. 『그림으로 본 가시적 세계』는 부제에서 오토 슈파머Otto Spamer에 의해 1870-1882년에 걸쳐 편집된 『삽화 담화백과사전*Illustriertes Konversations-Lexikon*』으로 명명되기도 했다(Zischka, 1959:3).

3. 독일 표준어의 형성

『그림으로 본 가시적 세계』를 처음으로 독일어로 번역하고 목판화의 제작을 주도했던 인물은 바로크 언어협회 회원이며 시인이었던 지그문트 폰 비르켄Sigmund von Birken이었다(Pilz, 1967:41). 사전편찬학자인 마티아스 크라머Matthias Kramer는 1707년 『그림으로 본 가시적 세계』의 4언어 판본을 책임 편찬하였다. 많은 유명 시인들도 이 사전에 대해 언급하고 있는데, 예를 들면 요한 볼프강 폰 괴테Johann Wolfgang von Goethe(1749-1832)도 자신의 어린 시절을 회상하는 회고록 『시와 진실*Dichtung und Wahrheit*』의 1권과 14권에서 『그림으로 본 가시적 세계』를 '낡은 것'으로 서술했지만, 동시에 아동에 대해 끊임없는 흥밋거리가 서술되어 있다고 밝히고 있다.

코메니우스가 44년 동안 작업했던 『보헤미아 언어사전*Thesaurus der böhmischen Sprache*』이 1656년 그의 나머지 소유품과 함께 반종교개혁 폭동으로 소각되었을 지라도 코메니우스 자신은 보헤미아의 표준어 발전에 지대한 영향을 미쳤다(Dieterich 1995, 22, 97). 특히, 독일어 표준어 형성에 있어 『그림으로 본 가시적 세계』가 미친 영향은 명확하진 않지만, 학교의 독일어 수업에서 그 작품의 엄청난 확산을 생각해본다면 결코 적지 않았을 것이다. 아동용 사전인 점과 그리고 그림으로써 일상어에 미친 영향의 한계는 이 사전을 연구대상으로 '격상'하지 못하게 한 이유였지만, 독일 표준어의 형성에 미친 영향만큼은 『루터성서』에도 결코 뒤지지 않을 것이다.

III. 계몽주의 - 이성의 체계

17세기 대부분 형이상학적으로 제작된 백과사전의 체계는 18세기 후반기에 이르면 계몽주의 사상과 대립하게 된다. 여기서 특히 백과사전의 정전이라 할 수 있는 프랑스 『백과전서*Encyclopédie ou Dictionnaire raisonné des sciences, des arts et des métiers*』[4]의 저자인 드니 디드로Denis Diderot(1713-1784)와 장 르 롱 달랑베르Jean Le Rond D'Alembert(1717-1783)의 체계적 사고에 대립하게 된다. 점점 전문화되는 많은 양의 지식은 사회에 많은 수의 포럼 형태로 퍼지게 되었다. 즉, 아카데미, 지식인 협회, 개인 살롱 등, 이런 포럼에서는 더 이상 어떤 사람도 모든 지식을 조망할 수 없고, 알고 있는 사람이라도 단지 일시적으로, 그리고 소수의 사람에게만 유용하게 되었다. 학술문헌이 개괄할 수 없을 정도로 많게 되는 곳에서 백과사전들이 성립되었다. 백과사전은 목차와 인쇄술을 통해 소재에 접하게 해주며 거기서 더 나아가 도서관을 완벽하게 대체할 수 있게 해주었다. 그에 상응하여 언어사전적이며 백과사전적인 텍스트들의 제작이 다양해졌다.

특수 분야와 학술 작업의 세분화, 전문가 그룹으로 학자 공동체의 사회적 세분화와 텍스트 종류의 기능적 세분화로 인해 학문 전반에 걸쳐 보편적으로 간주되는 체계적 순서가 붕괴되었고, 알슈테드와 코메니우스의 경우처럼 기존의 형이상학적으로 유도된 서술의 완벽성 요구도 마침내 사라졌다.

시스템의 상대화Relativierung와 배열의 변화 이외에도 백과사전 서술의 두 가지 다른 특징이 계몽주의 시대에 등장한다. 즉, 교육Pädagogisierung과 세분화Differenzierung이다.

1. 시스템의 상대화와 배열의 변화

시스템 구상에서 상대화는 계몽주의의 중심 사상, 즉 인간의 정신은 역사의 진보와 더불어 꾸준히 진보한다는 사상에서 나온 결과이다. 거기에 반해 어느 정도는 완결된 인식과 영원한 유용성을 요구했던 시스템과 배열은 단지 제한적인 것으로 간주된다. 디드로는 1758년 2월 19일에 볼테르Voltaire(1694-1778)에게 보낸 편지에서 "수학의 지배는 더 이상 지속되지 않을 겁니다. 취향은 변화합니다. 이제 우리는 자연사와 문학의 제국에 서 있습니다"(D'Alembert, 1750/1955, 251)라고 썼다. 상대화라는 개념 하에는 물론 이런 관계는 현대 구조주의의 의미에서 문화 상대주의가 아니라 일반적인 인간 이성과 인지능력의 사용을 통한 세계질서와 존재질서의 '유연화'를 고려한 것이다.

프랑스 백과전서파는 백과사전 시스템의 절대성을 파기하는 데서 어떤 배열이나 확신을 잃어버린 것이 아니라, 반대로 그것을 장점으로 이해했다. 『백과전서*Encyclopédie*』에 바탕을 둔 학문 시스템은 유일하게 가능한 시스템이 아니며, 그럼으로써 구속력이 있지도 않다. 모든 시스템은 원칙적으로 관점에 따라 달라진다. 물론 백과전서파가 그들 자신의 관점과 백과사전 시스템의 정치적이며 도덕적인 정당함에 대해 확신하고 있었지만, 이론적으로 그들은 왜 옛날의 권위적 시스템이 '무력하게' 되어야만 하는 지 그 이유를 설명했다.

> 그러나 올바른 형식을 찾았다고 우리가 자랑할 수 있는가? 자연이 우리 감정의 원래 대상과 직접적인 인지를 묘사하는 개별 사물들로 구성되어 있다는 사실을 우리는 충분히 자주 반복할 수는 없다. 더군다나 우리

> 는 이런 개별 사물들에서 공동의 특성을 주시한다. (…) 그리고 이런 대상들에 부여할 추상적 용어를 지닌 특성은 개별 부류의 형성으로 나아간다. 그러나 하나 혹은 다수의 특성에 따라 하나의 범주로 귀속되는 대상이 흔히 파악되는데, 다른 질을 통해 다른 범주로 넘어가서 거기서도 속할 수도 있을 것이다. 따라서 일반적인 구분은 자의적인 것에 필연적으로 자유롭지 못하다(D'Alembert, 1750/1989, 47).
>
> 보편적으로 유효한 시스템은 인간이 알 수 없는 신에게서나 존재하는 질서와 동일시 될 수 있을 것이다. 그 대신에 한 단면만이 적용되는 시스템은 가능하다. "삼라만상 전체의 모습은 우리에게 비밀로 남아있고 그 표현만을 몇몇 크고 작은 섬들로 알아볼 수 있게 하는 거대한 대양과 같다"(달랑베르).

시스템의 상대화와 더불어 이것을 묘사하는 배열 원칙도 유효성을 잃어버린다. 백과사전 서술의 관점 관계를 파악하기 위해 유일하게 의미 있는 배열 방식은 알파벳이다. 물론 이것은 그 유용성으로 인해 달랑베르로부터 칭송 받았다. 이런 배열 원칙은 독자를 향한 백과사전의 광고이기도 하다. 디드로는 『백과전서』에서 그가 백과사전 배열의 가장 중요한 관점으로 표시했고 검열을 피하기 위해 사용되기도 했던 지시의 철학을 발전시켰다(Albert, 1995:203). 특히, 『백과전서』에서 그림들은 코메니우스의 『그림으로 본 가시적 세계*Orbis pictus*』에서처럼 복합적인 줄거리 관계를 표현하고 있다.

달랑베르는 『백과전서』에서 독자들이 중요한 나라들이나 그 연결만을 보여주는 조망에서 전체적인 그림을 가지게 된다고 주장한다. 그러나 저자들은 이런 세계 지도를 어디서 얻었던가? 그들은 프랜시스 베이컨Francis Bacon(1561-1626)의 시스템 『학문의 위엄과 진보에 대하여*De dignitate* *et augmentis scientiarum*』(London, 1605)를 참조하여 그 지도를 복원한다. 그림은 베이컨 자신에 의해 그 가지가 개별 학문인 수형도와 비교되며, 모든 인식이 유래하는 공동의 원천으로 제시된다. 즉, 이것은 이전에 그것이 창조주 신이었던 것처럼, 이제 "기억, 이성 그리고 상상력"이다. 달랑베르는 베이컨식 학문시스템을 『백과전서』 서론에서 접혀져서 따로 분리되어 있는 페이지로 인쇄하였다.

그러나 『백과전서』의 저자에 의해 선택되고 베이컨에서 형식을 갖추게 되었던 이런 시스템은 순수한 사고의 산물은 아니었다. 그 시스템은 시민적으로 저술된 개개인, 그의 지각, 능력 등으로 달성되었다. '체험'의 주도 이념에서 그들은 세계의 물리적 사건과 그들에게 점화되어 형성된 사고 사이에 있는 해결할 수 없는 결합을 도출해 내었다. 그런 점에 있어서 『백과전서』는 그들의 언어적 개념적 이해 외에도 사물의 직접적인 가치관을 동등하게 설정했으며 둘을 결합시켰다.

알파벳 배열이 지식의 관계를 파괴시키고 있다는 비판은 프랑스 『백과전서』 출간 이래 현재까지 반복되고 있다. 비판은 19세기 초에 심지어 '백과사전주의Enzyklopädismus'라는 새로운 경멸적인 표현도 만들어 내었다. 이 표현은 '지식의 수집, 정신도 없고 비판도 없는 지식 요소들의 축적'을 의미하였다. 이런 비난은 '백과사전'이라는 용어의 개념사에도 영향을 미쳤다. 예컨대, 30종의 사물사전과 20종의 언어사전을 소유했던 것으로 알려진 헤르더와 괴테는 백과사전을 부정적으로 평가했으며(Dierse, 1977:68; Schalk, 1977:223), 오늘날까지도 백과사전학이나 사전학이 학술적 행위로 간주되지 않고 저자들이 교정자나 편집자로 간주되는데 그치고 있다.

백과사전에서 지식의 완성이라는 특징이 전문적인 세분화를 통해 와

해되었고, 이제 시스템적 배열이라는 특징도 백과사전의 의미 요소에서 사라지게 될 것이다. 저자의 순수한 경험이나 세계관에 의해서 선택된 지식의 요소가 알파벳 배열로 기재될 따름이다. 저자의 선택은 학문 내적이며 대상 관련적인 기준을 따를 수밖에 없다.

2. 백과사전을 통한 교육

백과사전을 통한 교육은 계몽주의의 이념에서 유래한다. 계몽주의자들은 '교양'으로 사람을 평가하고, 교양을 지식 전달이나 '좀 더 나아짐'의 대상으로 삼았다. 종교개혁 이래 이런 교육적인 자극은 백과사전 사고에 비록 부수적인 것이지만 편입되었다. 백과사전은 지식의 완전한 대표성을 의미하며, 평민을 위해 지식인들이 지식을 범례적으로 전달해 주는 것을 그 기능으로 하였다. 계속 증가하는 지식은 양, 특히 기술적-공장 수공업적 분야의 지식과 사회 계층에서 변화, 특히 시민계급과 시민적 교양의 발전 등으로 인해 야기되었다.

계몽주의의 백과사전 편찬자들에겐 '학술적 교양을 통한 시민 사회의 계몽'이라는 구호가 유효하였다. 그들의 프로그램은 사회가 그것을 통해 갱신되는 것을 목표로 한다. 이런 혁명적 목표는 백과사전편찬자들에 대한 검열과 박해를 야기 시켰으며, 지식과 교양을 하나로 보기 위해, 지식 공동체와 알파벳화된 '단순' 교양인, 백과사전 수용자와 신문이나 신문 백과사전의 이용자 사이의 사회적 분리를 두드러지게 만드는 결과를 초래했다.

3. 지식 전달의 세분화

프랑스의 백과전서에서는 지식의 비학문적 영역, 자유예술과 기술적인 기술력 등이 중요하게 평가되었다. 그러나 교육적인 요구로부터 지식의 양을 기본적인 원칙과 범례적 단면으로 제한하려는 불가피성이 그 결과로 나왔다. 비록 달랑베르가 서문에서 백과전서가 "교양인에게 모든 방향으로 도서관을 대체할 수 있고, 직업 지식인을 포함해 어떤 분야에서도 도서관을 대체할 수 있다"(d'Alembert, 1750/1989, 113)고 말했을 지라도 백과사전은 더 이상 한 시대의 완벽한 대표성을 지닐 수 없게 되었다. 중세 이래 존재해왔고 이미 17세기에 학문의 통일성을 해체시키기 시작했던 전문백과사전의 수는 18세기 중엽 이래 학문의 세분화가 이루어지는 속도로 증가하였다(Klein, 1995). 백과사전은 처음부터 특정 분야로 제한되었으며 실용적 수업과도 연결되어 있었다. 이것에 대해 '백과사전식 강연들'이 나타났는데, 이 강연들은 18세기 중엽 모든 전문분야에서 일반적 현상이었을 뿐만 아니라, 부분적으로는 의무이기까지 했다(Dierse, 1977, 44/73). 이 강연들은 백과사전을 교재로 다루었다.

18세기에 이르러 독일어가 전문백과사전의 언어로서 관철되었다. 전문백과사전은 일반적으로 라틴어와 그리스어 모델에 기인하고 있었기 때문에 이제 라틴어 용어에 해당하는 독일어 등가어가 찾아져야 했고, 가끔 그 선택에 근거나 해명을 주어야 했다. 그것을 통해 사물에 대한 지식에 대비해 언어에 대한 지식 중개가 전면에 등장하게 되었다(Klein, 1995, 28ff.).

백과사전이 더 이상 지식의 전체적 개관이 될 수 없다면 일련의 전문적이며 동시에 언어 관련적인 지식 수집이 그 자리를 대신하거나 최소한 그 자리에 등장해야 했다. 이런 발전을 시스템의 상대화를 통해 하나의 관점으로 모으면 이런 텍스트 역사적인 발전의 결과는 전문분야들의 관계를 위해 서로 고려될 수 있다. 전문분야가 교차하는 경우는 동일한 책에서 더 이상 발생되지 않았다. 전문 분야들은 더 이상 어떤 필연적 관계에 있지 않고 독자적으로 발전해 나갔다. 용어의 공동 핵심을 지시하는 학술 어휘(시스템, 기능, 구조, 형식, 규칙 등)는 이런 핵심 영역에서조차 의미론적으로 분리된다. 그와 더불어 각 분야에 대한 집중이 많은 장점(정확성, 집중도, 세분화)들을 가져왔다.

프랑스『백과전서』의 성립은 출판사의 경제적 욕구에서 출발했다. 출판사는 성공적인 영국의 모델, 이프라임 체임버스의『백과사전: 예술 및 과학 일반사전*Cyclopedia; or an Universal Dictionary of Arts and Sciences*』(London, 1728, 2권)을 번역하여 프랑스어로 출판하길 원했다.『백과전서』는 1751-1772년에 17권으로 출간되었고, 1776-1777년에 5권의 증보판이 출판되었다.『백과전서』는 6만 개 이상의 표제어가 142명의 언급된 저자와 그 외 언급되지 않은 많은 저자들에 의해 저술되었는데, 그 중에는 볼테르, 루소, 몽테스키외 등과 같이 유명한 사람들도 있었다. 백과전서파라고도 불린 저자들은 그럼으로써 '혁명적'으로 표시되었으며 '문인 기업société de gens de lettres'으로 그룹 정체성을 형성했으며 약 4천명의 주문자 대부분과 마찬가지로, 시민계급에 속하였다(Darnton, 1993, 26ff.).

비 학술적인 지식인으로『백과전서』의 독자 그룹을 확대하는 것은 새로운 사건이었다. 그에 상응하여 소재는 '과학'뿐만 아니라 '예술'과 '직업'도 거의 동등하게 취급되었다. 백과전서파는 체계적으로 전문문헌의 원천을 충분히 활용하였다. 특히, 디드로는 수공업과 공장제 수공업을 연구하거나 실재 실험해보고 수공업자들에게 그가 맡은 일과 용어에 대해 질문하기 위해 규칙적으로 아틀리에나 작업실을 견학했다고 보고하고 있다(d'Alembert, 1750/1989, 109ff.).

코메니우스가 그림사전을 일상어와 공동어로 만들어 내었다면 『백과전서』는 학술적-기술적 대상과 그 용어에 관련된 그림들을 광범위하게 담고 있는 최초의 찾아보기 서적Nachschlagewerk이다. 작업장의 면대 면 상황에서 전문적 교제어로 된 다양한 필수적 용어를 통해 문서적으로 지식 중개를 위해 필수불가결한 표제어들이 『백과전서』에는 빠져있다. 그림들이 이런 문제를 해결해 주는데, 왜냐하면 언어로 표현하기 어려운 개념들이 그림으로 묘사된 생산 관계에서 분명해지고 서로 관련되어질 수 있기 때문이다.

『백과전서』에서 어휘에 대한 언어와 정보는 어떤 가치를 가지고 있었던가? 백과전서파가 영국 모델을 수용했을 때 이미 정해졌던 두 번째 제목(백과사전과 언어사전…)은 저자들에 의해 아마 여기서 사물과 언어 관련 찾아보기 서적과 결합되어야 한다고 생각하진 않았을 것이다. 아마 『백과전서』는 지식의 시스템을 정립하라는 요구로 이해되었고 '언어사전dictionnaire'은 포괄적인 목록을 선취하는 요구로 이해되었을 것이다. 베이컨은 특히 『백과전서』에 적용된 시스템의 언어에 회의적인 태도를 취했다(Gardt, 1999:40). 그에 상응하여 『백과전서』의 기저에 놓인 범주들은 개념으로서가 아니라 현실 세계로 파악된다. 그러나 편집 기간 동안인 1758년 1월 29일에 라우잔느에서 볼테르는 달랑베르에게 다음과 같은 내용의 편지를 썼다.

그리고 당신의 『백과전서』에 슬며시 파고드는 무의미한 서술을 더 이상 허용하지 마십시오. 우리의 적들에게 예술 분야에서 완전히 실패했다든지, 혹은 야유까지 하는 사람들이 이제 예술에 관한 규칙들을 함부로 정립하고

> 자신들의 우스꽝스러운 망상을 합법적인 것으로 간주한다는 불평을 지껄일 일말의 정당함도 주지 마십시오. 특정 항목이 부풀려져 호되게 비난받을 도덕을 차단하십시오. 독자는 한 단어의 다양한 의미를 알길 원하며 이 단어의 무색 공동 영역을 싫어합니다(d'Alembert, 1750/1955, 249).

따라서 볼테르는 『백과전서』를 실물 세계와 사회적 세계의 시스템화가 '단어'로서의 표제어에 대한 의미론적 정보와 결합하는 일종의 다용도 사전으로 인식하였다. 특히, 후대와 다른 나라의 독자라는 입장에서 이 영향력 있고 모범적인 작품의 이중 제목은 의심의 여지없이 백과사전과 언어사전을 동일시하는데 기여했고, 언어관련 찾아보기 서적과 실물관련 찾아보기 서적의 전통 노선을 서로 접근시키고 오늘날의 혼합 형태를 야기하게 만들었다.

표제어 '언어사전Dictionaire'과 서문에서 달랑베르는 '정의'의 가치와 무가치를 상세히 설명하고 있다. 그러나 여기서 그에겐 물리적 사건과 그것의 직접적인 체험에 대한 학술적 개념 형성의 역 관계가 중요하며, 현실에는 상응하는 것이 존재하지 않는 순수 추상적으로 구성된 개념에 대한 비판을 언급하고 있다. 여기서 정의는 언어학적이 아니라 철학적-학술이론적 과제로서 이해된다. 그 대상은 언어사전이 묘사하고 있는 것처럼 부분적으로 모호하고 정해지지 않은 공동어의 용어가 결코 아니다.

물론 『백과전서』가 서술하고 있는 자유 예술에는 문법, 수사학, 문체론 그리고 특히 프랑스 언어와 문학에 대한 서술이 속해있다. 이런 점에서 모든 종류의 백과사전은 언어학적 상상의 대중적 확산에도 분명 기여했을 것이다. 그 당시 이런 것이 무엇이었고 그런 것이 어떤 근거를 지녔었는가 등은 보다 정확한 연구를 시도해 볼 동기를 부여하게 하며 오늘날의 언어학에 사회적 상대성에 대한 많은 정보를 알려줄 것이다.

『백과전서』의 명성은 프랑스를 넘어 여러 나라로 번져갔다. 『백과전서』는 수많은 모방작을 야기했다. 모방작들은 콘셉트나 방법론을 필수로 복제하지는 않았지만, 항상 경제적으로 성공했다. 즉, 모방작들은 『백과전서』의 사회적 필요성을 충족시키려 노력했다. 실용적인 것, 그리고 경제적으로 가치 있는 것은 이론적인 것에 대해 우위를 점하고 있었다. 이 시기에 교양을 필요로 하고 역사에서 소외되었던 패배자들을 독자로 흡수한 대중적인 백과사전도 성립되었다. 뉘른베르크의 목사 요한 페르디난드 로트Johann Ferdinand Roth는 1788년 한 저서를 편찬했는데, 그 제목이 대중 백과사전의 기능을 정확히 제시하고 있다.

> 모든 계급, 특히 대학을 다니지 않은 사람들에게 공동으로 유용한 사전이며, 구어적 대화와 문어적 에세이에서 가장 많이 사용되는 관용구, 표현, 전문어의 짧고 분명한 설명이 알파벳 배열로 정리되어 있다. 쓰는 것과는 다르게 말해지는 단어의 목록, 그리고 아주 많이 사용되는 약어의 설명도 곁들어져 있다(Albrecht 1995, 235에서 재인용).

여기서는 대중 백과사전, 정서법사전, 외래어사전 등의 혼합 사전이 다루어지고 있는데, 이것은 학창시절을 훨씬 지나버린 많은 성인 독자들을 위한 것이었다. 이런 종류의 저서들은 사물지식과 언어지식의 구분에 대해서는 전혀 관심이 없었으며, 반대로 사회적 담화에 참여하기 위한 언어 능력과 사물 지식을 입증해 내는 것이 중요했다.

독일어권에서는 프랑스의 『백과전서』를 모방한 3종의 백과사전이 출판되었다. 그 중 초기 계몽주의에 속하는 것으로 출판업자 요한 하인리히 체들러Johann Heinrich Zedler(1706-1761) 이름으로 나온 『모든 학문과 예술의 완전한 대 유니버설 백과사전』이 있는데, 모두 64권으로 구성되어 있다. 이 백과사전은 할레와 라이프치히 출신 학자들에 의해 저술되었으며 1732년에서 1754년 사이에 출판되었다. 이 책의 주 내용은 지리적 정보와 왕조를 비롯한 인물관련 정보이지만, 수공업과 상업에서 시민의 활동도 많이 수록하고 있었다(Eybl et al., 1995:307).

Grosses vollständiges
UNIVERSAL
LEXICON
Aller Wissenschafften und Künste,
Welche bißhero durch menschlichen Verstand und Witz
erfunden und verbessert worden.
Halle und Leipzig,
Verlegts Johann Heinrich Zedler.
Anno 1732.

〈그림 4〉 체들러에 의해 인쇄된 『유니버설 백과사전』(18세기 가장 유명한 독일어권 백과사전으로 간주된다.)

의사이며 작가인 요한 게오르그 크뤼니츠Johann Georg Krünitz(1728-1796)는 242권으로 독일어권에서 가장 두껍게 저술된 찾아보기 백과사전 『알파벳으로 정렬된 경제 기술 백과사전 혹은 국가-도시-가정 그리고 농촌과 예술사 등의 일반 시스템』(Berlin, 1773-1858)을 저술하였는데, 그 중 최초 73권을 혼자 힘으로 편찬하였다.

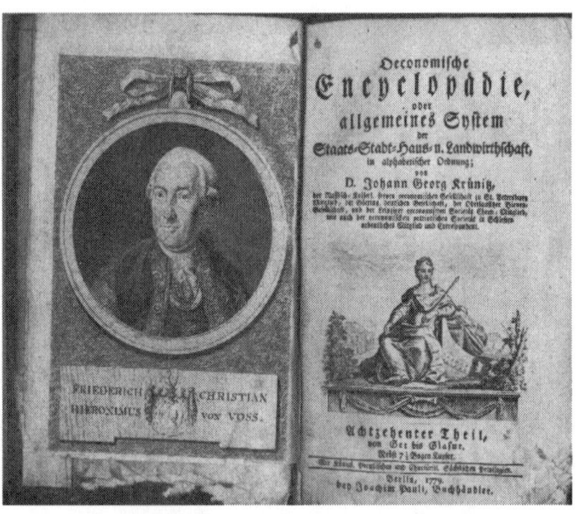

Oeconomische
Encyclopädie,
oder
allgemeines System
der
Staats-Stadt-Haus-u. Landwirthschaft,
in alphabetischer Ordnung;
von
D. Johann Georg Krünitz,
Achtzehenter Theil,
Berlin, 1779,
bey Joachim Pauli, Buchhändler.

〈그림 5〉 크뤼니츠의 『경제 기술 백과사전』

프뢰너Fröhner(1994)

는 이 작품을 상세히 연구하여, 계몽주의 백과사전의 일반적 특징이 오늘날 잘 알려지게 되었다. 크뤼니츠는 17세기 말 이래 엄청나게 증가한 경제와 기술 분야의 문헌에 대해 보고하는 것을 자신의 과업으로 간주했다. 자료들은 정렬되어 인용되거나 아니면 항목의 끝에 참고문헌으로 첨부하였다. 도서관 전체를 대체한다는 콘셉트로 이 백과사전은 한편으로는 텍스트 요약의 방식을 발전시켰고, 다른 한편으로는 선택된 전문 텍스트의 뭉치로 발전되었다. 편집 원칙은 거기서 더 나아가서 상이한 의견들을 평가하지 않고 단순히 기술하였다. 이런 서술 방식은 오늘날 크뤼니츠의 백과사전을 역사적인 전문어 연구에 대한 중요한 자료로 사용되게 만들었다.

단어 의미와 단어 유래에 대한 설명이 항목의 처음에 위치하고 있기 때문에 항목의 구성은 이시도루스의 서술 방식과 유사하다. 그 다음으로 이론이 그리고 마지막으로 실용적 사용의 측면이 기술된다. 단어 설명은 체들러의 경우에도 항상 항목 시작 부분에 기술되어 있다. 크뤼니츠의 서술 구성은 요한 크리스토프 아델룽Joh. Christoph Adelung의 『완전한 문법적 비판적 사전의 시도』(1775-1786)를 따르고 있다. 그러나 간혹 크뤼니츠는 비판적이고 명시적으로 아델룽과 대조를 이룬다(Fröhner, 1994:431-34). 아델룽이 『문법적 비판적 언어사전』(1793-1801)의 2판에서 크뤼니츠의 몇몇 전문어적 표제어를 인용하였는데(Fröhner, 1994:454), 이것으로 논쟁이 야기되기도 했다.

크뤼니츠와 아델룽에서 백과사전 전통과 사전적 전통 사이의 상호 영향이 잘 드러나고 있다. 백과사전에서 언어관련성이 정확히 관찰되고 각각의 단어설명이 어떤 기능을 지니고 있는지는 여기서 제기되지 않은 질문들이다. 이런 질문에 대한 대답은 찾아보기 서적의 영향 하에서 역사적으로 성정한 언어지식과 세계지식 사이의 '관계에 대한 상상'을 해명하는데 기여할 수 있을 것이다.

개별적으로 알려진 경우들은 백과사전이 문학의 생산에도 영감을 주었는지 구체적으로 설명해 주고 있다. 프리드리히 폰 실러Friedrich von Schiller는 크뤼니츠의 백과사전에서 종의 주조와 종의 다른 모든 관점에 대해 구체적으로 알 수 있었기에 자신의 유명한 『종鍾의 노래』를 창작할 수 있었다고 고백했다.

> 그 때문에 저는 이제 종의 주조자에 대한 노래에 접근했으며, 어제부터 제가 아주 많은 유용한 것을 얻는 크뤼니츠의 백과사전에서 종에 대해 알 수 있었습니다. 이 시는 제 마음 속 깊은 곳에 있지만, 제작에 수주를 소비했는데, 왜냐하면 거기에 대한 여러 분위기들을 필요로 하고 많은 양의 지식을 시에 맞게 가공해야 했기 때문입니다(1797년 7월 7일 실러가 괴테에게 보낸 편지, Fröhner 1994:5에서 재인용).

실러가 인용한 '많은 양'은 종에 대한 크뤼니츠의 항목이 94쪽에 이르는 방대한 내용을 다루고 있음을 의미하고 있다. 크뤼니츠는 교회종의 역사를 서술하고 있으며, 종이 울리는 종류를 설명한다. 이런 식의 주제 전개는 오늘날 우리에게 연상적이며 장황해 보이지만, 사물뿐만 아니라 사물과 연관된 행위도 중요하게 다루는 방식이다. 크뤼니츠는 서술된 지식의 행위 측면에 초점을 맞추었고 그럼으로써 '시민적 직업이 연상시키는 부지런함'의 의미를 강조하고 학술적 인식의 응용에 관심을 두었다.

요한 사무엘 에르쉬Johann Samuel Ersch(1766- 1828)와 요한 고트프리트 그루버Johann Gottfried Gruber(1774-1851)는 1818년 라이프치히에서 『학문과 예술의 일반 백과사전』을 출판하기 시작했으나 1889년에 167권을 끝으로 출판을 종결해야만 했다. 이 백과사전의 좌절은 19세기에 일어났던 백과사전에서 담화백과사전으로의 변화에 대한 징후였다. 저자들은 이런 변화에 순응하지 않고, 전승된 백과사전적 사고를 19세기에 구체화시키길 원했다 (Kunsemüller, 1965). 이 백과사전에서 표제어 '그리스'는 3,600페이지에 이르는 가장 긴 항목이다. 여기서 19세기 말 산업사회에서 지식의 성장이 양적으로 더 이상 따라 잡거나 고정될 수 없음이 극적인 방식으로 분명하게 되었다. '모든' 지식의 수집으로서 백과사전에 대한 중세적 완전성 이념은 백과사전파들을 통한 예견된 비판에도 불구하고, '담화사전'의 대중적이며 범례적인 개관 서술이라는 콘셉트에 의해 해체될 때 비로소 좌초되었다.

ALLGEMEINE
Encyclopädie
der
WISSENSCHAFTEN UND KÜNSTE
in alphabetischer Folge
von genannten Schriftstellern bearbeitet
und herausgegeben von
J. S. Ersch und J. G. Gruber
PROFESSOREN zu HALLE.
ERSTER THEIL
mit Kupfern und Charten.
A bis AËTIUS.
Leipzig, bei Johann Friedrich Gleditsch. 1818.

〈그림 6〉 1818년 에르쉬와 그루버에 의해 출판된 백과사전의 표지

IV. 19세기와 20세기의 시민 교양을 위한 담화백과사전

19세기에 모든 지식의 박식한 모음으로서 백과사전으로부터 내용의 상대화, 교육화, 세분화의 영향 하에 내용을 선택적으로 수용하는 담화백과사전이 나왔다. 담화백과사전Konversationslexikon은 교양에 확고한 시민계

급에게 아카데미 세계 바깥에서 수많은 단체, 협회, 살롱 모임에서 소망하는 위엄을 얻는데 도움을 줄 수 있었다. 특히, 교양은 사회생활에서 '담화'가 있는 곳에서 드러나게 되는데, 거기서 교양이 사회적 신망을 얻는데 결정적 역할을 담당했다. 서지학 연구소라는 이름으로 1826년 조셉 마이어Joseph Meyer(1796-1856)에 의해 고타에서 창설된 출판사의 구호는 "교양이 당신을 자유롭게 만든다"[5]였다. 이것이 의미하는 것을 1864년 출판된 구스타프 프라이타크Gustav Freytag(1816-1895)의 장편소설 『잃어버린 필사본*Die verlorene Handschrift*』의 한 부분이 설명해 주고 있다.

> 만약 오버암트만 로마우스 부인이 일요일에 우리를 방문한다면 그녀는 소파에 정자세로 앉아 대화로 아버지를 공격할 것이다. 아버지는 그녀와의 대화를 피하기 위해 그가 원하는 대로 얽힐 수 있을 것이고, 그녀는 영국인과 체르케센, 혜성과 시인들을 통해 그를 잡는 방법을 알고 있을 것이다. 그러나 아이들은 그녀가 담화를 위한 백과사전을 지니고 있으며, 거기서 그녀가 모든 것을 취하고 있음을 밝혀낼 것이다. 그리고 만약 어느 나라에서 무슨 일이 발생한다면, 혹은 신문이 어떤 것에 대해 혼란을 야기한다면 그녀는 그것에 대해 백과사전을 찾아 읽을 것이다.…
>
> (Lenz, 1972:12 재인용)

프라이타크의 묘사는 담화백과사전이 상호 텍스트적으로 백과사전의 경우처럼 더 이상 전공텍스트와 학술텍스트를 통한 상호작용이 아니라, 일간지와 잡지를 통한 시민계급에 의해 각인된 토론의 장이라는 점에서 맞는 서술이다. 『브로크하우스 백과사전』의 전신이 된 백과사전을 편찬한 레나투스 고트헬프 뢰벨Renatus Gotthelf Löbel(1767-1799)은 담화백과사전이 "좋은 대화에 참여하거나 책을 읽길 원하는 교양인이라면 누구나가 알아야 하는 지식을 담고 있다"(Albrecht, 1995:237에서 재인용)고 썼다.

특별한 국가백과사전Staatslexikon과 같이 담화백과사전이 정치적 교양이나 독일 자유주의의 정치적 자기이해에 대한 탁월한 의미를 특히 검열 태도가 보여준다. 로텍-벨커Rotteck-Welcker의 『국가백과사전』(1834-1843)과 같은 특별한 국가백과사전, 그리고 프로이센과 오스트리아에서는 브로크하우스의 담화백과사전도 엄격한 규제를 받고 있었다. 낮은 지위의 관리, 특히 시민계급이나 중소상인계급 출신의 사람들에게 담화백과사전은 구매가 금지되었다. 『프로이센 연감』은 "3종의 독일 국가사전에 대한 평론에서 많은 국가로 나누어진 독일의 분단이 국가적 영향을 미칠 많은 수의 남성들을 선거자, 피선거자, 심판자 등으로 구분하면 그 만큼 더 나쁘며, 그럼으로써 집단 행동이 야기될 정도로 사회의 하부계층에 영향을 미칠것이다"(Haltern, 1976:74에서 재인용)라고 적고 있다.

시민계급의 정치적 입장이 19세기와 20세기 초기에 어떻게 자유주의와 멀어졌는지 『브로크하우스 백과사전』에 기재된 단면에서 추적될 수 있다. 예컨대 항목 '시민Bürger'이 판을 거듭할수록 체험했던 변화에서 이런 것을 느낄 수 있다(Haltern, 1976: 77-90). 19세기 백과사전은 구스타프 프라이타크에서 테오도르

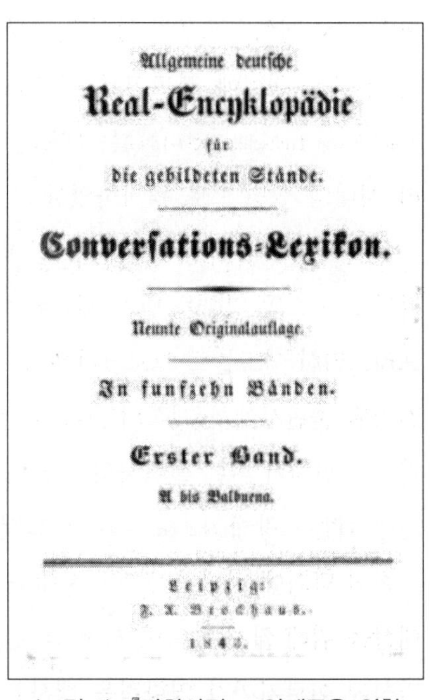
Allgemeine deutsche
Real-Encyklopädie
für
die gebildeten Stände.
Conversations-Lexikon.
Neunte Originalauflage.
In funfzehn Bänden.
Erster Band.
A bis Balbuena.
Leipzig:
F. A. Brockhaus.
1843.

〈그림 7〉『담화사전, 교양계급을 위한 일반 레알 백과사전』 9판의 표지, 1843.

폰타네에 이르기까지, 블라디미르 레닌에서 장 폴 사르트르에 이르기까지 공공성의 매체로서, 그리고 개인적으로 지니고 있는 교양도구이며 해방도구로서 아주 긍정적인 이미지를 갖고 있다(Lenz, 1972, 12ff.). 그런 백과사전으로는 독일에선 『브로크하우스 백과사전』과 『마이어 백과사전』이 있다.

담화백과사전은 다른 면에선 보다 근본적인 인문적 가치에 중점을 놓아야 한다. 내지는 학술 엘리트의 백과사전식 교양을 간직하고 알길 원한다 등의 비판이 나왔다. 출판업자 프디드리히 페르테스Friedrich Perthes (1772-1843)는 1834년 담화백과사전이 "사기 회사의 주도 하에 단지 이익만을 위해 민중교양의 천박함, 피상적임, 어설픈 지식, 그림 잡동사니 등의 서비스"로 몰락함으로써 학식과 학문성에 근거하고 있는 독일 서적거래의 명성을 위험에 빠뜨리고 있다고 보았다. 아인리히 폰 트라이취케 Heinrich von Treitschke(1834-1896)는 1892년 '아마추어적인 어설픈 지식'을 '우리 시대의 질병'으로 평가하였다.

독일어권에서 가장 많이 알려진 백과사전으로 시민계급의 필요성에 따라 프랑스의 영향을 받아 제작된 백과사전은 1805년 암스테르담에서 프리드리히 아르놀트 브로크하우스Friedrich Arnold Brockhaus(1772-1823)에 의해 건립된 출판사에서 제작되었다. 우선 잡지와 전체 유럽 문학에 관심을 가진 출판사가 다른 출판사의 파산으로부터 사물사전의 미완성 작품, 예컨대 뢰벨-프랑케Löbel-Franke의 『담화백과사전 혹은 학문과 예술로 구성된 사회적 담화에서 나타나며 구시대와 현재의 사건을 지속적으로 고려한 대상을 위해 짧게 요약한 사전』의 판권을 획득하여, 새로운 백과사전의 완성에 이르기까지 영향력을 행사했으며 브로크하우스 제국의 초석을 놓았다. 체들러, 크뤼니츠, 에르쉬-그루버 등의 백과사전과 비교해서 이 책의 경제적 성공은 엄청났다. 1818년 이래 완결된 10권짜리 『교양계급을 위한 일반적인 문고판 백과사전』은 판을 거듭해 인쇄되었다. 『담화백과사전, 교양계급을 위한 일반 레알 백과사전』이라는 제목으로 1819-1820년에 제작된 5판은 서구와 미국에서 백과사전의 모범이 되었다(Haltern, 1976:68).

모범적인 원칙 덕택에 출판사는 독자의 여러 가지 구매력에 유연하게 대응할 수 있었다. 『브로크하우스 백과사전』의 권수는 차츰 많아져서 오늘날에는 24권에 이르며, 그에 상응하여 차츰 저렴한 가격으로 시장에 나왔다(『브로크하우스』의 판본 역사에 대해서는 Lenz 1972, 51-55; 출판 역사에 대해서는 Hübscher 1955). 1868년에 제작된 11판은 전체 30만질 이상 판매되었다(Wittmann 1982, 111ff., 192ff.). 이것은 독일의 출판시장에서 찾아보기 작품으로서는 결코 도달하지 못했던 대성공이었다. 후기 판본은 제목에 레알 백과사전이나 담화백과사전이란 용어를 첨부하였다. 신문백과사전과 담화백과사전 유형이 백과사전과 하나로 통합되었다. '레알'은 현실 교양, 다시 말해 인문주의적 교양 이상과는 대립되는 교양으로 좀 더 자연과학적으로 설정된 방향의 교양을 의미했다. 이에 따라 초기 담화백과사전의 독자는 수공업자와 상인 출신의 시민계급, 예컨대 교사, 법률가, 신학자 그리고 '서적 인간' 등이 일반적으로 새로운 인문계 김나지움을 졸업한 교양시민계급보다 오히려 더 많았다.

1980년에서 1996년까지 출간된 『백과사전 철학과 학술 이론』에서 '백과사전' 항목의 저자인 미텔슈트라스Jürgen Mittelstraß(1936-)는 오늘날 독일에서 19세기 초 백과사전 대신에 담화백과사전이 등장한 사실에 대해 다음과 같이 부정적으로 평가하고 있다.

미래는 좁은 의미에서 '학술적' 백과사전이 아니라 '담화백과사전'에 속할 것이다. 담화백과사전은 학문적 관심과 교양적 관심의 일반적 조화로움이라는 계몽주의적인 허구를 포기하고, '교양을 쌓은 비전문가'의 사회학적인 구조에 지지를 받으며, 백과사전의 학술 시스템적 프로그램이 비시스템적이며 단지 알파벳 배열로만 기재된 (계속해서 완벽한 대표성의 관점 하에서 제기된) 지식의 상상에 희생당하게 된다(Mittelstraß, 1980, 559f.).

『브로크하우스 백과사전』의 대성공은 1830년대와 1840년대에 그림 형제와 그들의 출판업자 게오르그 안드레아스 라이머Georg Andreas Reimer (1776-1842)의 환상에 날개를 달아주었으며, 급기야 그들은 『독일어사전 *Deutsche Wörterbuch*』을 제작하는 계획을 실현시켰다. 언어사전에서도 비슷한 성공을 쟁취하기 위해 출판업자의 의도에 따라 언어사전은 실용적이며 대중적이어야 하며, 『브로크하우스 백과사전』을 긍정적으로 수용했었던 구매자 계층의 필요에 따라 설정되어야 했다6.

그림 형제의 시도를 비판한 경쟁자인 다니엘 잔더스Daniel Sanders (1819-1897)는 언어사전과 사물사전 사이의 관계를 다른 측면에서 만들어 내었는데, 말하자면 그가 『브로크하우스 백과사전』의 5판(1859-1863)을 자신의 『독일어사전』을 위한 자료로서 활용하였고 이런 사실을 참고서적 목록에 기재했다. 이런 저런 사물 정의는 담화백과사전에서 언어사전으로 가는 길을 모색하였다. 『독일어사전』의 편찬자들은 여러 가지 이유로 이런 것을 하지 않았다. 즉, 20세기 개정 국면에서 『브로크하우스』, 『마이어』 그리고 다른 백과사전들도 사물 정보를 목적으로 사용하진 않았고, 예외적으로만 인용하였다.

담화백과사전의 구성과 텍스트의 특징에 대해서는 19세기 초부터 2차

세계대전이 끝날 때까지 약 170년 동안 언어사적으로 보다 중요한 일이 일어났지만, 여전히 상세히 연구되진 않았다. 전형적인 사전 문체는 신문 문체와 병행하여 변화하였고 분명 신문 문체와 연관이 있었다. 초기에 상세하고 일부 주관적으로 결합된 서술하는 묘사가 지배했다면 종국에는 점점 더 간결해지고 통사적으로도 완전하지 않는 서술에 도표나 그래픽이 많아지고 객관성을 상징하는 서술로 변했다. 간단히 말하면, 19세기 초의 잡지 문체에서 미국에서 유래한 전보 문체로의 변화가 이루어졌다(Haß-Zumkehr, 1998). 쿤제뮐러Kunsemüller(1965:62 이하)는 『마이어 백과사전』(1839-1852) 1판과 『두덴 백과사전』(1962)에 각각 기재되었던 스코틀랜드의 대도시 '글라스고우Glasgow'에 대한 항목을 비교하였다. 마이어 백과사전은 여러 페이지에 걸쳐 이 항목을 기술하고 있는데, 다음과 같은 개인적인 기행문도 삽입했다.

> 사람들이 궁전이라고 부르는 화려한 병원과 빈민자 숙소가 수도 없이 많다. 시설들은 그 사회의 실제 상태에 조롱을 하고 있는 것처럼 보인다. […] 악이 표면 밑으로 깊숙이 박혀있다고 여러 번 언급되고 있다. 그것은 스코틀랜드의 신학자들도 찾을 수 없는 곳에 숨어 있다. […] 런던도 파리도, 그 어떤 곳에서도 타락한 여성이 구역질나는 사악함과 여성적이지 못한 품행과 언어를 여기처럼 드러내는 곳은 없다(Kunsemüller 1965:64에서 재인용).

이것은 1840년에 발행된 신문 ≪아우크스부르크 알게마이네 차이퉁≫ 혹은 그 어떤 다른 큰 신문에서 특파원이 보도하는 내용과 거의 유사한 문체일 것이다. 두덴 백과사전에는 이 항목이 11줄에 그치고 있는데, 그 내용은 이 도시의 주민, 산업, 건축물 등에 대한 중요한 수치와 정보를 담고 있으며, 그에 상응하게 약자들로 채워지고 있다.

문체의 변화는 기능의 변화를 지시한다. 즉, 우선 담화백과사전이 마치 스스로 그곳에 있는 것처럼 담소 능력을 향상시키는데 사용되었다면 1945년 이래 이용자들은 자신들에게 필요한 것을 스스로 찾는 정보의 저장소로 되는 경향을 점점 더 보이고 있다. 그러나 그들에게 바로 그 순간 필요한 것이 무엇인지 그들은 알고 있는가? 이 질문에 대해 현대의 백과사전은 그들의 전임자와는 달리 더 이상 대답을 못하고 있다. 담화백과사전은 시민계급 교양의 지식 정전을 대변했고, 그의 구속력과 '진리'는 논란의 여지가 없었다. 그래서 백과사전이 선전의 도구로 될 수 있었다는 사실은 전혀 놀랍지 않다. 담화백과사전들은 국가사회주의의 선전에서 비껴 갈 수 없었다. 편집 수단을 통해 1933년에서 1945년 사이에 출판된 판들은 전체주의의 요구를 만족시켜야 했다. 선전은 목표로 설정된 표제어 선택, 해당 설명 텍스트, 인용, 참고문헌 등 여러 항목에서 이루어졌다.

V. 1945년 이후의 백과사전 - 정보사회를 위한 멀티미디어

1945년 이후 담화백과사전이 정보 저장소에 의해 언제 소멸되었는지 정확히 규정될 수는 없다. 교양시민계급과 그들의 특별한 문화적 설정의 궁극적인 소멸과 더불어 점차 담화백과사전 유형도 사라졌다. 설문조사에 따르면 60년대 중반 서독 가계의 50% 정도가 1권짜리 백과사전을 소유하고 있었다. 학교 교육을 어디까지 받았느냐에 따라 그 편차는 위로 80% 이상까지도 차이가 났다. 그러나 이것은 미국이나 스웨덴의 숫자와 비교해보면 아주 낮은 비율이며(Lenz, 1972:30), 여기서는 독일을 제외한 많은 나라에서 백과사전과 언어사전의 혼합 형태가 훨씬 많이 판매되었음이 분명 고려될 수 있을 것이다.

산업사회의 끝 무렵에 정보가 서서히 교양을 대신하게 되었다. 이미 쿤제뮐러Kunsemüller(1965:66)는 최근 지식의 엄청난 증가를 서문에 거론하며 어떤 사물백과사전도 르네상스 이래 인기 있는 토포스를 단념하지 않으려 한다고 확신하고 있다. 오늘날 지식이 매 5년마다 두 배가 된다는 사실은 이제 더 이상 놀라운 일도 아니다. 물론 이런 주장이 틀리지는 않지만 단순한 평가에 지나지 않은데, 왜냐하면 '지식'은 양적으로 측정될 수 없기 때문이다. '지식'이 그 어떤 찾아보기 형식의 책에 기재되어 있는 표제어의 수로 평가될 수는 없을 것이다.

사실 1945년부터 1960년대까지의 시기에 19세기 담화백과사전과 비교해보면 기술, 생물학, 지리적인 고유명사 등의 분야에서 표제어의 증가와 전기적인 표제어의 상대적 감소가 두드러진다(Kunsemüller 1965, 67 이하). 그러나 이것은 단지 역사적으로 변화된 지식의 프로필을 추적하여 올바르게 판단한 편집국의 시도에 지나지 않는다.

최근의 백과사전은 '정보화된 사회'라는 울타리에 안주하고 있다. 백과사전은 학문과 기술을 통해 지속적으로 변화하며 일반인에겐 불투명하게 되도록 위협하는 세계에서 방향 설정을 하는데 도움을 준다. 위협적인 세계의 불투명성에 대한 토포스는 옛날의 세계 또한 결코 투명해 본 적이 없었다는 사실을 쉽게 잊어버리게 한다. 비밀이 없는 세계는 상상조차 할 수 없기 때문에 세계는 투명할 필요가 없다는 사실이 너무도 쉽게 간과된다. 포괄적인 세속화와 '세계가 마법에서 깨어남'(막스 베버)은 모든 사물의 학문과 정보의 확산을 통해 하느님이 될 수 있다는 요구사항을 충족시켜 준다는 환상을 갖게 한다. 학자들은 이미 19세기 이래 고유의 전문분야와 일치하지 않는 거의 모든 영역에서 문외한에 속하게 된다. 이런 수용자들은 백과사전이 지속적인 지식 증가와 지식 확장을 기록하고 있으며 지속적 사용을 위해 손에 쥘 수 있도록 제련해 주기를 기대한다. 그리고 그들은 특히 시사성Aktualität을 기대한다. 광고의 주장 하에서 시사성은 완벽함의 '일회성 이상'을 아주 중요한 개념으로 만들어 놓는다. 동일하게 머무는 '다루기 쉬움'과 저렴한 가격에서 시사성은 낡은 것은 소멸되고 만다는 것을 의미한다. 이것은 한 사회의 집단 기억에서 어떤 결과를 초래하는가? 역사적 정보의 가치는 현재와의 직접적인 관련성과 현재 통용되고 있는 가치성으로 측정된다.

『브로크하우스 백과사전』의 신판에는 소위 '우리 시대 시사성이 있는 테마 혹은 지속적인 테마에 대한 핵심 개념'에 대한 표제어들이 알파벳 정렬로 등장하는데, 거기서는 테마와 관련하여 학문적인 지식 상황이 그것의 사회적인 중대성과 더불어 동등한 무게로 기재되어 있다(보기: Abfallwirtschaft폐기물 산업, Abrüstung군비 축소, Agrarpolitik농업정책, Aids에이즈 등). 따라서 다시 일부 분류법Systematik이 서로 연결되지 않는 주제의 섬이라는 의미에서 백과사전에 도입된다. 학문 전체의 백과사전식 개요는 없어진다. 사회적 중요도, '우리시대의 시사성 있는 주제' 등과 같은 기준은 그 경계의 모호함으로 인해 지나칠 정도로 유연하게 된다.

현재 점차적으로 백과사전과 사전을 출간하는 모든 출판사들, 예컨대 브리태니커, 마이크로소프트 엔카르타, 브로크하우스 멀티미디어, 마이어 디지털 등은 전자 사전에서 옛날의 백과사전식 이상의 새로운 형태, 소위 링크라는 그물망을 쏟아내고 있다. 텍스트는 클릭될 수 있게 지정된 컬러 어휘 혹은 그림을 내포하고 있다. 마우스를 클릭함으로써 사용자는 첫 어휘에 관련되어 링크된 어휘 내지는 그림으로 연결된 사전의 다른 위치로 건너 뛸 수 있다. 독자의 전진 방식은 데이터 내비게이션이라 일컬어지는데, 이것은 대부분 목적지가 설정되어 있지 않다.

지금까지 이런 링크는 다소 연상적인 것으로 설정되어 있고, 특히 핵심 주제에 속한 요소들의 묶음으로 사용된다. 기술이 링크의 유형학을 특별한 기능에 따라 그리고 그들을 연결하고 있는 정보의 종류에 따라 완전히 허용되고 있을 지라도 새롭고 주제를 포괄하는 지식 체계에 대해서는 언급이 없다. 그러나 편집국은 그것을 위해 우선 추상적인 내용의 체계학을 만들어야만 한다. 그러나 그 체계학은 어떤 새로운 세계 시스템일 필요는 없지만, 지식 확산의 인지적이며 신경 생리학적인 가능성을 고려해야 한다. 만약 전자 백과사전이 정보의 질에서 인쇄 백과사전을 실제로 넘어선다면, 그래서 매체의 변화가 백과사전 역사의 새로운 장을 연다면 - 지금까지 분명 그렇지 못했는데 - 이런 새로운 체계화는 중요한 역할을 담당하게 될 것이다.

인터넷을 통한 온라인 테이트뱅크의 엄청난 저장 능력은 종종 멀티미디어라는 슬로건을 통해 텍스트가 그림이나 동영상 등의 다른 종류의 매체와 통합되는 것을 허용한다. 백과사전의 그림화는 언어사전의 화보와 언어와 사물관련 정보의 혼합 형태에 대해 많은 영향을 끼친다. 코메니우스의 『그림으로 본 가시적 세계』 이래 그림을 통한 묘사는 지식을 중개하는 도구로 사용되었다. 17세기 중반부터 사전에 그림들이 존재했다. 프랑스의 『백과전서』는 포괄적인 도표를 만들어 놓았는데, 특히 명칭을 붙이고 곤란한 경우 대체해 주는 기능으로 사용했다. 그러나 그 당시에 이런 그림은 예외에 속했다. 19세기 후반기에 담화백과사전은 이미 많은 그림을 담고 있었으나, 프랑스나 스페인의 백과사전보다 훨씬 드물었다. 백과사전에서 그림의 할당은 19세기 이래 일반적으로 증가하였다.

이 경우 기술적 조건 외에도 영국과 프랑스의 사례들이 독일 백과사전에 영향을 주었다.

『브로크하우스』는 13판(1882-1887)에서 처음으로 표를 작성한 부분이 삽입되었다. 14판(1892-1895)은 텍스트에 그림도 삽입하였다. 표제어를 지닌 사전에서와 같이 백과사전에서도 그림의 수가 드물지 않게 권유되었다. 그러나 여기서도 예컨대 질, 크기, 그림이 말하고자 하는 진술력 등이 그림의 양보다 중요하다는 사실은 분명하다. 1950년대 중반에서 1970년대 중반 사이에 인쇄 공간에서 독일어 백과사전 그림의 몫이 뚜렷하게 증가하였다. 처음에 20% 정도 그림이었다면, 예컨대 『베르텔스만 백과사전』(1972-1974)에서 50% 정도에 육박하였다(Lenz, 1972:26).

문화학적인 관점에서 그림을 삽입하는 비율이 높아지는 것은 문화 의존성의 확장을 의미한다. 왜냐하면 사진, 소묘, 영화와 같은 비언어적 요소들은 분명히 문맥에 의존하고 있으며, 그럼으로써 보다 추상적이며 상황과 관련이 없을 수 있는 언어기호보다도 문화 특수적이다. 언어는 또한 시스템에 대해 스스로 의사소통하며 예컨대 개념 규정을 상대화하거나 어휘의 사용 방식을 변화하는 것이 가능한 유일한 기호 시스템으로도 간주된다. 나무에 관한 사진은 항상 아주 특정한 종류의 나무 사례(예컨대, 너도밤나무)를 보여준다. 사진은 아주 일반적인 나무를 보여줄 수 없다. '보다 추상화된' 흑백 소묘를 통해 이미 이것은 좀 더 일반화될 수 있을 것이다. 원형적인 집 혹은 자전거와 그 부품은 독일에서는 미국, 중국, 네덜란드에서의 그것과는 다르다. 사람들이 여러 가지 모양의 집이나 자전거를 그린다고 해도 '집'과 '자전거'의 일반적 개념을 그림으로 표현할 수는 없다. 다른 한편으론 그림이 지니고 있는 보다 큰 의미론적 개방성은 언어적으로 표현된 서술을 통해 하나의 의미를 지닌 해석을 필요하게 만든다. 소묘나 보다 사실적으로 보이는 사진에서도 소묘자나 사진작가의 문화적 방향설정이 언어적 설명에서 그런 것처럼 표현되어 있다(Hupka, 1989)고 보아야 할 것이다.

■ 참고문헌

<1차 문헌(백과사전, 사전)>

Alsted, Johann Heinrich, Encyclopaedia. *Faksimile-Neudruck der Ausgabe Herborn 1630 mit einem Vorwort von Wilhelm Schmidt-Biggemann und einer Bibliographie von Jörg Jungmayr*, 7 in 4 Bänden, Stuttgart, Frommann-Holzboog 1989 (Bände 1 und 2), 1990 (Bände 3 und 4). 1630.

Bacon, Francis, *De dignitate et augmentis scientiarum*, London, 1605.

Comenius, Johann Amos, *Janua linguarum reserata aures*, 1631.

Comenius, Johann Amos, *Orbis sensualium pictus*, Nürnberg, 1653.

Comenius, Johann Amos, *Janua rerum*, Neudruck der Ausgabe von 1681 mit Einleitung v, K. Schaller, München, 1681/1968.

D'Alembert, Jean Lerond, *Einleitung zur Enzyklopädie. Discours Préliminaire de l'Enzyklopädie.* Hrsg. v. E. Köhler. Hamburg, 1750/1955.

D'Alembert, Jean Lerond, *Einleitung zur Enzyklopädie. Discours Préliminaire de l'Enzyklopädie.* Hrsg. v. G. Mensching. Frankfurt am Main, 1750/1989.

DUDEN-Lexikon in 3 Bänden, Mannheim, 1962.

Ersch, Johann Samuel und Gruber, Johann Gottfried(1818-1889): *Allgemeine Encyclopädie der Wissenschaften und Künste*. 167 Bde. Leipzig. Nachdruck Graz 1971.

Gailer und Göbels, *Neuer Orbis für die Jugend oder Schauplatz der Natur, der Kunst und des Menschenlebens in 322 lithographierten Abbildungen* mit genauer Erklärung in deutscher, lateinischer, französischer und englischer Sprache nach der früheren Anlage des Comenius bearbeitet und dem jetzigen Zeitbedürfnisse gemäß eingerichtet von J. E. Gailer, Reutlingen. Hrsg. v. H. Göbels, Dortmund, 1835/1979.

Krünitz, D. Johann Georg (1773-1858): *Oeconomisch-technologische Encyclopädie oder allgemeines System der Staats-Stadt-Haus- und Landwirtschaft und Kunstgeschichte in alphabetischer Ordnung*, Berlin. 242 Bde. Nachdruck der Bde. 1-5 Hildesheim, New York 1970.

Stieler, Kaspar, *Zeitungs Lust und Nutz. Vollständige Neudruck der Originalausgabe von 1695*, hrsg. v. G. Hagelweide, Bremen, 1969.

Zedler, Johann Heinrich (1732-1754): *Großes vollständiges Universal-Lexicons aller Wissenschafften und Künste.* 64 Bde. Halle/Leipzig, Nachdruck Graz 1962-1964.

Zischka, Gert A., *Index lexicorum. Bibliographie der lexikalischen Nachschlagewerke.* Wien, 1959.

<2차 문헌(연구서)>

최경은,『독일 인쇄술의 기원과 발전』, 연세대 출판문화원, 2013.

최경은,「122년에 걸쳐 펴낸 그림 형제의 독일어사전」,『새생활국어』, 2015.

Albert, Claudia, "Imitation de la nature? Probleme der Darstellung in der Encyclopédie", In: *Enzyklopädie der frühen Neuzeit*, Hrsg. v. Eybl et al., Tübingen, 1995, pp. 200-214.

Albrecht, Wolfgang, "Aufklärerische Selbstreflexion in deutschen Enzyklopädien und Lexika zur Zeit der Spätaufklärung", In: *Enzyklopädie der frühen Neuzeit*, Hrsg. v. Eybl et al., Tübingen, 1995, pp. 232-254.

Alpers, Klaus, "Griechische Lexikographie in Antike und Mittelalter", In:

Welt der Information. Wissen und Wissensvermittlung in Geschichte und Gegenwart, Hrsg. v. H.A. Koch. Stuttgart, 1990, pp. 14-38.

Brockhaus, *Die Enzyklopädie in 24 Bänden*, 20. Aufl. Mannheim, 1996-1999.

Darnton, Robert, *Glänzende Geschäfte. Die Verbreitung von Diderots Enzyklopädie oder wie verkauft man Wissen mit Gewinn?*, Berlin, 1993.

Diers, Ulrich, *Enzyklopädie, Zur Geschichte eines philosophischen und wissenschaftstheretischen Begriffs*, Bonn, 1977.

Dieterich, Veit-Jakobus, *Johann Amos Comenius*, 2. Aufl, Reinbek, 1995.

Fröhner, Annette, *Technologie und Enzypädismus im Übergang vom 18. zum 19. Jahrhundert: Johann Georg Krünitz (1728-1796) und seine Oeconomisch-technologische Enzyklopädie*, Mannheim, 1994.

Gardt, Andreas, *Sprachreflexion in Barock und Frühaufklärung*, Entwürfe von Böhme bis Leibniz, Berlin/New York, 1994.

Gardt, Andreas, *Geschichte der Sprachwissenschaft in Deutschland, Vom Mittelalter bis ins 20. Jahrhundert*, Berlin/New York, 1999.

Haltern, Utz, "Politische Bildung und bürgerlicher Liberalismus, Zur Rolle des Konversationslexikons in Deutschland", In: *Historische Zeitschrift,* Bd. 223, 1976, pp. 61-97.

Haß-Zumkehr, Ulrike, *Daniel Sanders. Aufgeklärte Germanistik im 19. Jahrhundert*, Berlin/New York. 1995.

Haß-Zumkehr, Ulrike, *'Wie glaubwürdige Nachrichten versichert haben'. Formulierungstraditionen in Zeitungsnachrichten des 17. bis 20. Jahrhunderts*, Tübingen. 1998.

Hausmann, Franz J., "Das Antonymenwörterbuch", In: *Handbuch Wörterbuch*, 2. Teilbd., Art, 104, 1990, pp. 1081-1083.

Hoinkes, Ulrich, "Der Begriff der *langue* in der großen französischen Enzyklodädie", In: *Beiträge zur Geschichte der Sprachwissenschaft* 3, 1993, pp. 129-146.

Hübscher, Arthur, *Hundertfünfzig Jahre F. A. Brockhaus*, Wiesbaden, 1955, pp. 1805-1955.

Hüllen, Werner, "Der Orbis Sensualium Pictus und die mittelalterliche Tradition des Lehrens fremder Sprachen", In: *Beiträge zu Geschichte der Sprachwissenschaft* 2, 1992, pp. 149-171.

Hupka, Werner, "Die Bebilderung und sonstige Formen der Veranschaulichung im allgemeinen einsprachigen Wörterbuch", In: *Handbuch Wörterbücher,* 1. Teilbd. Art. 62, 1989, pp. 704-726.

Klein, Wolf P., "Das naturwissenschaftliche Fachlexikon in Deutschland zwischen Renaissance und 19. Jahrhundert", In: *Lexicographica* 11, 1995, pp. 15-49.

Kunsemüller, Johannes, "Dauer und Wandel – Das Lexikon und seine Stichwörter gestern und heute", In: *Die wissenschaftliche Redaktion*, Heft 1, Mannheim, 1965, pp. 53-76.

Leinsle, Urich G., "Wissenschaftstheorie oder Metaphysik als Grundlage der Enzyklopädie?", In: *Enzyklopädie der frühen Neuzeit.* Hrsg. v. Eybl et al., Tübingen, 1995, pp. 98-119.

Lenschen, Walter, "Enzyklopädische Lexika als Hilfsmittel zum kritischen Lesen", In: *Lexicographica* 1, 1985, pp. 225-238.

Lenz, Werner, *Kleine Geschichte großer Lexika*, Gütersloh, u.a., 1972.

Meier, Christel, "Der Wandel der Enzyklopädie des Mittelalters vom Weltbuch zum Thesaurus sozial gebundenen Kulturwissens: am Beispiel des Artes mechanicae", In: *Enzyklopädie der frühen Neuzeit*. Hrsg. v. Eybl et al., Tübingen, 1995, pp. 19-42.

Meyer, Heinz, "Ordo rerum und Registerhilfen in mittelalterlichen Enzyklopädiehandschriften". In: *Frühmittelalterliche Studien* 25, 1991, pp. 315-339.

Meyers Enzyklopädisches Lexikon, 9. Aufl., 25 Bde. Mannheim, 1971-1979.

Mittelstraß, Jürgen, "Enzyklopädie, Enzyklopädisten", In: *Enzyklopädie, Philosophie und Wissenschaftstheorie,* hrsg. v. J. Mittelstraß, Bd. 1. Mannheim/Wien/Zürich, 1980, pp. 557-562.

Pilz, Kurt, *Johann Amos Comenius. Die Ausgaben des Orbis Sensualium Pictus. Eine Bibliographie*, Nürnberg, 1967.

Schalk, Fritz, "Die Wirkung der Diderot'schen Enzyklopädie in Deutschland", In: ders., *Studien zur französischen Aufklärung*. 2. Aufl. Frankfurt am Main, 1977, pp. 221-229.

Schmidt-Biggemann, Wilhelm, "Enzyklopädie und philosophia perennis", In: *Enzyklopädie der frühen Neuzeit*, Hrsg. v. Eybl et al., Tübingen, 1995, pp. 1-18.

Schweickard, Wolfgang, "'ETYMOLOGIA EST ORGIO VOCABULORUM...' Zum Verständnis der Etymologiedefinition Isidors von Sevilla", In: *Historiagraphia Linguistica* 12, 1985, pp. 1-25.

Wittmann, Reinhard, *Buchmarkt und Lektüre im 18. und 19. Jahrhundert*, Tübingen, 1982.

---

1 18세기 중엽에 린네에 의하여 확립된 생물 분류의 기본 단위. 생물 형태의 명확한 불연속성을 분류의 기초로 하였다.

2 판소피Pansophie는 16~18세기에 모든 학문을 포괄하는 의미로 사용되었던 종교 철학적 가르침으로 코메니우스가 처음 사용했던 용어이다.

3 프락투어와 안티크바 서체의 사용에 대해서는 최경은(2013, 144-176)을 참조하시오.

4 번역을 하면 '백과사전'의 뜻이지만, 프랑스의 이 사전은 백과사전의 정전으로 일반 백과사전과 구분하기 위해 '백과전서'로 번역되고 있다.

5 요한복음 8장 32절 "진리가 너희를 자유롭게 하리라"를 이용하여 사용된 구절이다.

6 그림 형제의 『독일어사전』 편찬의 역사에 대해서는 최경은(2015) 참조하시오.

인터넷 백과사전 위키피디아와 지식-권력의 재구성

정승화

I. 백과사전의 디지털화와 지식의 민주화 '이후'

전분야의 지식을 하나의 저작 속에 수록하려는 시도에서 출발한 백과사전은 학문 분과를 초월하여 모든 지식을 망라한 지식 체계를 뜻한다. 하지만 세상의 모든 지식을 집대성하겠다는 야심, 인류의 역사에서 나타난 모든 지식과 정보를 총체적으로 포괄하겠다는 백과사전의 개념은 그 자체로 지향으로서의 이상ideal을 의미하는 것일뿐 현실적으로 실현가능한 것은 아니다. 백과사전은 한정된 지면에 내용을 담아야 하기에 지식의 깊이나 포괄성에서 한계를 가질 수밖에 없기 때문이다. 그렇기 때문에 아무리 많은 표제어를 담고 있다 해도 모든 것을 다 포괄할 수 없다는 한계를 스스로 인정한다는 점에서 편찬된 모든 백과사전은 움베르토 에코Umberto Eco의 표현처럼 '위장된 백과사전'에 불과한지도 모른다. 하지만 바로 그 한계로 인해 백과사전은 그 안에 수록될 가치가 있는 지식과 배제되어도 무방한 지식의 경계를 나누는 권위를 스스로에게 부여한다. 즉, 백과사전은 각각의 역사적 시기에 당대의 지식의 집대성과 관련하여 수집되고 기록될 의미가 있는 '진짜' 지식과 그렇지 않은 사소한(예속된) 지식을 구분하여 지식의 경계를 설정하는 기능을 한다. 그리고 백과사전의 바로 이러한 지식의 선별과 배열의 기능은 당대의 지식체계를 구조화하는 권력을 발휘하였다.

근대 이전 시기 동서양의 지배 엘리트는 문자교육과 기록된 지식의 배타적 독점을 통해 지식-권력을 행사하였다. 17-18세기 인쇄술의 발달과 함께 서구에서는 백과사전의 대중적 편찬 작업이 활성화되었고 이는 중세 시대의 지배적인 지식-권력으로 군림해 온 신학적 권위에 도전하면서 근대적이고 실용적인 지식의 사회적 확산을 촉진하였다. 이전 시대의 지식의 위계를 해체하고 새로운 지식들을 포괄적으로 집대성하여 대중적으로 확산시켰다는 점에서 백과사전의 편찬은 근대 사회 지식의 민주화에 기여하였다고 할 수 있다. 하지만 이와 동시에 백과사전의 편찬은 새롭게 전문가로서의 학자의 권위와 지식 체계의 새로운 권위 구조 형성을 통해 새로운 지식-권력의 효과를 창출하였다. 즉, 백과사전은 인쇄자본주의의 발달과 함께 근대 학문 체계의 전문가 권위를 확립하고 지식-권력을 재생산하는 제도화된 지식 생산의 새로운 양식으로 자리잡게 된 것이다. 근대 사회에서 지식의 대중화와 지식의 전문화는 동시적인 과정으로 진행되었다.

동서양의 역사를 통해 오랫동안 편찬되어온 백과사전이라는 형식의 지식체계는 최근 전대미문의 도전에 직면하고 있다. '지금까지 발행되고 있는 가장 오래된 백과사전'이라는 『브리태니커 백과사전*Encyclopædia Britannica*』은 1768년부터 2012년까지 무려 244년간 발행되었지만 브리태니커사는 2010년판 32권을 마지막으로 『브리태니커 백과사전』의 발행을 중단한다고 2012년 3월 14일 선언하였다.[1] 인쇄된 백과사전들이 상업적 출판시장에서 사라지게 된 데 공헌한 것은 누구나 자유롭게 참고하고 집필할 수 있는 인터넷 무료 백과사전 위키피디아Wikipedia의 등장이다. 인쇄본 백과사전은 바야흐로 역사 속으로 사라지고 있고 백과사전의 디지털화가 이루어지고 있는 것이다. 2016년 4월 현재 위키피디아는 구글, 유튜브, 페이스북 등에 이어 전세계에서 일곱 번째로 많은 사람들이 방문하는 사이트이다.[2]

위키피디아는 지미 웨일스Jimmy Wales와 래리 생거Larry Sanger가 지식 전문가를 자원봉사자로 모집해 인터넷 백과사전 '누피디아Nupedia'라는 프로젝트를 진행하던 중, 워드 커닝햄Ward Cunningham이 개발한 '위키Wiki' 소프트웨어를 결합하여 누구나 편집에 참여하고 내용을 실시간으로 수정할 수 있도록 하는 시스템을 도입하여 2001년 1월 15일 새롭게 출범한 웹 기반의 인터넷 백과사전이다. 위키피디아는 하와이말로 '빠르다'를 의미하는 '위키wiki'와 백과사전을 뜻하는 영어단어 'encyclopedia'의 합성어로 누구나 자유롭게 편집하고 검색할 수 있는 무료 인터넷 백과사전이다. 위키피디아는 2015년 6월 기준으로 표제어가 1,150만을 넘어섰다. 마지막 판본의 브리태니커가 15판에 32권, 6만5천 항목정도를 포함한 것에 비한다면 이는 어마어마한 분량이다. 미국인 예술가 마이클 맨디버그Michael Mandiberg는 2012년부터 3년간 위키피디아를 '종이 사전'으로 만드는 행위예술 프로젝트를 진행 중인데, 2015년 4월경에 1백여 권을 인쇄했으며, 최종 분량은 총 7,600권에 이를 예정이라고 한다.[3] 2015년 11월 현재 영어판 위키피디아의 등록된 사용자는 2,660만 명이 넘었고 1,330명이 관리자로 활동하고 있다. 전문가만이 아니라 일반사용자 누구나가

스스로 백과사전의 내용을 서술할 수 있도록 한 위키피디아는 세계에서 가장 많은 표제어를 담은 역사상 가장 대중적인 백과사전으로 성장하였다. 위키피디아는 현재 비영리재단인 위키미디어 재단Wikimedia Foundation이 운영을 맡고 있고 자발적인 참여자들의 협업을 통해 백과사전의 내용이 계속해서 확장되고 있는 진행 중인 '집단지성' 프로젝트라고 할 수 있다.

'집단지성'은 연구자에 따라 정의하는 바가 조금씩 다르기는 하지만 일반적으로 다양성과 개방성을 기반으로 여러 명의 협업을 통해 생산되는 지식을 지칭하는 것으로, 소수의 전문가에 의해 생산되는 지식보다 다수의 협업과 경쟁을 통해 토론과 합의를 거친 지식이 더 우월하다는 신념을 기반으로 한다. 집단지성의 주창자인 피에르 레비Pierre Levy는 "어디에나 분포하며, 지속적으로 가치 부여되고, 실시간으로 조정되며, 역량의 실제적 동원에 이르는 지성"을 집단지성으로 정의하였다.[4] 집단지성은 "누구도 모든 것을 다 알지는 못하지만, 모든 사람이 무엇인가를 알고 있고, 지식 전체는 인류 안에 있다"는 가정에서 출발하여 사람들이 알고 경험하고 있는 것에 지속적으로 가치를 부여하고 이를 인적 자원으로 조직하고 동원하려는 일종의 기획이라고 할 수 있다.[5]

새로운 디지털 기술의 발달은 의사소통의 효율성을 비약적으로 증가시켰고 이전보다 훨씬 규모가 큰 인간 집단의 조직을 가능하게 하였다. 네크워크를 통해 정보와 지식이 대중에게 개방되고 공유되면서 이전에는 전문가와 자격증을 갖춘 사람들이 독점하던 지식 생산의 영역에 많은 보통의 사람들이 참여하게 되었다. 제임스 서로위키James Surowiecki는 전문가들 혹은 똑똑한 사람들로만 구성된 동질적인 집단보다 여러 계층의 사람들이 다양하게 뒤섞여 있는 집단이 대안을 탐색하는 능력에서는 더 뛰어나다고 진단하였다.[6] 돈 탭스코트Don Tapscott와 앤서니 윌리엄스Anthony Williams도 위키피디아로 대변되는 집단지성이 소수의 전문가 집단보다 문제해결능력이 뛰어나다는 점을 다양한 실례로 제시하면서 집단지성을 기반으로 한 지식 생산이 앞으로의 경제적 혁신을 주도할 것임을 전망하였다. 그리고 위키피디아의 경제적 가치를 강조하면서 '위키노믹스wikinomics'라는 신조어를 만들어냈다.[7] 레비 역시 디지털 시대가 지성의 새로운 도약의 가능성의 조건이 되었음에 주목하면서 우리가 집단지성의 방향으로 전진하게 된다면 "우리는 함께 사유하며 우리의 지적·정신적 힘을 모으고 상상력과 경험을 증대시키고, 우리가 대처해야 할 복잡한 문제들에 대해 실시간으로 협상하고, 그리고 모든 차원에서 해결책을 모색할 수 있게 해주는 기술기호체계, 그리고 사회 조직 및 통제 형태들을 점진적으로 발전시켜 나갈 수 있을 것"으로 전망하였다.[8]

탈중심화된 네트워크를 통해 협업하는 다수의 자발적인 참여자들에 의해 만들어지는 인터넷 백과사전 위키피디아는 오픈소스와 대규모 협업, 생산된 콘텐츠의 무상공유의 정신을 기본적인 방침으로 표방함으로써 집단지성을 기반으로 한 협업의 가장 성공적인 모델로 평가되고 있다. 특히 위키피디아는 자발적인 참여와 지식 공유를 통해 모두에게 무료로 제공되는 지식을 생산한다는 유토피아적 비전을 현실화함으로써 기존의 제도화된 지식 권력이나 상업미디어에 대한 대안적인 지식생산모델이자 디지털 민주주의의 모범적인 사례로 주목되고 있다.

위키피디아에 대한 학문적 연구는 디지털 시대 지식생산의 새로운 협업 방식과 관련하여 언어학과 문헌정보학, 커뮤니케이션학, 사회학 등에서 다양하게 탐색되고 있다. 위키피디아에 게시된 내용의 신뢰성을 탐색하는 연구는 백과사전으로서의 위키피디아의 위상을 평가할 때 중요한 근거가 되므로 많은 관심이 모아지고 있는 주제이다. 2005년 위키피디아가 브리태니커 백과사전에 버금가는 신뢰성을 나타낸다는 『네이처 저널』의 연구 결과는 위키피디아의 신뢰성을 확증하는 연구로 자주 인용되고 있다.[9] 한국에서는 북한과 관련된 한국어 위키피디아 문서의 신뢰성을 분석한 연구가 있다.[10] 위키피디아의 대중적인 활용빈도가 증가하면서 위키피디아의 이용실태에 대한 연구 관심도 증가하고 있다.[11] 학술문헌에서 위키피디아가 인용되고 있는 실태와 방식이 문헌정보학의 연구 관심 주제로 부상하였다.[12] 언어학 분야에서는 디지털 시대 새로운 글쓰기 방식으로 협업에 의해 작성되는 위키피디아의 문서작성의 특징을 텍스트의 응집성 측면에서 분석한 연구가 있다.[13] 사회과학 분야에서는 위키피디아의 편집자로 참여하는 사람들의 특성을 분석하거나,[14] 집단지성으로서의 위키피디아의 반전문가주의의 특성이 논의되었다.[15] 집단지성이 지식의 민주화에 기여할 것이라는 낙관적 전망과는 달리 집단지성의 한계나 새로운 권위유형의 재형성과 지식권력의 문제를 제기하는 연구들도 있다.[16]

위키피디아에 대한 미디어 평가는 대체로 위키피디아의 눈부신 성장에 주목하지만 일부 인터넷 이용자들의 사이버 반달리즘Vandalism[17]과 정치적, 종교적으로 민감한 표제어들의 편집을 둘러싼 편집전쟁, 언론의 주목을 받은 몇몇 스캔들 등으로 인해 그 신뢰성과 정확성에 의문을 제기하기도 한다.[18] 또한 북미와 유럽 중심으로 20~30대 교육받은 젊은 남성 중심으로 편집참여자가 다수를 이루는 것과 관련하여 인종과 성별, 계급이 편중되어 있다는 점에서 기존의 권력관계를 디지털 세계에서도 재생산하고 있다는 비판을 받기도 한다. 위키피디아를 둘러싸고 벌어지는 신뢰성에 대한 상반된 평가와 전망, 집단지성과 전문가주의 간의 갈

등, 지식과 권력의 공모관계를 넘어선 것인가 혹은 재생산하고 있는 것인가 등의 문제는 현재진행형의 논제들이다.

이 글은 무엇보다도 위키피디아가 백과사전이라는 점에 주목하고자 한다. 그리고 백과사전의 편찬이 당대의 의미있는 지식을 선별하고 재배치하는 지식체계를 구조화하는 기능을 갖는다고 했을 때, 새로운 디지털 기술과 매체적 특성이 백과사전의 지식 권력의 효과를 어떻게 재구성하는지 논의하고자 한다. 배영자는 새로운 미디어의 출현과 지식을 집대성하려는 시도가 동시적으로 일어나는 경향을 정치사회적 맥락 속에 위치지으며 새로운 매체를 통한 지식의 집대성은 지식질서의 변화를 반영함과 동시에 이를 추동한다고 주장하였다. 계몽시기 백과사전의 출판은 관습적이고 신학적인 지식에 비해 실용적이고 기술적인 지식의 가치가 점차 중요하게 대두하고 있던 시대상을 반영한 것임과 동시에 백과사전의 출판 그 자체가 지식의 새로운 가치 질서를 정립하는 '담론의 질서'를 수립하였다는 것이다.[19] 그렇다면 디지털 시대 백과사전으로서 위키피디아는 어떠한 담론의 질서를 형성하고 있는가?

이 글은 인터넷 백과사전 위키피디아가 어떤 지식의 재구조화를 발휘하고 있는지 검토하고자 한다. 한 사회의 공신력 있는 지식을 규범화하고 질적으로 압축된 정보와 지식을 제공하는 백과사전의 지식-권력의 측면에 주목하여 위키피디아에서 지식-권력이 어떻게 재구성되고 있는지 논의하고자 한다. 집단지성을 기반으로 하는 위키피디아가 생산하는 지식이 전문가주의를 넘어서 지식의 대중화와 민주화에 기여하는 측면은 많이 부각된 반면, 지식의 민주화 '이후' 위키피디아의 지식생산 시스템이 새롭게 생산해내는 지식의 가치와 지식-권력의 재구성의 문제는 상대적으로 간과되었기 때문이다.

이 글에서는 먼저 온라인을 통해 기본적인 단어의 정의와 의미를 찾아보는 것이 일반화된 오늘날 백과사전과 지식의 의미는 어떻게 변화하고 있는지를 백과사전 개념의 변화를 통해 검토할 것이다. 그리고 집단지성을 활용한 온라인 백과사전 위키피디아의 주요 특성과 정책적 방침 등을 분석하고 집단지성과 협업구조가 재구성하는 새로운 권위 유형의 성격을 지식-권력의 효과라는 측면에서 논의하고자 한다. 마지막으로 디지털 시대 지식의 민주화를 전망한 집단지성의 유토피아적 비전속에서 간과되고 있는 서구중심성과 남성중심성에 관해 성찰해보고자 한다.

II. 위키피디아의 등장과 백과사전의 의미 변화

디지털 세계를 살아가는 젊은 세대에게 인터넷을 이용한 검색과 자료조사는 매우 일상적인 일이 되어 '리서치research'라는 말의 정의 자체가 '구글google'과 동의어처럼 사용되고 있을 정도이다.[20] 미국의 인터넷 사용자의 59%가 위키피디아를 이용한다고 응답하였다.[21] 구글과 마이크로소프트사, 그리고 한국의 다음과 네이버와 같은 검색엔진들이 위키피디아의 검색 결과를 제공한다는 점을 감안한다면, 직접 위키피디아 웹페이지를 방문하지 않아도 대부분의 사람들이 일상에서 위키피디아의 표제어 검색 결과를 접하면서 살아가고 있다고 해도 과언이 아니다. 이미 위키피디아는 새로운 정보와 지식의 일차적인 매체로 자리잡았다고 할 수 있다.[22] 그렇다면 위키피디아의 등장으로 인해 백과사전에 관한 개념은 어떻게 변화하고 있는가?

백과사전encyclopedia이라는 말은 그리스어의 "enklōi(circle)"과 "paideia

(of learning)"에서 유래된 것으로 교육의 순환을 의미하는 것이었다. 백과사전이 "고래로 지녀온 지식의 총체를 요약하고 있는 하나의 저작을 지칭"한다는 현대에 통용되는 의미로 사용되기 시작한 것은 16세기에 이르러서였다. 중세시대 백과사전적 저작들의 이름에는 "큰 거울Speculum Majus"이나 "이미지Imago"와 같이 지식의 반영적 성격을 강조하는 경향이 있었고 과거의 지식을 집대성하여 시대가 지향하는 지식의 목표를 지시해야 한다는 교훈적이고 계몽적인 역할을 자처하는 경향이 있었다.[23]

『한국민족문화대백과』에서는 백과사전百科事典을 "과학·자연 및 인간의 활동에 따른 일체의 지식을 압축 정리해서 각 사항을 가나다순(알파벳순), 분류순 또는 기타 일정한 순서로 배열하여 엮은 책"으로 정의하고 있다.[24] 온라인 백과사전인 다음백과사전에서는 "지식분야 전반에 관한 정보를 담고 있거나 특정 분야의 지식을 포괄적으로 다루고 있는 참고서"로 규정하고 있다. 한국어 위키백과에서는 "학문, 기술, 예술 등 자연과 인간의 모든 활동에 관한 다방면의 지식을 수집하여 체계적으로 정리한 책"으로 정의하고 있고[25] 영어판 위키피디아에서는 "모든 지식 분과 혹은 특정한 지식 분과의 정보를 포괄적으로 요약해 놓은 개설서 혹은 참고서 형태"라고 정의하고 있다. "백과사전은 표제어 또는 항목으로 구분되고 일반적으로 표제어는 알파벳 순으로 배열되어 있다. 백과사전의 항목은 대체로 사전보다는 더 길고 상세하게 설명되어 있다. 단어의 언어적 정보에 초점을 맞추는 언어사전과 달리 백과사전은 표제어가 의미하는 개념에 대한 사실적 정보에 초점을 맞춘다"라고 특성을 요약하였다.[26]

백과사전 항목에 대한 기술은 대체로 역사적으로 존재했던 동서양의 다양한 백과사전을 간략히 소개하고 있고 현대에 이르러서는 점차 전자화되거나 인터넷을 통해 전자출판되는 경향이 언급되고 있다. 영어판 위키피디아는 백과사전의 간략한 역사 서술의 마지막 설명부분에서 최근의 백과사전으로 위키피디아를 언급하고 있다. 인터넷을 통해 무료로 이용할 수 있는 백과사전이 등장하였다고 기술하고 있다.

『한국민족문화대백과』와 영어판 위키피디아는 언어사전과의 대조 속에서 백과사전의 특성을 기술하고 있다.[27] 백과사전의 가장 큰 특징의 하나는 알파벳이나 가나다순, 혹은 일정한 분류 체계에 의해 순서대로 배열되어 있다는 점이다. 그리고 백과사전은 무엇보다도 '책'이라는 점이 중요한 특징으로 정의되었다. 그러나 최근의 온라인 백과사전에서 제공하는 백과사전의 정의에는 백과사전이 '책'이라는 점이 강조되지 않는다. 특히 위키피디아에서는 "a type of reference work or compendium"로 정의내리고 있는데, 명백하게 책의 형태로 한정짓지 않는 정의를 사용하고 있다. 이는 인터넷 백과사전을 표방한 위키피디아를 포함시키려는 의도를 내포한 것이다. 이러한 점은 위키피디아의 백과사전 표제어 편집에 대한 토론방에서의 논의를 통해서도 알 수 있다. 한 사용자는 백과사전 항목을 기술하는 데 있어서 위키피디아를 언급하는 부분을 삭제해야 한다고 주장하였다. 백과사전에 대한 정의를 서술하면서 "지식의 요약서a compendium of knowledge"라고 기술하고 있는데, "위키피디아는 단순히 대체로 잡동사니 정보의 대량 저장고에 불과하"기 때문에 여기서 삭제해야 한다는 주장이다.[28] 이러한 주장에 대해 토론방 내에서는 반론이 제기되었다. 인터넷 백과사전 위키피디아는 백과사전을 표방하고 있기에 확실히 백과사전이라는 주장이다. 한편 백과사전의 정의에 관한 서술에서 "책 또는 전집"이라는 표현 대신에 "다양한 주제와 각각의 개별 분과에 관한 의견들의 모음a collection of opinions"이라는 표현을 사용할 것을 제안한 사람도 있었다. 위키피디아를 백과사전에 대한 정의 속에 포함시켜야 한다는 주장에 합의가 이루어진 것으로 보인다. 2015년 11월 현재 위키피디아는 백과사전 항목의 서술에 포함되어 있다.

다음백과사전은 2007년 서비스를 개편하면서 기존에 출간된 백과사전의 내용을 온라인 상에서 서비스로 제공하고 동시에 한국어 위키백과를 활성화하겠다는 의지를 담아서 위키백과의 내용과 기존의 브리태니커 백과사전의 결과를 함께 보여주도록 설계하였다.[29] 다음백과사전에서 제공하는 백과사전에 대한 해설은 브리태니커 온라인 사전의 내용을 그대로 서비스하고 있는데, 백과사전에 관한 개념이 시대에 따라 변화한다는 점을 잘 보여주고 있다.

> 백과사전은 오랜 역사와 함께 그 성격도 상당히 많이 변해왔다. 오늘날 대부분의 사람들은 지도, 상세한 색인, 참고문헌, 삽화, 약자일람표, 외국어 표기, 지명목록 등을 곁들여 가능한 모든 지식을 동원하여 완벽하게 만든 여러 권의 해설집이 백과사전이라고 생각한다. 그러나 백과사전을 구성하는 이 모든 요소들은 옛날부터 그대로 내려온 것이 아니라 시대를 거듭하면서 점차 변해서 오늘에 이른 것이다.[30]

인터넷 백과사전의 등장으로 백과사전은 더 이상 책이나 전집류의 내용이 완결된 종이에 인쇄된 것, 혹은 알파벳이나 분류 체계에 의해 일정한 배열로 정렬되어 있는 지식의 집대성을 의미하지 않게 되었다. 검색 기능과 하이퍼링크를 통해 관련 정보를 제공하는 온라인 백과사전에서는 더 이상 표제어가 가나다순(알파벳 순)이거나 일정한 분류의 체계라는 특성이 강조될 필요가 없어졌다. 그리고 '참조'의 의미가 강조되면서 백과사전의 내용 속에서 지식과 정보의 구분도 무의미해지고 지식 체계의 구분도 불분명해지고 있는 추세이다.

인터넷 포탈업체의 검색서비스에서 인터넷 백과사전의 내용이 서비스되면서 백과사전과 검색서비스의 경계도 사라지고 있다. 그리고 백과사전과 어학사전의 경계도 희미해지고 있는 실정이다. 인터넷에서 포탈서비스를 사용하고 있는 사용자들은 어떤 단어의 의미를 백과사전에서 찾아야 하는지, 어학사전에서 찾아야 하는지를 전혀 구분하지 않고 있는데, 포탈서비스의 로그 기록을 통해 백과사전 서비스에서 어학사전의 어휘를 검색하는 사례가 무수히 많다는 사실이 보고되고 있다.[31] 사용자의 요구에 맞춰 발전하는 온라인 사전의 특성 상 백과사전과 어학사전, 전문용어사전의 구분은 점점 더 어렵고 무의미한 일로 여겨지고 있는 것이다.

인터넷 등의 디지털 소통기술이 활성화되면서 지리적 장벽이나 물리적 경계를 넘어서 활성화된 디지털 정보는 빠른 지식의 축적을 가능하게 하였다. 이에 따라 실용적이고 쉬운 지식, 실시간으로 조정되는 지식, 누구나 자유롭고 개방적으로 접근가능한 지식의 생산과 유통이 용이하게 되었다. 실용적인 지식의 가치가 선호되면서 정보와 지식의 구분은 점차 모호해지고 정보는 그 자체로 실용적 지식으로 수용되기도 한다. 디지털 매체의 이러한 특성으로 인해 인터넷 백과사전 위키피디아는 지식의 집대성으로서의 백과사전이 지식을 체계화하는 역할과 관련해서는 이전의 백과사전과는 다른 조건에 놓여 있다고 할 수 있다. 즉, 한정된 지면에 가치있는 지식을 선별해야하는 역할을 스스로 자임했던 백과사전의 역할이 점차 사라지고 모든 지식으로 평면화하여 포괄적으로 흡수해버리는 경향을 보이고 있는 것이다.

역사상의 모든 백과사전은 일정정도 지식을 선별하고 지식체계를 재구조화하는 지식-권력으로 작동하는 측면이 있었다. 아무리 많은 표제어를 포함한 백과사전이라고 하더라도 세상의 모든 지식을 다 포함할 수는 없기 때문이다. 그러나 인터넷 백과사전 위키피디아는 용량의 제한과 같은 물리적 장벽을 뛰어넘을 수 있었기에 이제까지의 어떤 백과사전보다도 많은 표제어를 포괄할 수 있게 되었지만 지식의 선별과 관련해서는 갈등적인 상황에 놓여 있다.

위키피디아는 익명의 다수가 협업에 의해 백과사전을 집필한다는 점에서 백과사전의 포괄성에 관해 다양한 이견과 갈등이 표출되고 있는데 그 중에서도 특히 심각한 갈등의 하나로 꼽히는 것이 포함주의자와 배제주의자 사이의 대립이다.[32] 백과사전에 포함되어야 하는 내용의 범위를 두고 가능한 많은 내용을 포괄하는 것이 좋다고 생각하는 최대주의자와 쓸모없고 사소한 정보나 지식을 배제함으로써 지식의 질을 향상시켜 양질의 지식의 집대성을 이루어야 한다는 최소주의자 사이의 갈등이 점점 더 첨예해지고 있는 것이다.

포함주의자는 소위 지식이라고 하는 항목에는 제한이 없기에 인간 생활의 모든 차원이 백과사전의 항목으로 기술될 수 있고 다양하고 사소한 항목이더라도 많으면 많을수록 좋다는 입장이다. 반면 배제주의자들은 위키피디아의 명성에 관심을 가지고 적절하고 신뢰할만한 정보와 지식을 제공하기 위해서는 사소한 항목들은 삭제되어야 한다고 주장한다.

백과사전의 개념은 향후 위키피디아의 정체성을 둘러싼 포함주의자와 배제주의자의 대립이 어떠한 양상으로 전개되는지에 따라 재구성될 것이다.

III. 집단지성으로서의 위키피디아의 특성과 권위 구조의 재구성

백과사전으로서 위키피디아의 정체성을 둘러싼 포함주의자와 배제주의자의 대립은 온라인 백과사전에 어떠한 지식을 담을 것인가, 누가 지식을 선별할 자격을 갖는가를 둘러싸고 백과사전으로서의 위키피디아의 성격과 정체성을 형성하는 중대한 경계선으로 작용하고 있다. 또한 이들의 갈등은 집단지성이라는 유토피아적 기획의 내부에서 새로운 권위 구조가 형성되고 지식의 가치가 재편되는 데에도 중대한 역학으로 작용하고 있다. 이 장에서는 집단지성으로서의 위키피디아의 특성을 살펴보고 집단지성 내부에서 새롭게 구성되는 권위 구조를 분석할 것이다.

1. 집단지성 프로젝트의 장단점

위키피디아와 기존 백과사전의 가장 큰 차이점은 전문가만이 아니라 일반인 누구나 백과사전의 내용을 저술하고 편집할 수 있다는 점이다. 원칙적으로 위키피디아에서는 작성되는 기사를 검토하거나 전문가가 감수하는 절차는 존재하지 않는다. 누구도 중앙집권적인 편집의 통제권을 갖지 않는다. 다양한 참여자들의 집합적 협업과 이러한 개방성으로 인해 단시간에 가장 방대한 표제어를 수록하고 세계에서 가장 많은 인구가 접속하는 백과사전 사이트로 성장할 수 있었다.

한국어 위키백과와 위키 시스템으로 운영되는 여타 백과사전 사이트들을 분석한 윤은호는 위키 체제의 집단지성에 의해 작성되는 백과사전의 장점을 다음과 같이 정리하였다. 첫째, 집단지성을 활용한 위키는 기존의 백과사전들이 제공하지 않는 항목에 대한 충분한 설명 능력을 갖추고 있다. 즉, 비학문적인 주제에 관해서도 많은 정보를 제공한다는 것이다. 둘째, 위키 체제는 시의성을 갖춘 정보 제공이 가능하다. 언제 어디서나 사용자에 의해 수정될 수 있기에 문제가 있는 부분이나 업데이트가 필요한 항목에 대해 곧바로 수정이나 정정, 가필이 가능하다는 장점을 갖는다. 셋째, 위키 체제는 사용자의 관심사에 따라 다량의 정보를 축적할 수 있어 참가하는 사용자들에게 참가에 따른 효용감을 안겨준다. 넷째, 위키 체제는 집단협업을 통한 효율적인 지식 구축을 돕는다.[33]

하지만 집단지성의 협업과 개방성이 긍정적인 측면만 있는 것은 아니다. 누구나 편집에 참여할 수 있다는 개방성으로 인해 위키피디아는 부정확한 내용이나 근거가 없는 개인의 의견이 수록될 수도 있고 다른 표제어의 내용 서술과 모순된 내용이 수록될 수도 있는 약점을 내포한다. 또한 전체적으로 내용의 질이 고르지 못한 측면이 있다. 또한 애초에 항목의 저술이 전문가에 의해 작성되었을지라도 이후 누구나 편집할 수 있기에 수정하면서 오류가 생기거나 잘못될 수도 있다는 것이다. 즉, 위키피디아는 무엇보다도 사이버 반달리즘과 같은 악의적인 편집에 의해 문서 훼손이 일어나기 쉽다는 점이 가장 큰 문제점으로 지적되고 있다.

위키피디아는 문서 편집 기술의 개선과 편집자들의 상호소통, 악의적 편집에 대한 집단적인 대응을 통해 개방성으로 인한 취약점을 개선해나가고 있다. 미디어위키는 편집한 기록을 역사로 남겨서 그 흔적을 추적할 수 있는 편집기능을 가지고 있는데 잘못된 편집을 그 이전으로 되돌릴 수 있는 기능을 제공한다. 최근에는 위키피디아에 새로 실시된 편집 작업만을 모아서 보여주는 기능이 추가되어 새로 작성되거나 편집이 수정된 항목들을 모아서 검토할 수 있게 되었고, 열정적인 참여자들이 위키피디아의 문지기 역할과 같은 편집 교정 역할을 수행하고 있다. 여러 사람이

선의의 동료애를 바탕으로 교열과 내용 수정 작업을 하고 협업과 토론을 통해 지식의 부족한 부분을 채워나가면서 점차 내용의 질을 향상시키고 악의적인 편집에 대한 방어력을 갖춰 나가고 있다.

2. 위키피디아의 새로운 권위 구조

창립자 지미 웨일즈는 2001년부터 악플러와 파괴자, 허위아이디와 관련된 문제들을 해결하기 위하여 일부 사용자에게 관리자라는 이름을 부여하였다. 2004년에는 분쟁해결을 위해 조정위원회를 두었고 필요할 때 악성 사용자들의 활동을 금지하거나 막는 역할을 하였다.[34] 또한 2009년 위키피디아는 살아있는 인물을 대상으로 한 악의적인 편집에 대응하기 위해 일부 편집에 제한을 두기로 결정하였다. 또한 2009년 9월에는 위키피디아의 신뢰도를 향상시키기 위해 인물에 관해서 작성하는 문서의 경우 작성자의 신뢰도에 따라 글의 색상 코드를 적용하기 시작하였다.[35] 이러한 정책 변화는 위키피디아 공동체가 반달리즘에 대해 신속하고 빠르게 대응하고 체계적인 협력을 증진하는 기능을 하였지만 한편으로는 위키피디아 참여자 공동체 안에서 새로운 위계 구조의 형성을 촉진하였다. 위키피디아 참여자들이 편집활동에 더욱 집중적이고 빈번하게 개입할수록, 위키피디아 참여자들의 조직에는 새로운 목적과 역할이 설정되고 그것을 달성하기 위한 새로운 수단이 도입되는데, 그러면서 일종의 위계적인 조직 구조가 형성되고 있다.

위키피디아는 가장 아래에 일반 편집자들이 있고, 이 들 중에서 공동체 안의 명성과 영향력을 통해 관리자administrator로 임명된 이들이 2008년 9월 기준으로 약 1,600명 정도가 있다. 그리고 이 관리자들 중 일부는 관리자

지명과 해촉에 관한 권한을 갖는 '관료buraucrat'가 될 수 있는데, 관료는 대략 26명으로 구성된다. 마지막으로 '조정위원회arbitration committee'가 최종 의사 결정 기구 역할을 하고 있다. 조정위원회는 편집자들의 토론이나 관리자 관리, 중재 등으로도 편집전쟁이나 논쟁이 해소되지 않을 경우 그에 관한 최종적인 결정을 내리는 기구이며, 2008년 11월 기준으로 약 13명의 위원들로 구성되어 있다.[36] 이밖에도 위키피디아 참여자 공동체에서는 소수의 전문적인 편집자 그룹이 출현하고 있는 것으로 관찰된다. 웨일스는 위키피디아 기사 편집의 75퍼센트가 대략 2퍼센트의 사용자들에 의해 수행되고 있다고 주장했다. 하지만 이들 대부분은 사소한 수정이나 반달리즘에 방어하는 활동을 하고 특정 주제에 전문성을 가진 사람들이 표제어 작성에 광범위하게 참여하기에 소수의 열정적 참여자와 다수의 편집자 모두가 위키피디아의 유지에 기여하는 것으로 평가된다.[37]

위키피디아의 반전문가주의 경향과 집단지성으로서의 특성을 분석한 이항우는 집단지성을 기반으로 한 위키피디아가 전문가주의 권위 모델과는 다른 새로운 권위 유형을 창출하고 있다고 분석하였다. 그는 위키피디아의 반전문가주의가 위키피디아 공동체 안에서의 편집활동 참여도에 따른 위계 구조의 형성이나 소수의 전문적인 편집자 그룹의 출현 현상과 배치되는 것은 아니라고 분석하였다. 집단지성으로 운영되는 위키피디아는 소수의 전문가와 엘리트가 독점하던 기존의 중앙 집중적인 방식의 권위가 아니라 탈중심화된 네트워크 속에서 다중의 자유로운 상호작용과 수평적 협력의 원리가 관철되고 있기 때문이라는 것이다.[38] 하지만 위키피디아를 집단지성의 성공적 사례로서 지나치게 긍정적인 측면만 바라본다면 탈중심 네크워크 속에서 작동하는 새로운 위계와 권위의 관철방식의 성격을 제대로 포착하지 못할 뿐만 아니라 공동체 문화에 대한 낭만적 예찬 속에서 실제로 존재하는 다양한 차이와 소수자에 대한 배제의 권력을 비가시화할 위험이 있다.

위키피디아의 소수의 열정적인 참여자들과 전문적인 편집 그룹, 그리고 관료들과 조정위원회가 만들어 내는 권위 유형과 위계 구조는 탈중심적인 것이 아니라 열정적 소수자가 초기에 만들어낸 집단 문화에 의해 재구성된 새로운 형태의 권위 유형으로 볼 수 있다. 위키피디아의 반전문가주의는 반학력주의 또는 반자격편중주의anti-credentialism로 표출되고 있는데, 이를 정당화하는 논리가 위키-실력주의이다. 위키-실력주의란 위키피디아 내에서 편집자들은 서로를 동등한 존재로 간주하며 편집자의 권위는 그가 가진 학위나 전문 자격증에 의해서 담보되는 것이 아니라 위키피디아에서 작성한 편집의 양과 질에 근거해서 평가되어야 한다는 일종의 능력주의이다.[39] 위키피디아는 표면적으로 평등주의의 원칙을 표방하는 듯이 보이지만 모든 참여자가 동등한 권한이나 권위를 갖는 것은 아니다. 위키피디아 내에서는 전문가에게 더 비중있는 편집권한을 부여하거나 검토 작업을 맡기는 것을 완고하게 거부하였지만 이는 위계 자체를 거부하는 것이 아니라 실력주의에 기반한 새로운 위계를 요구하는 논리로 재구성되고 있는데, 이때의 위키 실력주의는 초기에 위키피디아에서 편집자로 활동한 이들이 형성하고 만든 집단 문화가 만들어내는 기득권을 정당화하는 논리로 동원될 수 있다.

윤은호는 한국어 위키백과의 편집자이면서 위키미디어재단의 자원봉사자로 활동한 경험을 바탕으로 한국의 위키백과와 여타 위키 시스템으로 구성된 사이트들에서 실제로 작동하는 집단 문화가 집단지성의 한계점으로 작용하고 있음을 분석하였다. 그는 누구에게나 편집 자격이 있고 개방되어 있다고 하지만 실제로 위키피디아 내부에서 적응하기 위해 필요한 문화 지식들이 존재하고 있어, 새로운 참여자의 실제적인 접근성에 방해요인으로 작용하고 있음을 지적하였다. 또한 관료주의라 부를 수 있는 특정 사용자들의 편집 성향이 위키백과를 비롯한 여러 위키 시스템 내에서 영향력을 행사하고 있다고 주장하였다. 즉, 새로운 참여자들이 기존 사용자들이 가지고 있는 도그마와 반대되는 편집을 할 수 없도록 하는 비가시적인 규칙을 위키 시스템에 부여한다는 것이다.[40]

한국어 위키피디아에서 '저명성'을 둘러싼 편집 논쟁을 분석한 손준우의 연구에서도 초보자에게 문지방이 높게 설정되어 있는 경향이 관찰되었다. 편집 논쟁이 일어났을 때 해석의 권위는 논리적 설득력 외에도 위키피디아 안에서 축적된 맥락의 역사를 누가 잘 알고 있는가에 기반하여 권위가 부여되는 경향이 관찰되고 있다.[41] 위키피디아는 누구에게나 개방되어 있는 것으로 여겨지지만, 실제로는 편집 토론과 논쟁 등을 통해 참여자의 행위성에 대한 인정 투쟁이 벌어지고 여기에서 살아남은 사람들만이 편집자격이 부여되고 지속적으로 활동하게 된다.

이러한 분석은 위키 체제로 운영되는 매체들에서 '신참자 쫓아내기' 문화가 형성되고 있음을 드러내는 것이다. 오랜 경험을 가진 편집자들이 위키 문법에 서툰 신참 편집자가 편집 중인 내용을 '되돌리기'하거나 아무런 설명없이 삭제함으로써 위키피디아에 참여하고자 하는 동기를 좌절시키는 양상으로도 나타난다. 새로운 참여자들은 자신이 애써 작성한 글이 삭제되거나 되돌려지는 경험에 실망을 느끼고 편집전쟁에 탈진감을 느끼기 쉽다. 진입장벽을 높이는 이와 같은 '신참자 쫓아내기' 문화는 사이버 반달리즘에 대한 대응과정에서 관리자의 권한을 강화하고 위키피디아 내부의 편집자들 사이의 권위의 위계를 새롭고 재구성하는 과정과 동시적으로 발생하고 있는 현상이다. 2007년 이후 영어판 위키피디아의

편집에 적극적으로 참여하는 수가 현저하게 줄어들고 있는 현상도 이와 무관하지 않다.[42]

3. 위키피디아의 편집 정책과 지식 생산의 구조

위키피디아가 추동하는 지식생산의 새로운 규범은 위키피디아의 편집 정책Wikipedia policy을 통해 확인할 수 있다. 위키피디아의 편집 정책은 편집에 참여하는 모든 참여자들이 규범적으로 따라야만 하는 편집의 표준을 규정한 것으로 전체 구성원의 합의라는 '총의consensus'를 담은 원칙으로 규정되어 있다. '중립적 관점', '검증가능성'과 '독창적 학술조사 금지'의 원칙은 위키피디아의 공식적인 정책으로 위키피디아 백과사전의 지식 생산의 특정한 방향성을 드러내준다. 검증가능성(확인 가능) 정책과 관련한 항목에 대해 한국어 위키백과와 영어판 위키피디아는 다음과 같이 각각 규정하고 있다.

> 위키백과에 어떤 내용을 넣기 위해서는, 그 내용이 확인 가능해야 하며, 단순히 '진실'이라는 이유만으로는 내용을 넣을 수 없습니다. 여기에서 '확인 가능'이라는 말은, 위키백과 문서를 보는 이용자들이 신뢰할 수 있는 출처를 통해 그 문서의 내용이 사실이라는 것을 확인할 수 있어야 한다는 것입니다. 문서를 편집할 때에는 이의가 제기되었거나 제기될 수 있는 내용에 대해서 신뢰할 수 있는 출처를 제시해야 합니다. 그렇지 않다면 그 내용은 삭제될 수 있습니다. 확인 가능은 독자 연구 금지와 중립적 시각과 함께 위키백과 문서에 대한 핵심 정책입니다. 이 정책들은 위키백과에서 어떤 내용을 받아들이고 있는지를 결정합니다. 문서를 편집하는 분들은 이 세 가지 정책에 대해 이해하도록 노력해야 합니다.[43]

위키피디아에서 검증가능성은 위키피디아를 이용하는 누구나 신뢰할 수 있는 출처로부터 그 정보를 확인할 수 있어야 한다는 것을 의미한다. 위키피디아는 독창적 연구를 출판하지 않는다. 위키피디아의 내용은 편집자의 신념이나 경험보다는 이전에 출판된 정보에 의해 판단된다. 당신의 확신이 사실일 때조차도 당신이 위키피디아에 이것을 추가하기 전에 그것은 검증되어야 한다. 신뢰할만한 출처가 불일치 할 때는 다양한 출처들이 제기하는 것들을 기술하고 각각의 편에서 그것을 다룬 후에 중립적인 시각을 유지하라.

기사들, 리스트와 인용을 포함하여 위키피디아의 주요공간에 실린 모든 제재-글과 자료material들은 검증할 수 있어야만 한다. 검증가능성에 의문이 제기되었거나 제기될 수 있는 모든 인용들과 자료, 글들은 직접적으로 이를 뒷받침할 수 있는 합치하는 인용을 포함해야만 한다. 출처를 표시해야 하지만 하지 않은 어떤 글과 자료들은 삭제될 수 있다. 출처가 없거나 즉각적으로 뒷받침되기 어려운, 살아있는 사람에 관한 이론의 여지가 있는 제재는 삭제하라.

인용을 하는 방법에 관해서는 인용출처를 보라. 검증가능성, 독창적 연구 금지, 중립적 관점은 위키피디아의 핵심적인 내용 정책이다. 이 세 가지는 내용을 결정하는 데 함께 적용되는 것으로 편집자들은 이 정책의 핵심을 이해해야만 한다. 기사들은 또한 반드시 저작권 정책을 따라야만 한다.44

위키피디아는 표제어의 생성과 편집과 관련해서 그 내용이 아무리 진실이더라도 개인의 의견이나 독창적 연구를 처음 발표하는 공간은 아니라는 점을 명백히 표명하고 있다. 즉, 믿을만한 정보원에서 출판된 내용을 기준으로 서술의 출처를 링크로 표시할 것은 권고하고 있다. 위키피디아에서 신뢰성과 객관성을 추구하기 위해 표방하고 있는 이와 같은 정책은 위키피디아 백과사전의 내용 작성에 참여하는 편집자들에게 기존에 존재하는 지식을 조합하고 편집하는 역할을 지시하는 것으로, 위키피디아에서의 글쓰기 방식은 정보와 지식의 조각들을 모아서 배열하고 정리하는 작업을 선호한다는 것을 보여준다. 위키피디아에서 가장 많은 표제어를 작성한 것으로 유명해진 데렉 램지Derek Ramsey라는 참여자는 위키피디아에서 거의 20만 개의 글을 편집했고 위키피디아에 글을 올리기 위한 편집 소프트웨어를 개발하여 1만개 이상의 표제어를 등록하였다. 지리학에 관심이 많았던 그는 2000년 센서스 자료를 사용하여 미국 전 지역의 도시와 지방에 관한 글을 작성하였는데, 정보를 복사해서 위키피디아에 글을 붙이는 작업에 많은 시간이 들자, 일명 '람봇rambot'이라는 프로그램을 개발하여 대신 글을 작성하게 만들었다.[45] 람봇은 인터넷 상의 자료를 복사하고 편집하여서 위키피디아에 자동으로 등록하도록 한 프로그램인데, 이러한 프로그램을 이용하여 작성한 표제어가 2002년 당시 위키피디아 용량을 두 배 이상 늘리게 했다는 사실은 위키피디아 백과사전의 일부 항목이 기계적인 정보의 수집과 배열 작업을 통해 생산가능한 지식임을 단적으로 보여준다. 데이터와 정보의 '객관적'이고 '중립적'인 편집 원칙은 때로 기계적인 정보의 재구성 과정과 구분되지 않는다. 객관성에 관한 편집 코드가 정보가 지식이 되기 위한 사유의 과정과 개인들의 주관적이고 논리적인 판단을 배제한다면 인터넷 백과사전이 생산하는 지식은 기존 지식의 단순한 재구성과 기계적 편집과정에 머물게 될 위험이 있다. 사물화된 객관성의 추구는 지식을 정보로 환원해버리고 기존에 존재하는 객관성을 표방하는 과학의 이데올로기적인 권력의 작용을 보지 못하게 한다.

전문가 권위나 자격편중주의를 비판하며 다중의 지능과 역량을 동등하고 민주적으로 평가하였던 위키피디아의 정책적 관점은 검증가능성의 기준과 관련해서는 기득권으로 존재하는 권력에 대한 비판적 시각을 보이지 않는 경향이 있다. '신뢰할만한 출처'를 통한 검증가능성의 기준은 위키피디아가 상업언론이나 관료화된 제도적 지식 생산에 대항하는 대안적인 지식 생산의 매체라기보다는 기존에 존재하는 언론기관과 제도적 학술 지식을 충실하게 재생산하는 데에 집단지성의 역할을 한정하는 효과를 발휘하기도 한다. 역사적으로 저평가되거나 제도화된 지식 체계에서 배제된 민중적인 관점, 대중성이 적은 매우 학문적인 연구, 페미니즘적 시각, 소수자나 주변적인 관심 주제에 관한 항목은 위키피디아가 내세우는 신뢰성 표준에 의해 신뢰할 수 없는 출처에 근거한 지식으로 배제될 위험이 높다. 위키피디아는 "정치적인 관점이나 이해관계가 걸린 문제에 대해서는 개방성을 뒤로하고 기존의 전문가의 편집권을 옹호하거나 상업주의 언론의 객관적 중립성을 내세우는 경향"[46]이 있다고 비판되기도 하는데, 중립성 속에 중심성으로 존재하는 권력의 작용에 대한 성찰없이 이를 객관성과 신뢰성으로 등치시키기도 한다. 위키피디아의 이러한 편집 정책은 중심적인 주류 지식-권력을 옹호하는 보수적인 이데올로기를 재생산하는 경향이 있다.

IV. 위키피디아의 남성중심성과 서구중심성

2005년 『네이처 저널』에서는 위키피디아와 온라인에서 제공하는 브리태니커 백과사전을 비교 분석하는 연구를 시행하였고 그 결과 위키피디아의 과학관련 항목들의 오류 수준이 브리태니커와 별 차이가 없다는 연구결과를 발표하였다.[47] 이 보고서의 내용은 위키피디아에 실린 내용에 대한 신뢰도를 보증하는 것으로 자주 인용되고 선전되었다. 이 연구결과를 공표함으로써 전세계적으로 위키피디아의 백과서전으로서의 신뢰성에 대한 인정을 확산시켰던 질즈Giles는 2013년에는 "위키독점Wiki-opoly"이라는 글에서 위키피디아에 대해 비관적인 진단을 내렸다. 위키피디아는 백과사전으로서 새로운 도약과 급진적인 진전이 발생했던 사이트였지만 그 미래는 보수주의와 파벌주의에 위협받고 있다는 것이다.[48]

위키피디아가 재구성하는 권위 구조와 집단 문화는 남성중심적인 경향이 있어서 여성들을 배제하는 경향이 특히 두드러진다. 페이스북이나 트위터와 같은 웹사이트에서는 여성 사용자들의 수가 남성을 능가하지만 위키피디아는 여성들의 참여가 현저하게 낮아서 열 명 중 한 명에 불과할 정도이다.[49] 2008년 조사한 결과를 보면, 참여한 사람의 평균 나이는 26.8세였고 이 중 남성이 87%였다. 대다수의 편집자가 남성인 위키피디아에서는 여성을 비하하거나 저평가하는 항목과 남성중심적인 내용에 치우친 많은 표제어들이 있다. 실제로 위키피디아에는 "위키피디아의 성편견Gender bias on Wikipedia"이라는 항목이 등록되어 있을 정도이다.[50] 또한 여성과 관련된 표제어들, 여성들의 관심을 반영한 주제들은 무의미하고 저명성이 결여된 것으로 판된되어 더 빈번하게 삭제되는 경향을 보인다.[51] 이러한 심각한 성불균형을 해소하기 위해서 위키피디아에서는 '에디터톤editathon' 행사를 기획하여 실행중이고 위키피디아에서 생성되지 않거나 내용이 부진한 항목에 대한 서술과 편집을 진흥하려는 노력을 펼치고 있다.[52]

그런데 여성을 주제로 한 항목을 증진하기 위한 이러한 노력은 또 다른 심각한 문제를 야기하였다. 기존의 항목에서 여성들을 독립시켜서 여성만의 독립 항목이 만들어지게 된 것이다. 즉, 작가나 예술 분야에서 여성 작가나 여성 예술가들이 대변되고 있지 못하다는 문제의식에서 '미국 여성 소설가' 범주가 만들어졌는데, 이 범주는 '미국 소설가' 범주의 하위 범주에 속하게 되었다. 이러한 배열의 효과로서 '미국 소설가' 항목은 모두 남성으로 채워지게 된 것이다. 소설가라는 항목 자체가 자동으로 남성을 대변하도록 하는 효과를 만들어냈다.[53] 이는 여성에 대한 재현representation의 문제를 둘러싸고 벌어졌던 페미니스트들의 논쟁과 투쟁을 위키피디아에서 새롭게, 부단히 다시 진행해야 함을 예시적으로 보여주는 사건이라고 할 수 있다.

한편 위키피디아는 남성중심적일뿐만 아니라 서구중심적인 지식구조를 재생산하는 매체이기도 하다. 영어가 누리는 세계어로서의 권력은 위키피디아에서 가장 두드러지게 재현된다. 각 국가의 입장에서 작성된 백과사전 내용은 때로 영어판에서 편집전쟁이 벌어진다. '독도'와 '다케시마'도 그 중의 하나인데 결국 둘 다 각국의 이해관계가 반영되어서 그 이름이 중립적이지 않다는 이유로 제3의 용어인 '리앙쿠르 암석'이 사용되고 있다. 리앙크루 암석은 1849년 프랑스의 포경선이 독도를 발견했을 때 붙였던 이름인데, 영어판에서는 이 이름이 가장 중립적이라고 판단한 것이다.[54] 이와 같이 논란이 되는 지명이나 학설에 관해 영어판 위키피디아가 국제적인 판관의 역할을 담당하고 있다. 그리고 그 '중립적 시각'의 원칙은 서구중심성을 보지못하게 할 뿐만아니라 그러한 맹목성을 객관성과 과학이라는 이름으로 재생산하고 있다.

위키피디아에서 서구중심적 기준이 맹목적으로 적용되는 또 다른 논리는 저명성의 기준이다. 2010년 케냐의 위키피디아 사용자들은 케냐의 유명한 밴드 스타인 맥멘데Makmende에 관한 표제어를 만들려고 하였다. 그의 이름은 별명처럼 만들어진 것인데, 영어에서는 지나치게 야심에 찬 사람을 조롱하는 의미로 사용되는 용어였다. 케냐 위키피디아 사용자들이 멕멘데의 표제어를 만들려고 할 때마다 삭제되었는데, 영어판 편집자들은 그 표제어가 저명성이 부족하고 의미없는 것으로 판단했던 것이다.[55] 서구적인 시각에서 판단되는 저명성은 위키피디아 내용에 실릴 주제 선정에서도 서구사회의 이해관심이 반영되는 방향으로 치우칠 수밖에 없다.

집단지성으로서 위키피디아에서 구축된 지식의 체계가 제3세계와 여성을 비롯하여 주변적 위치에 있어서 충분히 목소리를 내지 못하는 다양한 사람들의 역사와 경험을 포괄하지 못하고 서구중심적이고 남성중심적인 시각에 의해 형성된 '치우친 지식'이라는 것을 인식하는 것은 중요하다. 위키피디아에서 구축되고 체계화된 지식이 집단지성이라는 이름으로 대안적이고 민주적인 지식으로 이해되기에 여기에서 작동하는 지식-권력은 더 비가시화되는 경향이 있다. 이는 기존의 지식 체계에서 배제된 이들의 경험과 현실을 더욱 주변화시킬 위험이 있다.

V. 결론

위키피디아에 대한 다양한 평가와 전망에도 불구하고 우리 시대 가장 영향력있는 백과사전이 위키피디아임을 부정하기는 어렵다. 디지털 시대 새로운 인터넷 백과사전으로서의 위키피디아의 등장과 영향력의 확대는 종이 백과사전을 대체하면서 백과사전과 지식, 연구와 리서치에 관한 정의와 관념 자체를 새롭게 재구성하고 있다고 할 수 있다.

어느 시대에나 백과사전은 모든 지식을 망라하겠다는 그 포부를 통해 지식을 선별하는 권한을 주장함과 동시에 새로운 시대의 지식의 가치를 재구성할 책무를 떠맡았다. 백과사전이 담당하는 이와 같은 지식을 체계화하는 역할은 지식을 배열하고 그 지식에 지식 가치의 위상을 배분하는 지식-권력의 작용의 일부라고 할 수 있다. 백과사전의 이러한 지식-권력은 어떠한 지식을 배제하고 억압하기만 하는 것이 아니라 새로운 지식을 생산하고 만들어내는 푸코주의적 의미의 '생산적 권력'이기도 하다. 위키피디아가 촉발한 새로운 지식 가치의 재구성과 지식 생산의 구조는 한편으로는 기존에 존재하는 지식-권력을 재생산하기도 하지만, 다른 한편으로 대항적 지식 권력이 형성될 수 있는 공간을 열어 두기도 한다.

위키피디아는 전지구적인 상업적 미디어의 영향으로부터, 그리고 한 국가 내부의 언론을 통제하려는 정부의 권력으로부터 자유로운 비영리적인 자발적 결사체이자 모두에게 개방적이고 모두가 공유할 수 있는 백과사전이다. 집단지성의 활용이라는 점에서 위키피디아는 지식생산의 위계적 구조를 변화시키고 더 민주적이고 평등한 지식의 활용을 가능하게 하는 측면이 있다. 집단지성 프로젝트로서의 위키피디아의 의미와 성과를 과소평가해서는 안된다. 하지만 전문가의 권위나 기존의 지식생산의 자격제한에 급진적 비판을 제기한 위키피디아 프로젝트가 그 자신이 표방하고 있는 것만큼 지식의 민주화에 기여하기 위해서는 위키피디아의 남성중심성과 서구중심적 편향에 대한 성찰이 필요하다. 이를 위해서는 위키피디아가 다른 어떤 백과사전보다도 더 대중적으로 지식-권력을 재생산하는 공간이자 지식-권력에 대한 투쟁이 활발하게 일어나는 장field이기도 하다는 점을 인식할 필요가 있다.

백과사전이라는 지식의 집대성과 문자를 통한 검색 작업은 언어를 사용한다는 점에서 지식생산의 사회적 조건과 언어 사용에 배태된 권력관계와 무관할 수 없다. 여성을 비롯하여 주변화된 집단이 활발하게 위키피디아 편집에 참여해야 하는 이유는 위키피디아의 표제어가 증가하고 대중적으로 활용도가 증가할수록 위키피디아에서 내용이 검색되지 않는 표제어나 주제가 또 다시 역사 바깥으로 배제되고 침묵될 위험이 크기 때문이다.

■ 참고문헌

강혜영, 「서양백과사전의 역사적 고찰」, 『도서관학논집』 제13호, 1986, 1-28쪽.

레비, 피에르, 『집단지성: 사이버공간의 인류학을 위하여』, 권수경 역, 서울: 문학과 지성사, 2001, 38-39쪽.

배영자, 「계몽주의 백과전서와 위키피디아」, 『인터넷 권력의 해부』, 서울: 한울, 2008.

서로위키, 제임스, 『대중의 지혜』, 홍대운·이창근 역, 서울: 랜덤하우스중앙, 2005.

손준우, 「위키피디아 편집 논쟁을 통해 본 지식-주체의 형성: 한국어 위키피디아에 있어 저명성 논쟁의 레퍼토리 분석」, 『문화연구』 제1-1호, 2012, 187-243쪽.

심원식·변제연·김민정, 「학술논문에서의 위키피디아 인용에 관한 연구」, 『한국문헌정보학회지』 제47권 2호, 2013, 247-264쪽.

앤더슨, 제니퍼 졸린, 『위키피디아: 세상의 모든 지식을 담다』, 서울: 과학동아북스, 2012.

윤은호, 「집단지성 및 백과사전의 한계, 그리고 미래」, 『한국사전학회 학술대회 발표논문집』, 2012(2), 2012, 81-90쪽.

이종철, 「"집단지성"의 한계에 관한 일고찰: 한국어 위키피디아(위키백과)의 북한 문서 분석을 통해」, 『국방연구』 제54권 제3호, 2011, 105-134쪽.

이항우,『클릭의 사회학: 페이스북에서 위키피디아까지 디지털 민주주의 깊이 읽기』, 서울: 이매진, 2013.

______,「네트워크 사회의 집단지성과 권위: 위키피디어Wikipedia의 반전문가주의」,『경제와 사회』 제84호, 2009, 278-303쪽.

이희은,「위키피디어 정보의 기술문화적 함의: 집단지성과 지식 권력」,『언론과학연구』 제9권 2호, 2009, 461-497쪽.

정철,「온라인 백과사전 만들기: 다음백과 2007 개편을 중심으로 한 필드 스터디」,『한국사전학』 제11호, 2008, 65-110쪽.

조원형,「인터넷 백과사전 <위키백과> 문서의 텍스트성」,『텍스트언어학』 제30호, 2011, 237-262쪽.

최항섭,「정보사회에서의 지식 가치의 변화에 대한 사회학적 고찰」,『사이버커뮤니케이션학보』 제25권 4호, 2008, 223-255쪽.

텝스코트, 돈 & 앤서니 윌리엄스,『위키노믹스』, 윤미나 역, 파주: 21세기북스, 2007.

황주성·최서영,「집단 지성의 유형에 따른 참여자 특성분석: 위키백과와 지식iN에 대한 한미 비교연구」,『사이버커뮤니케이션학보』 제27권 4호, 2010, 45-92쪽.

Chesney, Thomas, "An Empirical Examination of Wikipedia's Credibility", *First Monday* 11(11), 2006, <http://firstmonday.org/ojs/index.php/fm/article/view/1413/1331 검색일 2016년 4월 11일>.

Edwards, Jennifer, "Wiki Women: Bringing Women Into Wikipedia through Activism and Pedagogy", *The History Teacher* 48(3), 2015, pp. 409-436.

Giles, Jim, "Wiki-opoly", *New Scientist*, April 13, 2013.

________, "Internet Encyclopaedias Go Head to Head", *Nature* 438(7070), 2005, pp. 900-901.

Kleeman, Jenny, "The Sum of Male Knowledge", *New Statesman*, 22-28 May 2015, pp. 35-37.

Miliard, Mike, "Wikipediots: Who are these devoted even obsessive contributors to Wikioedia?", *Salt Lake City Weekly*, February 20, 2008, <http://www.cityweekly.net/utah/feature-wikipediots-who-are-these-devoted-even-obsessive-contributors-to-wikipedia/Content?oid=2131674&showFullText=true 검색일 2016년 1월 16일>.

Möller, Eric, "New Media and the Konwledge Management: the Wikipedia Project", *Philobiblon* 19(2), 2014, pp. 357-366.

Pew Research Center, "Part III: The Changing Definition of Research", November 1, 2012, <http://www.pewinternet.org/2012/11/01/part-iii-the-changing-definition-of-research/ 검색일 2016년 1월 16일>.

---

1 『브리태니커 백과사전』은 1990년 한 해에만 12만 세트가 팔렸다. 하지만 2010년판은 1만2천 세트를 인쇄하였지만 2012년 3월까지 고작 8천 세트 정도만 팔렸다. 브리태니커사는 종이 백과사전의 출판을 중단하고 온라인 서비스만 제공하기로 하였다. <세계일보> 2012년 3월 14일, "244년 전통 백과사전, 결국 온라인에 무릎" 참조, <http://news.nate.com/view/20120314n31951?mid=n0603 검색일 2016년 1월 16일>.

2 전세계 인터넷 사이트 방문 지수를 발표하는 Alexa의 조사에 의한 것이다, <http://www.alexa.com/topsites 검색일 2016년 4월 11일>.

3 <나우뉴스> 2015년 6월 19일, "'위키피디아'를 책으로?…7,600권짜리 '예술품'", <http://nownews.seoul.co.kr/news/newsView.php?id=20150619601034 검색일 2015년 11월 11일>.

4 레비, 피에르, 『집단지성: 사이버공간의 인류학을 위하여』, 권수경 역, 서울: 문학과 지성사, 2001, 38쪽.

5 레비, 피에르, 위의 책, 38쪽.

6 서로위키, 제임스, 『대중의 지혜』, 홍대운·이창근 역, 서울: 랜덤하우스중앙, 2005.

7 텝스코트, 돈 & 앤서니 윌리엄스, 『위키노믹스』, 윤미나 역, 파주: 21세기북스, 2007.

8 레비, 피에르, 위의 책, 22쪽.

9 Giles, Jim, "nternet Encyclopaedias Go Head to Head" Nature 438(7070), 2005, pp. 900-901; Chesney, Thomas, "An Empirical Examination of Wikipedia's

Credibility", *First Monday* 11(11), 2006.

10 이종철, 「"집단지성"의 한계에 관한 일고찰: 한국어 위키피디아(위키백과)의 북한 문서 분석을 통해」, 『국방연구』 제54권 제3호, 2011, 105-134쪽.

11 Pew Research Center, "Part III: The Changing Definition of Research", November 1, 2012, <http://www.pewinternet.org/2012/11/01/part-iii-the-changing-definition-of-research/ 검색일 2016년 1월 16일>.

12 심원식·변제연·김민정, 「학술논문에서의 위키피디아 인용에 관한 연구」, 『한국문헌정보학회지』 제47권 2호, 2013, 247-264쪽.

13 조원형, 「인터넷 백과사전 <위키백과> 문서의 텍스트성」, 『텍스트언어학』 제30호, 2011, 237-262쪽.

14 황주성·최서영, 「집단 지성의 유형에 따른 참여자 특성분석: 위키백과와 지식iN에 대한 한미 비교연구」, 『사이버커뮤니케이션학보』 제27권 4호, 2010, 45-92쪽.

15 이항우, 「네트워크 사회의 집단지성과 권위: 위키피디어Wikipedia의 반전문가주의」, 『경제와 사회』 제84호, 2009, 278-303쪽.

16 윤은호, 「집단지성 및 백과사전의 한계, 그리고 미래」, 『한국사전학회 학술대회 발표논문집』, 2012(2), 2012, 81-90쪽; 이희은, 「위키피디어 정보의 기술문화적 함의: 집단지성과 지식 권력」, 『언론과학연구』 제9권 2호, 2009, 461-497쪽.

17 반달리즘은 문화나 예술을 파괴하려는 경향이나 그 행위를 일컫는 용어이다. 5세기경 유럽의 민족 대이동 때 반달족이 로마를 점령하여 약탈과 파괴 행위를 자행한 데서 유래한 말이다. 사이버 반달리즘은 인터넷 상에서 익명성을 악용해 특정인의 명예를 훼손하고 거짓 정보를 올리는 등 사이버상의 질서를 파괴하는 행위를 일컫는다.

18 언론인 존 사이겐탈러가 존 F. 케네디와 로버트 케네디의 암살에 연루되었다는 내용이 2005년에 4개월 간 위키피디아에 올라와 있던 사례가 있었는데 이는 위키피디아의 신뢰성에 치명적인 손상을 입힌 스캔들로 자주 인용된다.

19 배영자, 「계몽주의 백과전서와 위키피디아」, 『인터넷 권력의 해부』, 서울: 한울, 2008.

20 구글google은 동사로 사용되었을 때에 "구글을 이용하여 자료를 찾는다"는 의미를 나타낸다.

21 Pew Research Center, "Part III: The Changing Definition of Research", 2012.

22 2011년의 퓨 인터넷 조사 연구 결과에 따르면, 미국의 인터넷 사용자의 59%가 위키피디아에서 정보를 찾는다고 응답하였다. 교사들에 대한 설문조사에 따르면 자신들이 가르치는 학생들이 조사과제의 숙제를 할 때 대부분 구글과 같은 검색엔진을 사용하고(94%), 두 번째로 위키피디아와 같은 온라인 백과사전을 참조한다고 응답하였다(75%), Pew Research Center, "Part III: The Changing Definition of Research", 2012 참조.

23 강혜영,「서양백과사전의 역사적 고찰」,『도서관학논집』 제13호, 1986, 2-3쪽.

24 한국민족문화대백과, “백과사전”, <http://100.daum.net/encyclopedia/view/14XXE0021987 검색일 2015년 11월 11일>.

25 한국어 위키백과, “백과사전”, <https://ko.wikipedia.org/wiki/%EB%B0%B1%EA%B3%BC%EC%82%AC%EC%A0%84 검색일 2015년 11월 11일>.

26 Wikipedia, “Encyclopedia”, <https://en.wikipedia.org/wiki/Encyclopedia 검색일 2015년 11월 11일>.

27 “사전辭典은 언어의 해석, 어원, 철자, 발음 등 모든 언어에 관한 지식을 설명한 것이고, 사전事典은 각 사항에 관한 지식을 설명한 것이라는 이유에서 한자로는 백과사전을 언어사전과 구별하여 오늘날에는 일반적으로 백과사전百科事典이라 칭하게 되었다.” 한국민족문화대백과, “백과사전”, <http://100.daum.net/encyclopedia/view/14XXE0021987 검색일 2015년 11월 11일>.

28 Wikipedia, “Talk:Encyclopedia”, <https://en.wikipedia.org/wiki/Talk:Encyclopedia 검색일 2015년 11월 11일>.

29 정철,「온라인 백과사전 만들기: 다음백과 2007 개편을 중심으로 한 필드 스터디」,『한국사전학』 제11호, 2008, 74-76쪽.

30 다음백과사전, “백과사전”, <http://100.daum.net/encyclopedia/view/b09b0660b 검색일 2015년 11월 11일>.

31 정철,「온라인 백과사전 만들기: 다음백과 2007 개편을 중심으로 한 필드 스터디」,『한국사전학』 제11호, 2008, 96쪽.

32 Möller, Eric, “New Media and the Konwledge Management: the Wikipedia Project”, *Philobiblon* 19(2), 2014, p. 364.

33 윤은호,「집단지성 및 백과사전의 한계, 그리고 미래」,『한국사전학회 학술대회 발표논문집』, 2012(2), 2012, 83-84쪽.

34 앤더슨, 제니퍼 졸린,『위키피디아: 세상의 모든 지식을 담다』, 서울: 과학동아북스, 2012, 81-82쪽.

35 새로운 글이나 의문의 여지가 있는 글은 밝은 오렌지색 배경으로 표시되고 믿을 만한 사람이 작성한 글은 그림자가 연해지게 된다. 인터넷 잡지 <itworld> 2009년 9월 1일, “위키피디아, 색상코드 기능으로 신뢰도 회복 나서”, <http://www.itworld.co.kr/news/58746 검색일 2016년 1월 16일>.

36 이항우,『클릭의 사회학: 페이스북에서 위키피디아까지 디지털 민주주의 깊이 읽기』, 서울: 이매진, 2013, 189쪽.

37 Miliard, Mike, “Wikipediots: Who are these devoted even obsessive contributors to Wikioedia?”, *Salt Lake City Weekly*, February 20, 2008. <http://www.cityweekly.net/utah/feature-wikipediots-who-are-these-devoted-even-obsessive-contributors-to-wikipedia/Content?oid=2131674&showFullText=true 검색일 2016년 1월 16일>.

38 이항우, 「네트워크 사회의 집단지성과 권위: 위키피디어Wikipedia의 반전문가주의」, 『경제와 사회』 제84호, 2009, 278-303쪽.

39 이항우, 위의 책, 295-296쪽.

40 윤은호, 「집단지성 및 백과사전의 한계, 그리고 미래」, 『한국사전학회 학술대회 발표논문집』, 2012(2), 2012, 84-88쪽.

41 손준우, 「위키피디아 편집 논쟁을 통해 본 지식-주체의 형성: 한국어 위키피디아에 있어 저명성 논쟁의 레퍼토리 분석」, 『문화연구』 제1-1호, 2012, 233-234쪽.

42 Giles, Jim, "Wiki-opoly", *New Scientist*, April 13, 2013.

43 한국어 위키백과, "위키백과: 확인 가능", <https://ko.wikipedia.org/wiki/%EC%9C%84%ED%82%A4%EB%B0%B1%EA%B3%BC:%ED%99%95%EC%9D%B8_%EA%B0%80%EB%8A%A5 검색일 2016년 1월 8일>.

44 Wekipedia, "Wikipedia:Verifiability", <https://en.wikipedia.org/wiki/Wikipedia:Verifiability 검색일 2016년 1월 8일>.

45 앤더슨, 제니퍼 졸린, 위의 책, 54-55쪽.

46 이희은, 「위키피디어 정보의 기술문화적 함의: 집단지성과 지식 권력」, 『언론과학연구』 제9권 2호, 2009, 485쪽.

47 보고서는 42개의 과학 관련 항목에 관해 해당 전공 과학자들이 평가한 결과, 두 백과사전의 정확도에는 거의 차이가 없다고 평가하였다. 42건의 항목 서술에서 중요한 개념에 관해 잘못 설명하는 것과 같은 치명적인 오류는 단지 8개에 불과하였는데, 두 백과사전에서 각각 4개씩 발견되었다고 한다. 검토자들은 사실과 관련된 사소한 실수와 삭제되거나 잘못 기술된 부분들을 발견하였는데, 위키피디아에서 162개, 브리태니커에서 123개였다. Giles, Jim, "Internet Encyclopaedias Go Head to Head", *Nature* 438(7070), 2005, pp. 900-901 참조.

48 Giles, Jim, "Wiki-opoly", *New Scientist*, April 13, 2013.

49 Kleeman, Jenny, "The Sum of Male Knowledge", *New Statesman*, 22-28 May, 2015, p. 36.

50 Kleeman, Jenny, *Ibid.*, p. 35.

51 Edwards, Jennifer, "Wiki Women: Bringing Women Into Wikipedia through Activism and Pedagogy", *The History Teacher* 48(3), 2015, p. 411.

52 2008년 설문조사 이후 위키미디어재단에서는 2015년까지 여성 참여자의 수를 25%까지 증가시키려는 목표를 세웠지만 여성참여자의 비약적인 증가는 없었다.

53 Edwards, Jennifer, "Wiki Women: Bringing Women Into Wikipedia through Activism and Pedagogy", *The History Teacher* 48(3), 2015, p. 410.

54 이희은, 「위키피디어 정보의 기술문화적 함의: 집단지성과 지식 권력」, 『언론과학연구』 제9권 2호, 2009, 484쪽.

55 Giles, Jim, "Wiki-opoly", *New Scientist*, April 13, 2013.

찾아보기

용어 색인

인명 색인

ㅈ

도서 색인

ㅅ

ㅇ

ㅈ

ㅊ

|출|처|

강민구 이 글은 『한문교육연구』 제31집(2008년 12월)에 실린 「조선 후기 유서의 『강희자전』과 『운부군옥』의 인용 양상」, 『동방한문학』 제38집(2009년 3월)에 실린 「조선 후기 유서의 변개 양상」, 『다산과 현대』 제3호(2010년 12월)에 실린 「조선 3대 유서의 편찬 의식에 대한 연구」, 『동방한문학』 제47집(2011년 6월)에 실린 「조선 3대 유서의 형성 경로에 대한 연구」, 『한문학보』 제24집(2011년 6월)에 실린 「『성호사설』의 『지봉유설』, 『송남잡지』의 『지봉유설』·『성호사설』 인용 양상에 대한 연구」를 수정 보완한 것이다.

한미경 이 글은 『서지학연구』 제59집(2014년 9월)에 실린 글의 후속 연구이다. 특히 삼국시대부터 명청시대까지의 네단계의 시대별 주요 유서를 살피고, 고대부터 현대까지의 색인과 데이터베이스를 조사 분석하여 유서의 현대적 활용을 위한 검색을 고찰하였다.

이혜민 이 글은 『서양중세사연구』 제37호(2015년 3월)에 실린 글을 일부 수정한 것이다. 원고 중 에필로그의 근현대 사전에 관한 내용은 2015년 11월 13일에 개최된 인문학연구원 HK문자연구사업단의 세미나에서 발표한 원고 중 학술지 게재 논문에는 포함되지 않은 부분이다.

정승화 이 글은 『인문과학』 제106집(2016년 4월)에 실린 「인터넷 백과사전 위키피디아와 지식-권력의 재구성」을 재수록한 것이다.

장경식 이 글에서 백과사전에 대한 일반론과 『브리태니커 백과사전』에 대한 내용은 「브리태니커 백과사전의 구성과 특징」, 『한국사전학』 11호(2008년) 및 『브리태니커 백과사전』, 커뮤니케이션북스(2013)에서 연관 내용을 발췌하고 요약했다.

|저|자|소|개|

강민구

- 성균관대학교 및 동대학원 졸업, 한국한문학으로 박사학위 취득
- 주요 연구성과 : 「자아와의 소통」(2015), 「우리나라 중세 사대부의 기녀에 대한 판타지」(2015), 『실학파의 산문과 비평』(2013), 『조선후기 문학 비평의 이론』(2010), 『조선후기 문학 비평의 실제』(2010), 『국역 교감 송남잡지』(2008) 등
- 현재 경북대학교 인문대학 한문학과 교수

한미경

- 경기대학교 및 대만 국립대만대학교(國立臺灣大學) 대학원 졸업, 이화여자대학교에서 문헌정보학으로 박사학위 취득
- 주요 연구성과 : 「『서지학연구』의 연구동향 분석」(2016), 「중국의 독서운동에 대한 연구」(2015), 「대학도서관 역사문화기록실의 현황과 운영방안 연구」(2015), 「독서왕 김득신의 「독수기(讀數記)」에 대한 연구」(2015), 「이덕무의 『士小節』에 대한 연구」(2014), 「중국 유서의 편찬과 분류에 대한 연구」(2014), 『세계의 대통령기록관과 의회기록(관) 지식정보원』(2013), 「『강희자전』 전래본의 조사 분석과 현대적 활용 연구」(2013), 「웹 기반 중국인물정보원의 현황 조사와 분석 연구」(2012), 「사고전서의 검색과 활용에 대한 연구」(2012)
- 현재 경기대학교 교육대학원 사서교육전공 교수

이혜민

- 연세대학교 사학과 및 동대학원 졸업, 프랑스 사회과학고등연구원(EHESS)에서 서양 중세사 박사학위 취득
- 주요 연구성과 : 「"플랑드르인"에서 프랑스인으로 – 15세기 휴머니스트 역사가 로베르 가갱에 대한 인식 변화」(2015), 「중세 서유럽의 고대 로마사 '읽기' - 텍스트 전승에 나타나는 황제 율리우스 카이사르」(2014), 「문자인류학과 아르만도 페트루치의 문자 연구」(2013), 「인쇄술 도입기 파리의 서적상 앙투안 베라르와 역사서적 출판」(2012), 「15세기 말 잉글랜드와 부르고뉴의 인적, 문화적 교류 -책과 인쇄 문화를 중심으로-」(2011)
- 현재 연세대학교 인문학연구원 HK교수

장경식

- 책세상출판사 편집장 역임, 한국브리태니커회사에서 한국어판 『브리태니커 세계 대

백과사전』 편찬에 참여, 편집관리부장, 콘텐츠담당 상무, 대표 역임. 경기대학교 겸임 교수, 한국사전학회 연구이사 역임.

- 주요 연구성과 : 「웹 사전의 서비스 현황과 과제」(2015), 「지식네트워크 구축을 위한 온라인 사전 편찬의 중요성」(2015), 『브리태니커 백과사전』(2013), 「다중매체시대의 백과사전」(2012), 「브리태니커 백과사전의 구성과 특징」(2008), 「뿌리깊은나무-샘이 깊은물—전설로만 떠돌게 할 것이냐?」『특집 한창기』(2008)
- 현재 한국백과사전연구소 대표, 한국사전학회 편집이사

김미성

- 연세대학교 불어불문학과 및 동대학원 졸업, 프랑스 파리8대학에서 프랑스문학으로 박사학위 취득
- 주요 연구성과 : 『세기아의 고백』(2016), 「*A Comparative Study on the Sociocultural Drivers in the Development of Printing Technology in Korea and Europe*」(2015), 「신문 소설의 탄생과 문자의 확산」(2015), 『백색의 시학』(2014), 『프랑스 작가, 그리고 그들의 편지』(2014) 등
- 현재 연세대학교 인문학연구원 HK연구교수

최경은

- 연세대학교 독어독문학과 및 동대학원 졸업 (석사), 독일 키일대학에서 독일어학으로 박사학위 취득
- 주요 연구성과 : 「지배와 저항의 문자」(2015), 「독일 타이포그래피의 역사: 안티크바-프락투어 논쟁을 중심으로」(2013), 『필사에서 인쇄로: 루터성서 이전에 인쇄된 독일어 성서 연구)(2016), 『10대에게 권하는 문자 이야기』(2016), 『유럽의 영화와 문학』(2014), 『독일영화와 독일문화』(2010) , 『개를 위한 스테이크』(2010), 『남자는 나이를 다르게 먹는다』(2015), 『구텐베르크와 그의 영향』(2014), 등
- 현재 연세대학교 인문학연구원 HK연구교수

정승화

- 연세대학교 및 동대학원 졸업. 비교문학협동과정 석사, 사회학으로 박사학위취득
- 주요 연구성과 : 「한국 근대 가족의 경계와 그림자 모성: '식모-첩살이' 여성의 구술생애사를 바탕으로」(2015), 「치유적인 것은 정치적인가: 치유 문화에 대한 미국 페미니즘의 비판적 성찰을 중심으로」(2014), 「식민지 시기 자살에 대한 사회적 책임론의 형성: 사회관에 따른 자살론 분석을 중심으로」(2012), 『친밀한 적: 신자유주의는 어떻게 일상이 되었나』(공저, 2010)
- 현재 연세대학교 인문학연구원 HK연구교수